디지털시대의 정책과 통상전략

디지털시대의 정책과 통상전략

국정과제협의회 정책기획시리즈 **16**

최지은　박　훈
김형준　김윤정
오태원　곽주영
김신언　이주형
장준영　조민호
이지은

대통령직속
정책기획위원회
The Presidential Commission on Policy Planning

차 례

표 차례

그림 차례

국정과제협의회 정책기획시리즈
발간에 붙여

대통령직속 정책기획위원회

위원장 조대엽

1. 문재인 정부 5년, 정책기획위원회 5년을 돌아보며

문재인 정부가 출범한 지 5년차가 되었습니다. 돌이켜보면 전국의 거리를 밝힌 거대한 촛불의 물결과 전임 대통령의 탄핵, 새 정부출범에 이르는 과정은 '촛불혁명'이라고 할 만했습니다. 2016년 촛불혁명은 법과 제도의 틀에서 전개된 특별한 혁명이었습니다. 1,700만 명의 군중이 모여 촛불의 바다를 이루었지만 법의 선을 넘지 않았습니다. 전임 대통령의 탄핵과 새 대통령의 선출이 법과 정치적 절차의 훼손 없이 제도적으로 진행되었습니다. '제도혁명'이라고도 부를 수 있는 참으로 특별한 정치 과정이 아닐 수 없습니다. 세계적으로 대의 민주주의의 위기와 한계가 뚜렷한 가운데 2017년 문재인 정부의 출범 과정은 현대 민주주의의 범위와 내용을 제도적으로 확장한 정치사적 성과라고도 할 수 있습니다.

현대 민주주의의 괄목할 만한 진화를 이끌고 제도혁명으로 집권한 문재인 정부가 5년차를 맞았습니다. 선거 후 바로 대통령 취임과 함께 국정기획자문위원회가 출발해 100대 국정과제를 선별하면서 문재인 정부의 정치 일정이 시작되었습니다. 집권 5년차를 맞으며 인수위도 없이 출발한 집권 초기의 긴박한 과정을 떠올리면 문재인 정부는 임기 마지막까지 국정의 긴장을 늦출 수 없는 운명을 지녔습니다. 어쩌면 문재인 정부는 '제도혁명정부'라는 특별한 성격을 갖는다는 점에서 거의 모든 정부가 예외 없이 겪었던 임기 후반의 '레임덕'이라는 표현은 정치적 사치일 수 있습니다. 문재인 정부의 남은 시간 동안 지난 5년의 국정 성과에 이어 마지막까지 성과를 만들어냄으로써 국정의 긴장과 동력을 잃지 않는 일이 무엇보다 중요한 시점입니다. 그것이 문재인 정부의 역사적 소명이기도 합니다.

정책기획위원회는 지난 5년간 대통령 직속기구로서 폭넓은 국정자문 활동을 했습니다. 정책기획위원회의 주된 일은 국정과제 전반을 점검하고 대통령에게 필요한 내용들을 보고하는 일입니다. 지난 5년 정책기획위원회의 역할을 구분하면 정책 콘텐츠 관리와 정책 네트워크 관리, 정책소통 관리라는 세 가지로 요약할 수 있습니다.

먼저, 정책 콘텐츠 관리는 국가 중장기 발전전략 및 정책 방향 수립과 함께 100대 국정과제의 추진과 조정, 국정과제 관련 보고회의 지원, 국정분야별 정책 및 현안과제 연구, 대통령이 요구하는 국가 주요 정책 연구 등을 포괄합니다. 둘째로 정책 네트워크 관리는 청와대, 총리실, 정부부처, 정부출연 연구기관, 정당 등과의 협업 및 교류가 중요하며, 학계, 전문가 집단, 시민단체 등과의 네트워크 확장을 포함합니다. 특히 정책기획위원회는 대통령 소속 위원회를 통괄하는 기능을 갖기도 합니다.

대통령 소속의 9개 주요 위원회로 구성된 '국정과제협의회'의 의장위원회로서 대통령 위원회의 소통과 협업의 구심 역할을 했습니다. 셋째로 정책소통 관리는 정부부처 간의 소통과 협력을 매개하는 역할이나 정책 쟁점이나 정책 성과에 대해 국민들이 공감할 수 있도록 정책 담론을 생산하고 확산하는 일을 포괄합니다. 연구용역이나 주요 정책 TF 운용의 결과를 다양한 형태의 간담회, 학술회의, 토론회, 언론 기고, 자체 온라인 방송 채널을 통해 공유하기도 했습니다.

정책기획위원회의 1기는 정부 출범 시 '국정기획자문위원회'가 만든 100대 국정과제의 관리와 '미래비전 2045'를 만드는 데 중점이 두어졌습니다. 말하자면 정책 콘텐츠 관리에 중점을 둔 셈입니다. 정책기획위원회의 2기는 위기적 정책 환경에 대응하는 정책 콘텐츠 생산과 집권 후반부의 성과관리라는 측면에서 과제가 큰 폭으로 늘었습니다. 주지하듯 문재인 정부의 후반부는 세계사적이고 문명사적인 아주 특별한 시대적 위기를 맞고 있습니다. 코로나19 팬데믹이라는 문명사적 위기는 정책기획위원회 2기의 정책 환경을 완전히 바꾸었습니다. 정책기획위원회는 코로나19 발생 이후 포스트 코로나시대에 새롭게 부가되는 국정과제를 100대 과제와 조정 보완하는 작업, 감염병 대응과 보건의료체제 혁신을 위한 종합 대책의 마련, 코로나19 이후 거대 전환의 사회변동에 대한 전망, 한국판 뉴딜의 보완과 국정자문단의 운영 등을 새로운 과제로 진행했습니다.

정책기획위원회의 2기는 코로나19 팬데믹으로 인한 방역위기와 경제위기를 뚫고 나아가는 국가 혁신전략들을 지원하는 일과 함께, 무엇보다도 문재인 정부의 국정성과를 정리하고 〈국정백서〉를 집필하는 일이 남아 있습니다. 우리 위원회는 성과관리를 단순히 정부의 치적을 정리하는 수준이 아니라 국정성과를 국민의 성과로 간주하고 국민과 공유해야 한다는 차원에서 정책 소통의 한 축으로 간주하고 있습니다.

우리 위원회는 문재인 정부가 촛불혁명의 정부로서 그리고 제도혁명의 정부로서 지향했던 비전의 진화 경로를 종합적 조감도로 그렸고 이 비전 진화의 경로를 따라 축적된 지난 5년의 성과를 포괄적으로 정리하기도 했습니다. 다양한 정책성과 관련 담론들을 세부적으로 만드는 과정이 이어지는 가운데, 우리 위원회는 그간의 위원회 활동 결과로 생산된 다양한 정책담론들을 단행본으로 만들어 대중적으로 공유하면 좋겠다는 데에 뜻을 모았습니다. 이러한 취지는 정책기획위원회뿐 아니라 국정과제협의회 소속의 다른 대통령 위원회도 공유함으로써 단행본 발간에 동참하게 되었습니다. '국정과제협의회 정책기획시리즈'가 탄생했고 각 단행본의 주제와 필진 선정, 그리고 출판은 각 위원회가 주관해서 진행하는 것으로 했습니다.

정책기획위원회가 출간하는 이번 단행본들은 정부의 중점 정책이나 대표 정책을 다루는 것이 아닙니다. 또 단행본의 주제들은 특별한 기준에 따라 선별된 것도 아닙니다. 이번에 출간하는 단행본 시리즈의 내용들은 정부 정책이나 법안에 반영된 것도 있고 그렇지 않은 것도 포함되어 있습니다. 따라서 이 책의 내용들은 정부나 정책기획위원회의 공식 입장이라고 할 수 없습니다. 정책기획위원회에서 지난 5년간 다양한 방식으로 논의된 정책담론들 가운데 비교적 단행본으로 엮어내기에 수월한 것들을 모아 필진들이 수정하는 수고를 더한 것입니다. 문재인 정부의 정책기획위원회에 모인 백여 명의 정책기획위원들이 다양한 분야에서 국가의 미래를 고민했던 흔적을 담아보자는 취지라 할 수 있습니다.

2. 문재인 정부 5년의 국정비전과 국정성과에 대하여

문재인 정부는 촛불시민의 염원을 담아 '나라다운 나라, 새로운 대한민국'을 약속하며 출발했습니다. 지난 5년은 우리 정부가 국민과 약속한 나라를 만들기 위해 진지하고도 일관된 노력을 기울인 시간이었습니다. 지난 5년, 국민의 눈높이에 미흡하고 부족한 부분이 있었습니다. 그러나 예상하지 못한 거대한 위기가 거듭되는 가운데서도 정부는 국민과 함께 다양한 국정성과를 만들었습니다.

어떤 정부든 공과 과가 있기 마련입니다. 한 정부의 공은 공대로 평가되어야 하고 과는 과대로 평가되어야 합니다. 아무리 미흡한 부분이 있더라도 한 정부의 국정성과는 국민이 함께 만든 것이기 때문에 국민적으로 공유되어야 하고, 국민적 자부심으로 축적되어야 합니다. 국정의 성과가 국민적 자부심과 자신감으로 축적되어야 새로운 미래가 있습니다.

정부가 국정 성과에 대해 오만하거나 공치사를 하는 것은 경계해야 할 일이지만 적어도 우리가 한 일에 대한 자신감과 자부심 없이는 대한민국의 미래 또한 밝을 수 없습니다. 정책기획위원회는 이 같은 취지로 2021년 4월, 『문재인 정부 국정비전의 진화와 국정성과』라는 제목의 보고서를 만들었고, 이 보고서를 바탕으로 5월에는 문재인 정부 4주년을 기념하는 컨퍼런스도 개최했습니다.

문재인 정부는 2017년 출범 후 '국민의 나라, 정의로운 대한민국'을 국가비전으로 제시하고 5대 국정목표, 20대 국정전략, 100대 국정과제를 제시했습니다. '국민의 나라, 정의로운 대한민국'이라는 국정의 총괄 비전은 "대한민국의 모든 권력은 국민으로부터 나온다"라고 하는 헌법 제1조의 정신입니다. 여기에 '공정'과 '정의'에 대한 문재인 대통령의 통치 철학을 담았습니다. 정의로운 질서는 사회적 기회의 윤리인 '공정', 사회적 결과의 윤리인 '책임', 사회적 통합의 윤리인 '협력'이라는 실천윤리가 어울려 완성됩니다. 문재인 정부 5년은 공정국가, 책임국가, 협력국가를 향한 일관된 여정이었습니다. 그리고 문재인 정부의 국정성과는 공정국가, 책임국가, 협력국가를 향한 일관된 정책의 효과였습니다.

돌이켜보면 문재인 정부 5년은 중첩된 위기의 시간이었습니다. 집권 초기 북핵위기에 이은 한일통상위기, 그리고 코로나19 팬데믹 위기라는 예측하지 못한 3대 위기에 문재인 정부는 놀라운 위기 대응 능력을 보였습니다. 2017년 북핵위기는 평창올림픽과 다자외교, 국방력 강화를 통한 한반도 평화 프로세스로 위기 극복의 성과를 만들었습니다. 2019년의 한일통상위기는 우리 정부와 기업이 소부장산업 글로벌 공급망을 재편하고 소부장산업 특별법 제정 등 모든 수단을 동원해 제조업의 경쟁력을 강화함으로써 위기를 극복했습니다. 일본과의 무역마찰을 극복하는 이 과정에서 '아무도 흔들 수 없는 나라'를 만들겠다는 대통령의 약속이 있었고 마침내 우리는 일본과 경쟁할 만하다는 국민적 자신감을 갖게 되었습니다.

이제는 핵심 산업에서 한국 경제가 일본을 추월하게 되었지만 우리 국민이 갖게 된 일본에 대한 자신감이야말로 무엇보다 큰 국민적 성과가 아닐 수 없습니다.

2020년 이후의 코로나19 위기는 지구적 생명권의 위기이자 인류 삶의 근본을 뒤흔드는 문명사적 위기라 할 수 있습니다. 우리는 개방, 투명, 민주방역, 과학적이고 창의적 방역으로 전면적 봉쇄 없이 팬데믹을 억제한 유일한 나라가 되었습니다. K-방역의 성공은 K-경제의 성과로도 확인됩니다. K-경제의 주요 지표들은 우리 경제가 코로나19 이전으로 회복되었을 뿐 아니라 성공적 방역으로 우리 경제가 새롭게 도약하고 있다는 사실을 보여주고 있습니다.

문재인 정부 5년 간 겪었던 3대 거대 위기는 인류의 문명사에 대한 재러드 다이아몬드식 설명에 비유하면 '총·균·쇠'의 위기라 할 수 있습니다. 인류문명을 관통하는 총·균·쇠의 역사는 제국주의로 극대화된 정복과 침략의 문명사였습니다. 그러나 문재인 정부가 지난 5년 총·균·쇠에 대응한 방식은 평화와 협력, 상생의 패러다임으로 인류의 신문명을 선도하는 것이었습니다. 세계가 이 같은 총·균·쇠의 새로운 패러다임에 주목하고 있습니다. 문재인 정부가 총·균·쇠의 역사를 다시 쓰고 인류문명을 새롭게 이끌고 있다고 감히 말할 수 있습니다.

문재인 정부는 지난 5년, 3대 위기를 극복함으로써 '위기에 강한 정부'의 성과를 얻었습니다. 또 한국판 뉴딜과 탄소중립 선언, 4차 산업혁명과 혁신성장, 문화강국과 자치분권의 확장을 주도해 '미래를 여는 정부'의 성과를 만들었습니다. 돌봄과 무상교육, 건강공공성, 노동복지 등에서 '복지를 확장한 정부'의 성과도 주목할 만합니다. 국정원과 검찰·경찰 개혁, 공수처 출범 및 시장권력의 개혁과 같은 '권력을 개혁한 정부'의 성과에도 주목해야 합니다. 나아가 문재인 정부는 한반도 평화유지와 국방력 강화를 통해 '평화시대를 연 정부'의 성과도 거두고 있습니다.

위기대응, 미래대응, 복지확장, 권력개혁, 한반도 평화유지의 성과를 통해 강한 국가, 든든한 나라로 거듭나는 정부라는 점에 주목하면 우리는 '문재인 정부 국정성과로 보는 5대 강국론'을 강조할 수 있습니다. 이 같은 '5대 강국론'을 포함해 주요 입법성과를 중심으로 '대한민국을 바꾼 문재인 정부 100대 입법성과'를 담론화하고, 또 문재인 정부 들어 눈에 띄게 달라진 주요 국제지표를 중심으로 '세계가 주목하는 문재인 정부 20대 국제지표'도 담론화하고 있습니다.

2021년 4월 26일 국정성과를 보고하는 비공개 회의에서 문재인 대통령은 "모든 위기 극복의 성과에 국민과 기업의 참여와 협력이 있었다"는 말씀을 몇 차례 반복했습니다. 지난 5년, 국정의 성과는 오로지 국민이 만든 국민의 성과입니다. 그래서 문재인 정부 5년의 성과는 오롯이 우리 국민의 자부심의 역사이자 자신감의 역사입니다. 문재인 정부 5년의 성과는 국민과 함께 한 일관되고 연속적인 국정비전의 진화를 통해 축적되었습니다. '국민의 나라, 정의로운 대한민국'이라는 국가비전이 구체화되고 세분화되어 진화하는 과정에서 '소득주도성장·혁신성장·공정경제'의 비전이 제시되었고, 이러한 경제운용 방향은 '혁신적 포용국가'라는 국정비전으로 포괄되었습니다.

3대 위기과정을 극복하는 과정에서 문재인 정부는 '아무도 흔들 수 없는 나라', '위기에 강한 나라'라는 비전을 진화시켰고, 코로나19 팬데믹 위기에서 '포용적 회복과 도약'의 비전이 모든 국정 방향을 포괄하는 비전으로 강조되었습니다. 코로나19 팬데믹으로 인한 방역위기와 경제위기를 극복하는 과정에서 대한민국은 새로운 세계표준이 되었습니다. 또 최근 탄소중립시대와 디지털경제로의 대전환을 준비하는 한국판 뉴딜의 국가혁신 전략은 '세계선도 국가'의 비전으로 포괄되었습니다.

이 모든 국정비전의 진화와 성과에는 국민과 기업의 기대와 참여가 있었습니다. 그러나 우리는 문재인 정부의 임기가 그리 많이 남지 않은 시점에서 국민의 기대와 애초의 약속에 미치지 못한 많은 부분들은 남겨놓고 있습니다. 혁신적이고 종합적인 새로운 그림이 필요한 부분도 있고 강력한 실천과 합의가 필요한 부분도 있습니다. 무엇보다도 민주주의에 대한 새로운 기획이 필요합니다. 문재인 정부는 촛불혁명이라는 제도혁명을 통해 민주주의를 진화시킨 정치사적 성과를 얻었으나 정작 민주주의에 대한 새로운 전망을 제시하는 데는 미치지 못했습니다. 문재인 정부는 헌법 제1조의 민주주의를 실현하고자 했으나 문재인 정부 이후의 민주주의는 국민의 행복추구와 관련된 헌법 제10조의 민주주의로 진화해야 할지 모릅니다. 민주정부 4기로 이어지는 새로운 민주주의의 디자인이 필요합니다.

둘째는 공정과 평등을 구성하는 새로운 정책비전의 제시와 합의가 요구됩니다. 오늘날 대부분의 국가는 정의로운 공동체를 추구합니다. 정의로운 질서는 불평등과 불공정, 부패를 넘어 실현됩니다. 이 같은 질서에는 공정과 책임, 협력의 실천윤리가 요구되지만 우리 시대에 들어 이러한 실천윤리에 접근하는 방식은 세대와 집단별로 큰 차이를 보입니다.

신자유주의 시대에 성장한 청년세대는 능력주의와 시장경쟁력을 공정의 근본으로 인식하는 반면 기성세대는 달리 인식합니다. 공정과 평등에 대한 '공화적 합의'가 필요합니다. 소득과 자산의 분배, 성장과 복지의 운용, 일자리와 노동을 둘러싼 공정과 평등의 가치에 합의함으로써 '공화적 협력'에 관한 새로운 그림이 제시되어야 합니다.

셋째는 지역을 살리는 그랜드 비전이 새롭게 제시되어야 합니다. 공공기관 이전을 통한 중앙정부 주도의 혁신도시 정책을 넘어 지역 주도의 메가시티 디자인과 한국판 뉴딜의 지역균형 뉴딜, 혁신도시 시즌

2 정책이 보다 큰 그림으로 결합되어 지역을 살리는 새로운 그랜드 비전으로 제시될 필요가 있습니다.

넷째는 고등교육 혁신정책과 새로운 산업 전환에 요구되는 인력양성 프로그램이 결합된 교육혁신의 그랜드 플랜이 만들어져야 합니다.

다섯째는 커뮤니티 케어에 관한 혁신적이고 복합적인 정책 디자인이 준비되어야 합니다. 지역 기반의 교육시스템과 지역거점 공공병원, 여기에 결합된 지역 돌봄 시스템이 복합적이고 혁신적으로 기획되어야 합니다.

이 같은 과제들은 더 큰 합의와 더 많은 시간이 필요합니다. 그러나 이러한 쟁점들이 다음 정부의 과제나 미래과제로 막연히 미루어져서는 안 됩니다. 문재인 정부의 국정성과들이 국민의 기대와 참여로 가능했듯이 이러한 과제들은 기존의 국정성과에 이어 문재인 정부의 마지막까지 국민과 함께 제안하고 추진함으로써 정책동력을 놓치지 않는 것이 중요합니다.

코로나19 변이종이 기승을 부리면서 여전히 코로나19 팬데믹의 엄중한 위기가 진행되는 가운데 국민의 생명과 삶을 지켜야 하는 절체절명한 시간이 흐르고 있습니다. 문명 전환기의 미래를 빈틈없이 준비해야하는 절대시간이기도 합니다. 여기에 대응하는 문재인 정부의 남은 시간이 그리 길지 않습니다. 그러나 인수위도 없이 서둘러 출발한 정부라는 점과 코로나 상황의 엄중함을 생각하면 문재인 정부에게 남은 책임의 시간은 길고 짧음을 잴 여유가 없습니다.

이 절대시간 동안 코로나19보다 위태롭고 무서운 것은 가짜뉴스나 프레임 정치가 만드는 국론의 분열입니다. 세계가 주목하는 정부의 성과를 애써 외면하고 근거 없는 프레임을 공공연히 덧씌우는 일은 우리 공동체를 국민의 실패, 대한민국의 무능이라는 벼랑으로 몰아가는 것과 다르지 않습니다. 국민이 선택한 정부는 진보정부든 보수정부든 성공해야 합니다. 책임 있는 정부가 작동되는 데는 책임 있는 '정치'가 동반되어야 합니다.

정책기획위원회를 포함한 국정과제위원회들은 문재인 정부의 남은 기간 동안 국정성과를 국민과 공유하는 적극적 정책소통관리에 더 많은 의미를 두어야 합니다. 문재인 정부의 성과를 정확하게, 사실에 근거해서 평가하고 공유하는 데 더 많은 시간을 써야 합니다. 다른 무엇보다도 객관적이고 종합적인 국정성과에 기반을 둔 세 가지 국민소통전략이 강조됩니다.

첫째는 정책 환경과 정책 대상의 상태를 살피고 문제를 찾아내는 '진단적 소통'입니다. 둘째는 국정성과에 대한 이해를 통해 민심과 정부 정책의 간극이나 긴장을 줄이고 조율하는 '설득적 소통'이 중요합니다. 셋째는 국민들이 삶의 현장에서 정책의 성과를 체감할 수 있게 하는 '체감적 소통'을 강조할 수 있습니다. 위기대응정부론, 미래대응정부론, 복지확장정부론, 권력개혁정부론, 평화유지정부론의 '5대 강국론'을 비롯한 다양한 국정성과 담론들이 이 같은 국민소통전략으로 공유될 수 있기를 바랍니다.

정책기획위원회의 눈으로 지난 5년을 돌이켜보면 문재인 정부의 시간은 '일하는 정부'의 시간, '일하는 대통령'의 시간이었습니다. 촛불혁명으로 집권한 제도혁명정부로서는 누적된 적폐의 청산과 산적한 과제의 해결이 국민의 명령이었기 때문에 옆도 뒤도 보지 않고 오로지 이 명령을 충실히 따라야 했습니다. 그 결과가 '일하는 정부', '일하는 대통령'의 시간으로 남게 된 셈입니다.

정부 광화문청사에 있는 정책기획위원회 위원장실에는 한 쌍의 액자가 걸려 있습니다. 위원장 취임과 함께 우리 서예계의 대가 시중(時中) 변영문(邊英文) 선생님께 부탁해 받은 것으로 "先天下之憂而憂, 後天下之樂而樂"(선천하지우이우, 후천하지락이락)이라는 글씨입니다. 북송의 명문장가였던 범중엄(范仲淹)이 쓴 '악양루기'(岳陽樓記)의 마지막 구절입니다. "천하의 근심은 백성들이 걱정하기 전에 먼저 걱정하고, 천하의 즐거움은 모든 백성들이 다 즐긴 후에 맨 마지막에 즐긴다"는 의미로 풀어볼 수 있습니다. 국민들보다 먼저 걱정하고 국민들보다 나중에 즐긴다는 말로 해석됩니다. 일하는 정부, 일하는 대통령의 시간과 닿아 있는 글귀입니다.

문재인 정부의 남은 시간이 길지 않지만, 일하는 정부의 시간으로 보면 짧지만도 않습니다. 결코 짧지 않은 문재인 정부의 시간을 마지막까지 일하는 시간으로 채우는 것이 제도혁명정부의 운명입니다. 촛불시민의 한 마음, 문재인 정부 출범 시의 절실했던 기억, 국민의 위대한 힘을 떠올리며 우리 모두 초심으로 돌아가야 합니다.

앞선 두 번의 정부가 국민적 상처를 남겼습니다. 진보와 보수를 떠나 국민이 선택한 정부가 세 번째 회한을 남기는 어리석은 역사를 거듭해서는 안 됩니다. 문재인 정부의 성공이 우리 당대, 우리 국민 모두의 시대적 과제입니다.

3. 한없는 고마움을 전하며

아무리 작은 일이라도 일이 마무리되고 결과를 얻는 데는 드러나지 않는 많은 분들의 기여와 관심이 있기 마련입니다. 정책기획위원회는 앞에서 밝힌 바와 같이 정책 콘텐츠 관리와 정책 네트워크 관리, 정책 소통 관리에 포괄되는 광범한 활동을 수행하고 있습니다. 사실 이 책과 같은 단행본 출간사업은 정책기획위원회의 관례적 활동과는 별개로 진행되는 여벌의 사업이라 할 수 있습니다. 이러한 부가적 사업이 가능한 것은 6개 분과 약 백여 명의 정책기획위원들이 위원회의 정규 사업들을 충실히 해낸 효과라 할 수 있습니다. 무엇보다도 정책기획위원회라는 큰 배를 위원장과 함께 운항해주신 두 분의 단장과 여섯 분의 분과위원장께 감사의 말씀을 드려야 합니다. 미래정책연구단장을 맡아 위원회에 따뜻한 애정을 쏟아주셨던 박태균 교수와 2021년 하반기부터 박태균 교수의 뒤를 이어 중책을 맡아주신 추장민 박사, 그리고 국정과제지원단장을 맡아 헌신적으로 일해주신 윤태범 교수께 각별한 마음을 전합니다. 김선혁 교수, 양종곤 교수, 문진영 교수, 곽채기 교수, 김경희 교수, 구갑우 교수, 그리고 지금은 자치분권위원회로 자리를 옮긴 소순창 교수께서는 6개 분과를 늘 든든하게 이끌어 주셨습니다. 한없는 고마움을 전합니다.

단행본 사업에 흔쾌히 함께 해주신 정책기획위원뿐 아니라 비록 단행본 집필에는 참여하지 않았지만 지난 5년 정책기획위원회에서 문재인 정부의 다양한 정책담론을 다루어주신 1기와 2기 정책기획위원 모든 분께 이 자리를 빌려 그간 가슴 한 곳에 묻어두었던 고마운 마음을 전합니다.

위원들의 활동을 결실로 만들고 그 결실을 빛나게 만든 것은 정부 부처의 파견 공무원과 공공기관의 파견 위원, 그리고 전문위원으로 구성된 위원회 직원들의 공이었습니다. 국정담론을 주제로 한 단행본들이 결실을 본 것 또한 직원들의 헌신 덕분입니다. 행정적 지원을 진두지휘한 김주이 기획운영국장, 김성현 국정과제국장, 백운광 국정연구국장, 박철웅 전략홍보실장께 각별한 감사를 드리며, 본래의 소속으로 복귀한 직원들을 포함해 정책기획위원회에서 함께 일한 직원들 한 분 한 분께도 감사의 마음을 전합니다.

　한국판 뉴딜을 정책소통의 차원에서 국민적으로 공유하기 위해 정책기획위원회는 '한국판 뉴딜 국정자문단'을 만들었고, 지역자문단도 순차적으로 구성한 바 있습니다. 한국판 뉴딜 국정자문단의 자문위원으로 함께 해주신 모든 분들께도 이 자리를 빌려 감사드립니다.

디지털시대의 통상전략과
국내외 정책

디지털시대의 통상전략과 국내외 정책

최지은[*]

넷플릭스에서 인기를 끌었던 오징어 게임, 여러 나라에서 돌풍을 일으킨 베틀그라운드 비디오 게임 … 오늘 대한민국의 주요 수출 품목의 예다. 디지털 기반으로 수출되는 상품과 서비스의 비중이 급격히 증가하고 있다. 수출 공헌 탑을 수상한 기업 중에는 매년 다수의 디지털 기업이 포함되어 있다.

디지털 통상은 아마존, 알리바바와 같은 전자상거래를 통해 해외 업체와 거래하는 것에서 시작해서 유튜브, 넷플릭스와 같은 OTT(Over The Top) 서비스를 통해 디지털 상품과 서비스를 판매하고 전송하는 것까지 확대되었다. 최근에는 클라우드 서비스와 같이 데이터를 사용해서 가치를 창출하는 것으로 그 영역이 확장되고 있다.

이러한 디지털 통상은 급격히 성장하고 있다. 2022년까지 세계 GDP의 60%는 디지털화되고 새 부가가치 70%는 디지털 플랫폼에서 창출될 전망된다(WEF, 2019). 미국의 경우 이미 서비스 수출의 반 이상이 디지털 기반으로 거래되고 있다 (미국 경제분석청, 2018). 국가 간 데이

---

[*] 대통령직속 정책기획위원회 국민성장분과 디지털통상TF 단장, 서울대학교 국제대학원 겸임교수, 前 세계은행(world bank) 시니어 이코노미스트.

터 이동은 국가 간 재화나 금융 자산의 이동에 비하여 더욱 빠르게 성장하고 있다. 데이터 이동이 세계 총생산에 미치는 영향은 재화 무역과 외국인 직접 투자의 성장률 둔화를 만회한다(CRS 2019). 코로나 19는 세계 경제에서 디지털 통상이 차지하는 비중을 더욱 빨리 키우고 있다.

과거 노무현 정부에서 한미 FTA를 체결했을 때만 해도 통상이란 다른 나라와 재화 거래를 뜻하는 것이었다. 통상 정책의 역할은 농산품이나 제조 상품에 관세를 얼마나 매길 것인지, 부품 수입과 상품 수출에 대한 장벽을 얼마나 낮출 것인지가 주요 논의 사항이었다. 이러한 통상 거래는 1940년대에 만들어진 관세 및 무역에 관한 일반협정(GATT)을 근간으로 하고 있는데, 기존 규범으로는 새로 등장한 디지털 통상 거래의 특징을 반영할 수 없다.

디지털 통상 거래가 가속화되면서 새로운 문제들이 발생하고 있다. 데이터의 개인정보 보호, 디지털 기반 거래에서 소비자 보호, 디지털 기업 대상 매출 과세 등 과거에 생각할 필요가 없었던 논의들이 발생하고 있다. 예를 들면, 오징어 게임의 매출에 대해서는 어느 나라에서 관세를 매길 것인가? 넷플릭스는 전 세계 이용자 데이터를 넷플릭스 본사가 있는 곳으로 보내서 디지털 서비스를 개발하도록 활용할 수 있는가? 각 나라에 있는 넷플릭스 사용자 정보는 어느 곳에 보관되어야 하나? 기술의 발전과 시장의 요구를 반영한 새로운 문제들이 급증하고 있다.

특히 나라마다 다른 규범 환경은 국가 간 디지털 통상 거래에 걸림돌이 되고 있어, 국제 사회의 공통 규범을 설립하는 것은 미룰 수 없는 과제가 되고 있다. 이러한 논의들은 오늘날 세계 곳곳에서 진행되고 있는 양자 및 지역 통상 협정에서 반영되기 시작하고 있다.

　디지털 통상규범의 태동기인 지금은 대한민국의 디지털 영토를 확장할 수 있는 기회의 시간이기도 하다. 대한민국은 기존의 국제 규범을 그대로 채택하는 위치에서 이제 규범 제정에 대한 논의를 선도할 수도 있는 위치가 되어가고 있다. 세계 8위의 무역 대국으로, 2021년에는 수출 6천 445억 달러를 달성, 70여 년 근대사에서 최대 기록을 세웠다. 이런 수출 실적을 세심히 보면, 디지털 수출이 기하급수적으로 늘었다는 것을 알 수 있다. 첨단의 디지털 인프라와 세계적으로 인기를 얻고 있는 한류 콘텐츠를 보유한 것 역시 디지털 시대에 한국의 위상을 다시 한번 보여준다.

　대통령 직속 정책기획위원회 디지털 통상 대책 위원회(Task Force)에서는 디지털 기술 발전과 함께 미·중 기술 패권 전쟁까지 급변하는 국제 통상 질서에 대응하는 대한민국의 '신통상 전략'을 고민했다. 특히, 국내 디지털 업체들의 성장을 촉진하면서도 국제 규범과 부합하여 우리 경제에 유리한 방향으로 국제 통상규범에 영향력을 미칠 방안을 고민했다. 이러한 고민은 디지털 사회를 준비하는 국내 규범도 기술 발전에 대응하고 국제 흐름과 일관되도록 재정비될 필요성으로 이어졌다.

　이 책은 디지털 통상 대책 위원회에서 논의된 내용을 바탕으로 한국 상황에 필요한 디지털 통상 전략과 선제적으로 준비해야 하는 규범을 다루고 있다. 학술 연구가 아닌 정부의 전략과 구체적인 정책을 제안하는 것에 초점을 맞추었다.

　본문에서는 여러 분야가 복합적으로 연결된 디지털 통상의 특성을 반영한 다양한 내용을 포함하고 있다. 제1부에서는 디지털 시대의 국내 정책 정비 전략, 제2부는 해외 정책 사례, 제3부에서는 디지털 시대의 표준 정책과 통상 전략을 소개한다. 마무리 글에서는 이 책의 논의를 바탕으로 디지털 시대의 통상 전략 수립에서 고려해야 점을 제안한다.

논의를 지속하면서 기존의 디지털 통상 협정을 활용하고 신중하게 확대해 나갈 필요성이 제기되었다. 특히, 국가 간 데이터 이전과 데이터 현지화에 대한 요구에 대한 신중한 국내 전략이 필요하다. 동시에, 디지털 통상규범을 만드는 논의에 참여하고, 데이터 표준 및 디지털 기술의 국제 표준화를 전략적으로 지원할 필요가 있다.

주요 쟁점이 되는 분야별로 해외 사례를 살펴보면 미국, EU, 중국 등에서는 디지털 산업에 대한 중장기 계획을 바탕으로 자국 이익에 도움이 되는 통상 정책을 준비하고 있다는 것을 알 수 있다. 반면, 한국은 디지털 기술이 매우 앞서있음에도 불구하고, 디지털 통상 전략을 선제적으로 준비하지 못하고 있는 것으로 보인다. 디지털 통상 협정에 대한 이해와 관심도 다른 주요국보다 낮으며 관련된 국내 제도적 대응도 미흡한 편이다.

디지털 통상을 확대하기 위해서는 국제 변화에 대응한 국내 규범도 재정비되어야 한다. 특히, 개인정보 보호를 하면서도 데이터를 활용한 사업 성장을 위한 법 제도도 재정비되어야 한다. 한국은 데이터 3법 개정으로 EU와 동등한 수준의 개인정보 보호 체계를 확보한 것으로 인정되는 GDPR 적정성을 획득하였다. 하지만 아직도 여러 방면에서 디지털 사회를 위한 법 제도의 재정비가 요청된다.

공정 거래 분야에서도 국내 규범 재정비가 필요하다. 디지털 통상과 공정 경쟁은 동전의 양면과 같이 연결되어있다. 해외에서는 플랫폼 기업의 독과점을 규제하는 추세인데 국내 규범에도 이러한 변화에 대응하는 것을 고려할 필요가 있다. 특히, 시장지배적 지위 또는 우월적 지위를 가진 온라인 플랫폼 기업이 입점 소상공인에 대한 남용행위와 경쟁 제한 행위를 규제함으로써 소상공인과 공존하고 공정한 플랫폼 생태계를 조성할 필요가 있다.

다국적 디지털 기업 과세에 대해서는 G20을 비롯한 국제 사회의 합의에 적극적으로 대응할 필요가 있다. 본문에서는 디지털세에 대한 해외 논의와 전망에 대해 살펴본다. 중장기적으로는 데이터를 이용하여 창출되는 이윤에 대한 과세 방안으로 데이터 세를 고려할 수 있어 관련 입법 방안을 살펴본다. 또한 데이터와 인공지능에 기반한 지능형 정부의 적극 행정 전략도 소개한다.

장기적으로는 디지털 상품과 서비스 수출을 산업통상 분야의 정책 목표로 두고 세부 정책을 조율할 필요성이 제기되었다. 이 목표를 달성하기 위해서는 국제 규범의 변화에 맞춰 국내 규범을 재정비하며 디지털 분야 국제협력을 강화할 필요가 있다. 또한 미·중 기술 패권이 표준 전쟁으로 확대되고 있는 상황에서, 데이터 표준과 한국이 경쟁력을 가진 디지털 기술 분야 국내 표준을 국제 표준화할 수 있는 역량 강화 방안도 논의되었다.

이 책을 준비하며 세계 시장에 도전하고 있는 한국 플랫폼 기업을 만나 해외 진출 현황과 애로사항을 들어보았다. 국내 디지털 기업의 해외 진출 지원에 필요한 정부 지원 및 새로운 기술에 따라 역동적으로 변하는 디지털 통상 방법에 대한 선제적 준비의 필요성도 살펴보았다.

디지털 통상규범의 태동기인 지금은 대한민국이 디지털 영토를 확장할 수 있는 기회이기도 하다. 디지털 전환과 미·중 기술 패권 전쟁까지 급변하는 국제 질서 속에서, 수출 주도로 성장한 대한민국은 이제 "신통상 전략"을 만들고 디지털 통상 거래를 확대해나가야 한다.

마지막으로 이 책을 발간하도록 지원해주신 정책기획위 조대엽 위원장과 양종곤 국민성장 분과장님께 감사드린다. 또한 디지털 통상 TF를 함께 하신 김윤정, 곽주영, 조민호, 최민식, 신현정 위원님께도 감사드린다. 특히, 이 책을 발간하는 과정에서 총괄 간사 역할을 해주신 김윤정 위원님의 많은 헌신이 있었다. 또한, 이 책을 집필하는 데 참여해주신 김신언, 김형준, 박훈, 오태원, 이주형, 이지은, 장준영님과 집필에는 참여하지 않았으나 논의에 참석해서 발제와 토론을 해주신 디지털 통상과 디지털 경제 분야의 전문가들께도 감사드린다. 이 책은 논의에 참여해주신 여러분들의 생각과 의견을 바탕으로 작성되었다. 이 책에서 다루어진 내용과 몇 가지 정책 제안들이 신통상 정책에 반영될 수 있기를 바란다.

디지털시대의
국내 정책 정비 전략

제1장 디지털 사회를 위한 법제도 전략

김형준 한국지능정보사회진흥원 수석연구원

1. 서론

2016년 알파고의 충격 이후 산업적 측면에서와 경제적 측면 모두에서 인공지능이라는 새로운 존재에 대한 중요성이 매우 빠르게 확산되었다. 물론 인공지능이라는 개념은 매우 오래전부터 있어왔던 개념이지만 그것이 우리에게 실제 생활에 영향을 주는 대상으로 등장한 것은 알파고와 이세돌의 바둑 대결이었다.

인공지능과 데이터는 이제 더 이상 새로운 산업 분야로만 인식될 수준의 것이 아니라 향후 수십 년 간의 국가경제에 있어서 가장 중요한 혁신의 수단으로 인식되고 있다. 지난 수십 년 간 IT 버블 등을 거치면서도 통신 혁명과 정보화 혁명으로도 달성하기 어려웠던 온라인 중심의 생활은 코로나19라는 환경적 요소와 인공지능·데이터로 대표되는 새로운 지능형 서비스를 통해 실현 가능한 목표로서 기업들을 움직이게 하고 있고, 여기에 최근 기후변화에 대응하기 위한 새로운 수단으로서도 각광받고 있다. 가상세계라 불리며 그저 실생활의 한 부분이었던 온라인은 이제 실제생활을 뛰어넘을 정도의 중요한 생활의 대부분을 차지하고 있는 것이다. 이러한 측면에서 인공지능과 데이터는 이제 산업의 측면에서 뿐 아니라 생활과 생존의 문제로 접근해야 할 정도의 중요성과 혁신성을 가지게 된 것이다.

뿐만 아니다. 공정과 공평, 차별과 평등 등 당연하게 지켜져야 할 경제·사회에서의 민주적 가치에 대한 추구는 어느 때보다 더 강해져 있고, 비대면과 언택트라는 단어로 표현되는 세계적 변화 역시 지금의 세계를 이해하기 더 어렵게 하고 있다. 단순하게 새로운 세대의 출현이 아니라 새로운 세상의 등장이라고 할 수 있을 정도다.

이처럼 어느 순간부터 사회는 매우 빠르게 변화하고 있다. 지금까지 항상 세상은 변해왔고, 이에 대해 세상의 변화가 사회구조를 변화시킨다는 주장은 어느 시대에나 있어왔던 것이지만, 지금의 변화는 그 이상의 변화다. 이미 변화라고 이름 붙이기조차 어려운 혁신이라 할 수 있다. 우리나라에게 있어서 이러한 혁신적 변화는 다른 나라에 비해 더 중요한 것으로 받아들여질 가능성이 높다. 정보화 혁명과 그 산업적 변화에 누구보다 잘 적응하여 선진국으로 발돋움한 지금 그 정보화의 끝에 등장한 새로운 인공지능과 데이터라는 기술 변화와 MZ세대와 언택트라는 사회변화, 거기에 코로나19라는 환경 변화는 우리나라에게 있어서 발전의 끝일 수도, 또다른 도약의 시작일 수도 있는 일이다.

한 시대의 법률과 제도는 그 속성상 대부분 가장 늦게 사회의 변화를 반영한다. 절차적 복잡성도 원인이겠지만, 급격한 사회 변화에도 사회의 적응에 뒤처지는 시민들을 안고 가야 할 필요성이나 새로운 세상의 위험을 줄이기 위한 당연한 수순이었다. 하지만 지금의 시대 변화와 혁신이 항상 그래왔던 것처럼 이러한 느림을 기다려 줄지는 의문이다. 이에 이 글에서는 변화하는 사회에 빠르게 적응해야 하는 법체계와 제도적 방향성에 대해 살펴보고자 한다.

2. 디지털 혁신과 법제도 변화

(1) 변화와 혁신

최근 인공지능(artificial intelligence: AI)과 데이터는 디지털화의 가장 중요한 구성요소로 부각되고 있다. 단순하게 바둑을 두거나 게임을 하는 정도의 수준이 아니라 다양한 산업 분야에서 인공지능을 이용한 혁신적 변화가 매우 빠르게 진행되어왔다. 비단 인공지능이라는 새로운 존재에 대한 것뿐 아니라 인공지능을 이루고 있는 가장 중요한 자원으로서의 데이터 역시 매우 중요한 것으로 인식되었고 선진국은 물론 모든 경제 주체들은 데이터의 중요성에 대한 깨달음과 동시에 많고 다양한 양질의 데이터를 확보하기 위한 노력을 경주하고 있다.

우리나라 역시 2019년 「인공지능 국가전략」 등 다양한 정책을 제시하며 인공지능과 데이터를 국가 핵심산업으로 성장시키려는 노력을 하고 있다. 이에 코로나19 사태와 더불어 오프라인 사회가 온라인으로 빠르게 진행됨에 따라 이러한 온라인을 중심으로 한 비대면 산업으로의 전환과 함께 그 중요성이 날로 중요시되고 있다.

(2) 디지털화와 사회 변화

1990년대 중반에 등장한 이른바 X세대 이후, 세대를 분류하고 그들의 특징에 따른 사회 변화를 논하는 것은 이미 오래된 일이지만 최근에 이른바 MZ세대라고 이름 붙은 세대만큼이나 새로운 변화를 가져온 세대도 거의 없을 것이다. 최근에 16년 동안 독일의 총리를 지낸 mutti(엄마) 메르켈 이후 새로운 총리를 두고 남자도 총리가 될 수 있느냐는 독일 젊은이들의 질문에서 보는 것과 같이 새로운 세대들은 지금까지의 인류와 전혀 다른 생각과 가치관을 표현하고 있다. 이와 더불어 극단적인 출산율 하락이라는 우리나라의 현재 실상도 지금의 시대가 어떻게 변화하고 있는지를 명확하게 보여준다고 할 수 있다.

인터넷과 스마트폰 등 순서대로 습득해 온 밀레니얼 세대와 태어나자마자 스마트폰의 터치스크린이 더 익숙한 상태인 Z세대는 오프라인부터 학습해 온 기존의 세대와는 전혀 다르다. 코로나19 확산 이후에는 급격하게 변화하는 사회에서 안정을 추구하기 위해 안정적인 직장에서 위험자산인 주식과 암호화폐에 투자하는 모순적 행태를 보이기도 한다. 책을 읽지는 않지만 Youtube를 통해 세상의 변화에 누구보다 빠르게 적응하고 있고, 반면 자신이 관심없는 분야에 대한 상식과 접근은 스스로 차단하며, 모든 사람이 봐야 하는 뉴스와 공중파 드라마는 보지 않지만 내가 선택한 콘텐츠를 내가 선택한 서비스를 통해 보고 싶을 때마다 보는 새로운 생활을 하고 있다.

그 결과 모두가 비슷한 관심사와 비슷한 지식으로 사회를 구성했던 기존 세대와는 달리 사회와 멀어지지만 자신이 만든 사회에서는 중심으로 사는, 주인공이지만 주인공이 아닌 사회를 만들어가고 있다. 소셜미디어(SNS)로 공정, 평등, 기후변화 같은 사회 이슈에 적극적으로 목소리를 내지만 내가 관심있는 그 주제에 옆에 있는 친구가 좋아하지 않아도 문제가 되지 않는다. 나와 비슷한 관심사를 가진 사람은 78억

명의 인류 중에 어딘가에 있을 것이고 어디 있는지는 모르지만 그들은 항상 모여서 대화하고 있다. MZ세대의 등장은 경제와 사회 모든 측면에서 새로운 변화를 가져오고 있다. 트렌드와 유행이 아닌 점조직처럼 분산된 관심은 경제활동의 모습을 전면적으로 바꿀 것을 요구하고 있고, 회사와 학교 등 모든 조직들의 생태 또한 변화하고 있다.

(3) 법제 환경의 변화

1)「지능정보화 기본법」개정

2020년 6월, 20대 국회의 마지막에「국가정보화 기본법」의 전부개정이 있었다. 인공지능과 데이터 등 새로운 기술의 포섭과 변화하는 정보통신 환경에 적응하기 위해「지능정보화 기본법」으로 명칭을 바꾸고, 인공지능, 데이터, 5G 등 첨단기술의 혁신적 발전에 따른 초연결·초지능 기반의 4차 산업혁명 패러다임에 따른 사회·경제적 변화에 선제적으로 대응하기 위한 범국가적 추진체계 구축과 기술혁신을 위한 규제체계 정비가 필요하다는 것이 주요 개정 이유다.

「지능정보화 기본법」의 개정은 국가사회 전반의 정보화를 추구하는 정보화 추진의 범위를 중시하던 기존의 법체계를 지능정보화라고 하는 정보화의 방향성을 중심으로 하는 변화라는 점에서 주목할 만하다. 지금까지의 정보화는 기존의「정보화촉진기본법」이나「국가정보화 기본법」에서 보는 바와 같이 정보화 그 자체에 초점을 두거나 국가사회 전반의 함께 가는 정보화를 우선시했다면 지능정보화라는 새로운 패러다임을 제시한 것으로 볼 수 있다.

그간의 노력을 통해 정보통신(ICT)은 보편화되었다고 볼 수 있다.

사회의 대부분의 영역에서 정보통신기술이 활용되고 있고 모든 국민이 인터넷과 스마트폰을 이용하고 있다는 측면에서 보면 국가사회 전반의 고른 정보화를 추진하는 것은 이미 어느 정도의 충분한 목표 달성이 이루어졌다고 볼 여지도 있다. 이제는 전기통신, 정보통신망 이용촉진 등 정보화 촉진 시대의 용어·정책활동이 변화해야 할 필요성이 대두된 것이다. 지난 정부에서부터 추진되던 ICT 융합기술의 확산에 따라 사회 전 분야에서 정보통신기술이 응용·융합되어 새로운 서비스들이 등장한 것과, 이제는 정보통신의 영역이 아닐 수 있는 인공지능과 데이터의 등장은 정보통신망의 이용 촉진을 위한 정책의 개발·시행 등 과거의 ICT 중심의 정책활동의 중심은 변화될 필요가 있다.

이러한 시각에서 보면 우리나라 정보통신 정책의 핵심이라 할 수 있는 「국가정보화 기본법」의 「지능정보화 기본법」으로의 변화는 매우 환영할 일이다. 물론 후술할 법제적 한계와 그 내용에서의 문제점은 있을지라도, 지금의 변화에 최소한의 대응을 위해서라도 매우 적절한 개정이라 할 수 있다.

2) 「데이터 산업진흥 및 이용촉진에 관한 기본법」 제정

2020년 1월, 「개인정보 보호법」, 「정보통신망 이용촉진 및 정보보호 등에 관한 법률」, 「신용정보의 이용 및 보호에 관한 법률」의 개정안이 국회 본회의를 통과하였다. 개인정보의 보호를 지나치게 강조한 나머지 정보의 활용을 어렵게 하고 힘없는 감독기구와 중복 규정과 규제로 혼란이 있었던 기존의 데이터 관련 법제도를 개선하여 가명정보의 활용과 마이데이터 산업의 도입, 개인정보보호위원회를 중앙행정기관으로 승격하는 내용 등의 개정이었다.

데이터3법이라고 불리던 개정이었으나 사실 데이터가 아닌 개인정보에 관한 취급과 그 감독기구의 재편을 위한 개정이었다. 가명정보라는 새로운 개념을 도입하였지만 여전히 그 이용이 어렵다는 비판도 있었다. 이미 '정보'라는 단어는 구시대적 단어가 되어버린 상황에 '데이터'를 전면적으로 다루는 법률은 없었던 것이다.

이에 2021년 10월 드디어 「데이터 산업진흥 및 이용촉진에 관한 기본법」이 제정[1]되었다. 4차 산업혁명과 디지털 대전환의 핵심이자 원유라고 불리는 데이터의 중요성이 부각되는 상황에서 경제·사회 전반에서 창출되는 데이터가 수집·가공·생산·활용되어 혁신적인 산업과 서비스가 창출되는 데이터 경제의 시대가 도래하고 있다. 이에 따라 세계 각국은 데이터 경제 시대의 주도권을 잡기 위하여 데이터 산업 육성에 총력을 기울이고 있는 상황임을 인식하고 이에 대응하기 위한 입법이다. 데이터 경제로의 전환에 빠르게 대응하기 위해 디지털 뉴딜 정책을 범국가적 프로젝트로 추진하고 있기 때문에 우리에게도 데이터법이 필요하다는 것이 입법 이유다.

데이터를 생산·수집·가공하고 5세대 이동통신(5G) 및 인공지능과 융합·활용하는 다양한 정책을 추진하고 있으나 이를 체계적으로 추진하기 위한 법적 근거가 부족했기 때문에 데이터 관련 입법은 당연히 필요한 상황이다. 데이터와 관련해서는 「공공데이터의 제공 및 이용 활성화에 관한 법률」 및 「데이터기반행정 활성화에 관한 법률」 등이 이미 존재하지만 이는 공공영역을 중심으로 데이터의 활용에 관한 입법이기에 구체적으로 민간의 데이터 활용과 그 관련 산업을 규율하

---

1 법률 제18475호, 2021. 10. 19., 제정, 시행 2022. 4. 20.

기는 어려웠기 때문에 이 데이터 기본법을 중심으로 한 새로운 규율체계가 필요했다. 민간 데이터의 가치와 중요성을 재인식하고 기업들의 불확실성을 제거하는 한편, 세계 각국의 데이터 산업 경쟁 상황을 감안한 우리나라의 데이터 산업을 육성하기 위한 데이터 기본법을 제정하여 데이터로부터 다양한 경제적 가치를 창출하고 데이터산업 발전의 기반을 조성하여 국민생활의 향상과 국민경제의 발전에 이바지하기 위한 입법이다.

데이터 기본법에서는 '데이터'를 다양한 부가가치 창출을 위하여 관찰, 실험, 조사, 수집 등으로 취득하거나 정보시스템 및 「소프트웨어진흥법」 제2조제1호에 따른 소프트웨어 등을 통하여 생성된 것으로서 광(光) 또는 전자적 방식으로 처리될 수 있는 자료 또는 정보로 정의하고 데이터 생산, 거래 및 활용을 촉진하고 데이터산업의 기반을 조성하기 위하여 3년마다 데이터산업 진흥 기본계획을 수립하도록 하고 있다. 또 국가데이터정책위원회(국무총리 소속)를 설립하도록 하고 있다.

또 데이터 자산을 보호하기 위해 데이터 자산에 대한 부정취득행위와 정당한 권한 없이 데이터생산자가 데이터 자산에 적용한 기술적 보호조치를 무력화하는 행위를 하지 못하도록 하고 데이터 분석을 활성화 하기 위한 조치로서 데이터의 수집, 가공 등 정보분석에 필요한 사업을 지원할 수 있다. 정보분석을 위하여 데이터를 이용하는 경우에 그 데이터에 포함된 저작물 등을 보호하고 이용을 활성화 하기 위한 방안을 제시하고 있다. 그 외에도 데이터 안심구역, 데이터거래사, 데이터 가치평가, 데이터 품질인증제도 등을 도입하여 데이터 이용을 활성화 하기 위한 시책을 시행할 수 있도록 하고 있다.

이 데이터 기본법은 21대 국회에서 제안된 3개의 데이터 관련 법안[2]을 종합하여 만들어진 법률로서 데이터 산업과 우리나라의 데이터 정책을 수립하는데 있어 근간을 제공해주게 될 입법이 된다.[2]

「지능정보화 기본법」과 「데이터 산업진흥 및 이용촉진에 관한 기본법」 외에도 그 이전에 제정된 「데이터기반행정 활성화에 관한 법률」이나 자동화된 행정처리의 법적 근거를 담아 제정된 「행정기본법」 등 최근의 데이터 관련 입법은 ICT 를 포함하는 4차 산업혁명 관련 변화를 반영하고 있다. 그 외에도 코로나19로 인한 사회 변화를 해결하기 위한 「디지털 기반의 원격교육 활성화 기본법」이 시행을 준비 중에 있고, 「디지털포용법안」이나 인공지능과 관련한 여러 입법안들이 지금의 혁신과 변화에 대응하기 위해 입법이 진행되고 있다.

3. 디지털 법제도 변화의 한계

(1) 「지능정보화 기본법」

2020년 개정된 「지능정보화 기본법」은 앞서 살펴본 바와 같이, 지능정보화라는 새로운 패러다임에 직면하여 그 변화에 대응하기에 시의적절한 개정임은 분명하다. 다만 그 내용에 있어서는 많은 한계를 가지고 있다.

먼저, 추진체계의 부재다. 기존의 「정보화촉진기본법」이나 「국가정

---

2 「데이터기본법안」(조승래 의원 대표발의), 「데이터의 이용촉진 및 산업진흥에 관한 법률안」(허은아 의원 대표발의), 「데이터 산업 진흥법안」(이영 의원 대표발의).

보화 기본법」에서는 정보화추진위원회와 국가정보화전략위원회 등 추진체계를 통해 대통령을 중심으로 정보화를 촉진하고 국가사회 전반의 정보화를 달성하기 위한 통일되고 일목요연한 정책의 추진 방향이 제시될 수 있었다. 하지만 이명박정부에서 위원회 정비의 일환으로 정리된 국가정보화전략위원회의 폐지 이후 「지능정보화 기본법」에서도 지능정보화 추진을 위한 기본적인 추진체계는 만들어지지 못했다. 지난 정추위와 국가정보화전략위는 대통령을 위원장으로 하고 행정부는 물론 국회와 대법원까지 참여하는 범국가적 추진체계로서, 행정적인 영역을 포함해 국회의 입법작용과 사법부의 등기, 가족관계 등록사무에 이르기까지 모든 영역을 함께 정보화하기 위한 국가적인 프로젝트와 정책 방향을 함께 논의할 수 있는 추진체계였다.

「지능정보화 기본법」에 추가되지 못한 추진체계로 인해 지능정보화 전반을 추진하기 위한 중요 사항은 여전히 「정보통신 진흥 및 융합 활성화 등에 관한 특별법」에 따른 정보통신 전략위원회에서 정보통신산업 진흥을 위한 규제 개선의 하위 사항으로 취급될 수밖에 없다. 기본법이라는 이름에 걸맞지 않게, 그리고 산업은 물론 격차 해소와 역기능 등 사회 전반의 변화를 담아야 하는 법률의 입법 취지에 걸맞지 않게 그저 산업융합을 위한 하위 수준의 입법으로 그 위상이 낮아진 채로 남아있을 뿐이다.

이뿐만이 아니다. 정보화와 지능화는 단지 경제적, 산업적 측면에 국한된 것이 아니라 국민의 생활 전반에 영향을 주는 과제다. 이를 반영하여 「지능정보화 기본법」에서는 일자리·노동환경 변화 대응은 물론 사생활보호에 이르기까지의 폭넓은 영역을 규율하고자 하고 있다. 국회 입법의 전 단계에서 논의되었던 것이지만, 지금의 기본법은 '지능정보사회 기본법'이라는 이름으로 먼저 추진되었던 입법이다. 정보화는 더 이상 기술의 측면에서만 논의되고 대응할 것이 아닌 사회 전반의 완전한 변화를 의미하는 것이다. 이에 사회 모든 영역에서의 전방위적 혁신이 필요함에도 법률의 명칭에서부터 변화 그 자체에만 집중하고 있는 모양새다. 입법 과정에서 충분한 논의가 필요했던 것은 아닌지 돌아볼 필요가 있다.

이 외에도 인공지능과 데이터 등 새로운 지능정보기술과 기존의 정보통신 기술을 함께 동일한 선상에서 정의하여 새로운 기술에 대한 정책적 차별성을 둘 수 없다는 점이나 정보문화와 역기능에 있어서의 기존 법률을 그대로 답습하고 있다는 점 등 입법 과정에서 세밀히 검토되지 못하고 그저 빠른 입법을 위해 간과된 부분들이 많다. 지능정보화 시대를 대응하기 위한 입법이라기보다는 그저 이름만 바꾼 입법에 불과하다는 한계가 분명히 존재하고 있다.

(2)「데이터 산업진흥 및 이용촉진에 관한 기본법」

이른바 데이터 기본법의 문제는 한층 더 심각하다. 심지어 이를 데이터 기본법이라고 부를 수 있는지조차 의문이 갈 정도다. 온라인 데이터만을 데이터로 정의하고 기존 법체계에서 '정보(information)'라 정의해왔던 그것과 구별이 되지 않는 데이터에 관한 정의는 차치하고, 매년 수립되는 데이터 시행계획은 과학기술정보통신부장관이 수립하지만 중앙행정기관의 장이 데이터 시책을 시행계획에 반영하게 하는 등 단순한 입법기술 상의 오류도 많은 데다가 실제로 작동할 수 없는 내용들까지 담고 있다. 데이터 산업을 오히려 규제할 수도, 저해할 수도 있는 조문들로 가득하다.

데이터 기본법이라고 이름 붙이고자 한다면 먼저, 데이터란 무엇이며 그 데이터의 법적 취급을 어떻게 할 것인지에 대한 입법적 태도부터 명확하게 할 필요가 있다. 그럼에도 지금의 데이터 기본법은 그에 대한 전혀 아무런 태도도 갖추고 있지 않다.

「민법」상 데이터는 물건으로 취급되지 않는다. 동산·부동산과 같은 유체물도 아니거니와 전기와 같은 자연적으로 존재하는 자연력이 아니기 때문이다. 물건이 아니기 때문에 매매의 대상이 되지 않는다. 그렇다고 해서 저작물도 아니다. 기존의 기술처럼 사람에 의해 만들어지기만 하는 것도 아니며 사람이 예상하고 지시한 대로만 만들어지는 것도 아니기 때문이다. 그럼에도 데이터 기본법은 뜬금없이 데이터를 자산으로 분류한다. 자산이 어떠한 법적 성질을 가지는지, 어떻게 거래의 대상이 될 수 있는지에 대해서는 침묵한다.

새로운 제도로 만들어진 데이터거래사 제도를 통해 취득할 수 있는 데이터거래사라는 자격은 무엇을 할 수 있는지 명확치 않다. 운전면허처럼 데이터 거래를 위해 반드시 필요한 자격도 아니며 그렇다고 해서 어떤 전문성이 필요한지도 알 수 없는 자격이다. 입법과정에서 마이데이터 등과 관련해 그 내용이 변경되었다고는 하나 이렇게 빈껍데기만 남겨둘 이유는 무엇이었는지 궁금하다. 게다가 데이터를 안전하게 분석할 수 있다는 데이터 안심구역제도는 어떠한 안전성도 제공해 주지 않는다. 개인정보가 안전하게 처리될 수 있는 구조도 아니며 다른 법령에 의해 제한되는 데이터의 처리를 이 법에 따라 안심하고 할 수 있다는 어떠한 법적 근거도 없다. 이름뿐인 제도다.

데이터 안심구역이나 데이터 가치평가기관으로 지정되면 어떠한 경우에도 지정취소가 되지 않는다. 지정취소는 아예 법률의 규정이 없다. 지정취소 규정이 있는 것은 전문인력 양성기관의 지정취소만 있을 뿐이다. 허위의 품질인증표시는 과태료 부과 대상이지만 다른 어떤 품질인증제도에서도 볼 수 없었던 3천만 원의 과태료를 부과하고 있고,[3] 품질인증의 표시에 대한 다른 어떤 법적 근거도 없어 품질인증 표시에 대한 과태료 규정이 적용될 수 있는지조차 의문이다. 명백한 입법적 오류임에도 국회에서는 아무런 논의 없이 입법이 이루어졌다.

예상컨대, 목적이나 효과가 불분명한 데이터사업자의 신고제도는 악용되거나 규제화될 것이고 데이터거래사 제도는 쓸데없는 자격으로 전락하거나 너무 어려워 극소수에게만 가능한 자격으로 전락할 가능성이 있다. 안심구역은 안심할 수 없는 데이터 활용으로 인해 효율성이 떨어질 것이고 가치평가나 품질인증은 민간 데이터 시장에서는 외면 받을 가능성이 매우 높다. 데이터 입법이 필요했지만 저급한 수준의 졸속 입법으로 인한 피해는 오롯이 데이터기업들이 감당할 일이다.

(3) 「디지털포용법」과 인공지능법안들

데이터 기본법 외에도 지금 국회에서는 「디지털포용법안」과 다양한 인공지능법안들이 입법 절차를 기다리고 있다. 하지만 정확하지 않은 내용과 전략적인 이유로 인해 입법이 되어도 문제가 될 수 있는 내용이 다수이다.

---

3 대부분의 안전이나 기술표준 등에 관한 품질인증표시 위반에 대한 과태료 금액은 50만 원에서 100만 원 수준이다. 자그마치 30배의 과태료를 부과하고 있는 것이다.

「디지털포용법안」은 문재인 정부의 포용적 사회 구현을 위한 매우 적절한 입법임에는 틀림없다. 다만 그 내용이 지난 이명박정부에서 폐기된 「정보격차 해소에 관한 법률」의 수준을 벗어나지 못한다는데 있다. 「디지털포용법안」은 지속적으로 고도화되는 지능정보기술에 대한 개인의 접근능력과 활용역량의 차이는 단순한 불편함의 문제를 넘어 경제·사회적 불평등과 차별을 이전보다 심화시키는 등 부정적 영향에 대한 우려가 커지고 있어 정보격차의 해소·예방은 물론 사회구성원 누구나 디지털을 잘 활용하고, 소외와 차별 없이 디지털 기술의 혜택을 고르게 누리도록 하여 사회 통합과 지속가능한 발전의 기반을 마련하기 위함이라는 입법 목적을 밝히고 있다.

특히 정보격차의 해소·예방과 관련한 내용을 담았던 「정보격차해소에 관한 법률」은 2009년 「지능정보화 기본법」에 통합되어, 현재는 정보격차 해소·예방 정책의 체계적 추진을 위한 법정계획과 관계기관 간의 역할 조정·협업 등을 위한 기구조차도 부재한 실정이라고 밝히고 있으며, 「지능정보화 기본법」은 정보격차 등에 관한 내용은 상대적으로 소극적일 수밖에 없다고 평가하고 있다.

하지만 정작 그 내용을 보면 디지털역량교육을 제외하고 접근성 향상이나 우선구매 등에 관한 내용만 다루고 있을 뿐이다. 새로운 내용은 없다. '디지털 포용'과 「지능정보화 기본법」에서 말하는 '정보문화'가 어떤 관계인지도 밝히지 못한다. 기존 법률에서 규정하고 있는 지능정보서비스 과의존 대응에 관한 사항이 빠져 있으니 디지털 포용은 정보문화보다 하위 개념에 불과해진다. "사회의 모든 구성원이 소외와 차별 없이 지능정보기술을 활용하고 지능정보서비스를 이용할 수 있도록 하여 삶의 질 향상과 지속가능한 포용적 성장을 추구하는 환경 조성 및 그 지향점"⁴이라고 했지만 "지능정보화를 통하여 사회구성원에 의하여 형성되는 행동방식·가치관·규범 등의 생활양식"⁵에 비해 어떠한 새로운 지향점을 도출해냈는지 의문이다.

지금 국회에는 인공지능과 관련하여 7개 법안이 제출되어 있다.⁶ 인공지능 기술이 주목을 받으면서 다양한 입법안이 준비되고 있는 것은 환영할 일이다. 하지만 지금의 입법안들이 인공지능 기술의 특성을 이해하고 그 진흥을 위한 내용을 충실히 담았는지는 의문이 아닐 수 없다. 비대면과 네트워크로 진행하고 있는 산업적 변화에도 산업단지 조성이라는 과거형의 산업진흥정책을 중심으로 하고 있다는 점에서도 그렇고, 다른 산업과 융합하여 기존 산업을 혁신시키는 인공지능 기술에 집중하기보다는 인공지능산업에 초점을 둔 점에서도 지금의 입법이 인공지능 사회를 맞이하는 우리에게 어떤 도움이 될지 의문이다.

EU에서 2021년 4월 발의된 EU인공지능법안(Artificial Intelligence Act)의 내용을 반영한 법안도 있지만 세부적으로 살펴보면 EU 법안의 핵심적인 내용은 빠진 반쪽짜리 규제법안에 불과하다. 시민의 기본권 보장이라는 철학적 기반 위에서 위험기반 접근방식을 취한 EU와 달리 의료, 공공 등 위험에 대한 접근보다는 분야별 차등접근 방식을 취

---

4 「디지털포용법안」 제2조제1호.

5 「지능정보화 기본법」 제2조제11호.

6 「인공지능 연구개발 및 산업 진흥, 윤리적 책임에 관한 법률안」(이상민 의원, '20. 7),「인공지능산업 육성에 관한 법률안」(양향자 의원, '20. 9),「인공지능기술 기본법안」(민형배 의원, '20. 10),「인공지능 집적단지의 육성에 관한 특별법안」(송갑석 의원, '20. 10),「인공지능 육성 및 신뢰기반 조성 등에 관한 법률안」(정필모 의원, '21. 7),「인공지능에 관한 법률안」(이용빈 의원, '21. 7),「알고리즘 및 인공지능에 관한 법률안」(윤영찬 의원, '21. 11) 등.

한 입법 태도도 그러하고, 규제 샌드박스와 감독기구의 신설 등을 규정한 EU법과는 달리 인공지능 정책과 기술의 전문기관이나 감독기구에 대한 구체적 사항을 규정하지 않고 있는 입법 태도 역시 이해하기 어렵다.

요약하자면, 이미 제정·개정되었거나 입법이 추진되고 있는 디지털 입법들은 입법의 당위성이나 필요성은 이미 사회적으로나 산업적 측면에서는 더 논의가 필요하지 않을 정도로 무르익은 것이기 때문에 입법을 미루거나 지체할 필요가 없는 것들이 대부분이지만, 세부적인 내용을 보면 입법의 신속성을 위해 내용을 포기한 것은 아닌지 의심이 될 수준들이다. 정작 중요한 부분이거나 입법의 핵심이 될 사항들은 논의의 장기화를 두려워한 나머지 생략하거나 간소화하고, 불필요하게 복잡한 절차나 시장기능에 대한 과도한 개입만 늘어놓은 꼴이 아닌가 걱정이 될 정도다.

(4) 새로운 디지털 서비스를 위한 입법 필요성

디지털로의 변화 과정에서 최근 주목받는 것은 역시 새로운 플랫폼 서비스이다. 특히 넷플릭스, 디즈니+ 등 OTT 서비스가 주목받고 있다. 기술융합 확산에 따라 방송·통신 융합(IPTV, OTT 등)이 확산되는 등 기술 이용 환경도 끊임없이 변화하고 있으며 이를 기반으로 한 기술·서비스 시장은 급격하게 글로벌화되고 있다. OTT 서비스의 등장으로 기존의 방송·콘텐츠 시장 환경이 변화하고 있으며, IPTV 등 방통융합 기술·서비스 환경은 급격한 변화를 맞이하고 있다.

국내 IPTV 시장은 OTT 서비스 간 통합 및 재편으로 서비스 간 합종연횡 및 리브랜딩 등을 통해 OTT 서비스 시장 내 모바일 IPTV 경쟁력 강화를 위한 노력을 하고 있다. 방송 중심의 오리지널 콘텐츠 대규모 투자를 통해 넷플릭스, 디즈니+ 등 글로벌 OTT에 맞서 경쟁력을 갖춰나갈 준비를 하고 있다. 반면 이에 대한 입법적·정책적 지원과 그에 걸맞는 방송통신 감독·추진체계는 어떻게 변화시켜야 할 것인지는 불분명하다.

기간통신이나 기간방송이라는 기존의 기본권적 측면이 강조된 방송·통신 시장을 관리하고 공정한 언론의 관점에서 규율되던 방송시장은 OTT의 등장으로 새로운 전환기를 맞이하고 있으나 이에 대한 제대로 된 대응이 이루어지고 있는지는 아직 의문이다. OTT를 인터넷 멀티미디어 방송사업(IPTV)의 일종으로 편입할 것인지 새로운 방송으로 볼 것인지 아니면 단순한 콘텐츠 제공업으로 볼 것인지 다양한 관점이 있고, 기존의 방송이나 언론과 어떤 차별적 대응이 필요할지에 대한 연구 역시 필요할 것이다.

4. 변화에 대응하기 위한 법제도 변화의 방향

(1) 디지털사회에 대한 이해와 법제 개선

변화에 대응하기 위해서는 변화를 이해할 필요가 있다. 즉 우리는 디지털 사회를 이해하고 있는가?에 대한 질문에 우선 답해야 한다. 과거 '정보통신산업'을 바라보는 관점이 아닌 '인공지능·데이터 산업'을 새로운 관점에서 바라볼 필요가 있다. 다르게 표현하자면, 그런 산업은 과연 존재하는가에 관한 것이다. 인공지능산업이나 데이터 산업은 그 자체로서는 아직은 할 수 있는 것이 없다. 삼성전자는 여전히 반도체를 '제조'하고 있고 애플은 아이폰을 '팔아서' 돈을 번다. 즉 우리 사회는 디지털사회에 진입해서도 여전히 무언가 물건을 소비하여야 하고 '요소수'가 필요한 자율주행자동차에 탑승해야 할 것이다.

인공지능과 데이터가 새로운 물건을 창조하는 것이 아니다. 앞으로도 누군가는 옷을 만들 것이고 전화기가 필요할 것이다. 그런데 그것을 어떻게 만들고 유통하며 소비할 것인가에 대한 관점의 변화가 필요하다. 다시 말하면, 제조업과 전통산업은 디지털사회에 어떻게 적응하게 할 것인가를 고민해야 한다. 모든 산업과 융합한 정보통신산업은 앞으로 어떻게 변화할 것이며 우리가 추구하는 포용사회는 디지털사회에서는 어떤 모습으로 구현되어야 할 것인지에 대한 정확한 예측이 필요하다. 정보격차를 해소하고 접근성을 높이기 위한 방안을 찾는 것이 중요한 것인지, 아니면 접근성 그 자체에 대한 새로운 해석이 필요한지 고민할 때다.

정보에의 접근권이 기본적 권리라면, 기본권으로서의 디지털권(權)의 개념을 고민할 필요도 있다. 보호를 위한 개인정보 정책이 개인정보의 산업적 이용을 통한 생활의 편리함을 증대시키는 측면은 어떻게 이해할 것인지에 대한 고민도 필요하다. 개인정보'보호'위원회가 지금도 필요한지 아니면 개인정보의 보호와 활용의 균형을 추구하는 '개인정보위원회'로의 개편이 필요한지도 함께 논의될 필요가 있다. 단순히 인공지능을 새로운 기술로서, 산업으로서 바라만 볼 것이 아니라 인공지능이라는 새로운 존재와의 공존 역시 고민되어야 할 과제다. 전통적인 산업, 즉 제조, 유통, 건설, 식품 등 산업과 보건, 교육 등 생활에서

ICT가 가지고 있던 위치와 디지털이 가지는 위상은 다름을 깨달아야 할 것이다.

(2) 법체계 개편의 필요성

과학기술과 우정 분야의 법령을 제외하면 현재 과학기술정보통신부의 ICT 관련 법령은 약 20개가 넘는다. 물론 이 법령들이 지금까지 우리나라가 정보화에 있어서 선도적인 국가로 성장하기까지 지대한 공헌을 한 것은 부인할 수 없다.

우리나라의 정보통신 법제는 그동안 선제적인 대응을 통한 정부 차원의 지속적인 지원과 투자를 통해 정보통신산업의 발전을 이룩해왔다. 정보통신 관련 기금을 조성하여 투자를 확대해왔고「정보화촉진기본법」을 비롯해 잘 정비된 정보화 관련 법령은 정보통신의 전 분야에 걸쳐 적절한 규율을 통해 발전을 가속화시켜왔다. 다른 분야와 비교해도 정보통신 분야의 법제는 성공적인 입법이었음이 사실이다.

하지만 이제 지능정보화와 4차 산업혁명을 맞이한 디지털사회에서도 같은 법령 체계로서 접근할 것인지에 대해서는 많은 고민이 필요할 것이다. 이제는 정보통신법 체계를 전면적으로 개편하여 새로운 대응 방안을 고려할 필요가 있다.

먼저, 이제는 모든 산업에 침투하여 기반으로서의 산업의 모습을 갖춘 정보통신산업을 기반 산업으로서 지속적으로 발전시킬 수 있도록 하는 체계가 필요하다. 전기통신이나 통신망 등 전통적인 정보통신 고유 영역은 이미 사회 기반시설로서 완전하게 자리를 잡았다. 이제 모든 산업의 영역에서 이를 융합하는데 필요한 법적 기반을 만들어야

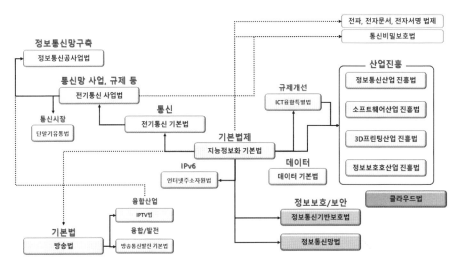

[그림 1-1] 현행 법률별 주요 관계

한다. 이를 위해서는 전기통신산업, 정보통신산업으로 분리되고 분산된 법률을 통합할 필요가 있다.

반면 태생부터 융합을 목적으로 등장한 새로운 인공지능이나 데이터 등의 산업은 기존 산업의 관점에서 어떤 방식으로 적용할 것인지에 대한 부가가치 창출 관점에서의 입법이 필요할 것이다.

ICT는 산업·사회 전 분야에서 융합의 내재화를 통해 과거 정보통신망 이용촉진 중심의 정책을 변화시켜야 한다. 지능정보화, 정보화에서 지능사회로, 그리고 정보통신산업에서 정보통신 기반 산업으로, 그리고 언론을 중심으로 한 방송 산업에서 OTT 등도 포괄할 수 있는 시청각·콘텐츠 서비스로 관점을 변화시켜야 한다.

한편 추진체계와 관련해서는 과학기술정보통신부 및 방송통신위원회의 정체성에 대한 고민도 함께 이루어져야 할 것이다. 이제 ICT를 활용하지 않거나 상관없는 중앙행정기관은 없다. 오래전부터 데이터를 다루어왔던 통계청이나, 전자정부를 담당하는 행정안전부는 물론이며, 산업통상자원부, 공간정보와 자율주행자동차를 관할하는 국토교통부와 개인정보보호위원회 등 모든 부처는 정보통신 기능을 가지고 있다. 새로운 정부조직에 대한 고민이 필요한 이유다.

마지막으로 사회구조, 산업구조, 국민생활의 변화 모두를 담을 수 있는 법제도 전략이 필요하다. 오프라인 중심의 민법, 상법, 형법 등 기초법 체계와 1980년대 민주화를 위한 헌법 체계가 아직도 여전히 유효하다고 볼 수도 있지만 이에 대한 진지한 고민도 필요하다. 지능정보사회와 데이터 중심 사회로 디지털 대전환을 위한 법정책을 위해 과감한 혁신이 필요한 것이다. 지능정보화 및 디지털화에 따른 극단적인 양극화와 노동·교육환경 변화에 대응할 수 있는 법제도적 접근이 필요하며 새로운 경제체계에 걸맞는 조세제도 등 다양한 접근을 통해 새로운 시대를 준비할 필요가 있다. 2021년 국제적인 디지털세(稅) 합의와 플랫폼 경제구조의 등장, 그리고 소위 '아마존 킬러'라 불리는 30대의 리나 칸(Lina Khan)이 미국 연방거래위원장에 임명된 것은 이러한 디지털경제의 변화를 맞이하여 한국뿐 아니라 다른 나라들이 얼마나 심각하게 이를 받아들이고 있는지를 보여주는 한 예라고 할 수 있을 것이다.

(3) 정보통신법 체계 개편

앞서 살펴본 바와 같이 지금의 법체계 개편 방향은 한 분야에서 머물러야 할 것이 아니라 사회 모든 분야에서 필요하다. 그럼에도 정보통신법 체계의 정비가 가장 시급하다 할 수 있다. 지금의 정보통신법 체계의 개편 방향을 제시해 본다.

1) 지능정보사회와 정보보호 중심

20여 개가 넘는 지금의 정보통신법 체계를 과기정통부와 방통위의 현재 기능과 관계를 유지하며 개편하는 방안이다.

우선, 기본적으로 지금의 「지능정보화 기본법」을 '지능정보사회 기본법'으로 하여 지능정보화 추진을 위한 국가사회 전반의 국가전략을 수립할 수 있는 법률로 변화시킬 필요가 있다. 디지털 포용이나 시민 역량 등에 관한 사항을 담을 것인지 등에 관한 세부적 내용은 입법기술적으로 결정되겠지만 기본적으로 지금의 기본법을 진정한 의미의 기본법으로 만들 필요가 있다. 그리고 각종의 정보통신산업진흥법제를 주요 기술별로 규율하되, 디지털사회의 기반 산업적 관점의 입법이 필요할 것이다. 지금의 「정보통신산업진흥법」을 기반 산업 진흥법제로 개편하여 전통적 ICT산업을 규율하도록 하고 클라우드, 인공지능 등 주요 기술 진흥을 위한 법제를 마련하여 특화된 진흥정책의 수립과 시행이 용이하도록 할 필요가 있다.

한편, 방송통신 분야에서는 전파 자원 및 네트워크 설비에 관한 기본적인 법률 외에 시청각 서비스와 통신 서비스에 관한 법률로 크게 분류하고 이에 따른 법령 정비를 추진할 필요가 있다. 마지막으로는 이 모든 정보통신 영역의 기술의 근간이 되고 안전성·신뢰성을 담보할 수 있는 정보보호 법제를 마련하여 안전한 디지털사회 구현을 위한 사항을 담아야 할 것이다.

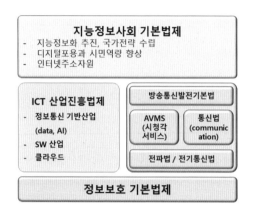

[그림 1-2] 지능정보사회와 정보보호중심

2) 지능정보사회 변화 대응에 중심

부처의 기능보다는 지능정보사회, 디지털사회의 변화에 중심을 두고 법체계를 변화시키는 방안도 고려될 수 있다. 앞서의 방안과 같이 지능정보사회 기본법제를 수립하고 정보통신 설비와 전파 등 물리적 기반을 구축하기 위한 법제를 확대 개편하여 사회기반의 디지털화를 추구하고 그 위에 정보보호를 포함하는 정보통신산업법제를 정비하는 동시에 방송통신법 체계를 정비하는 방안이다.

기본적으로는 첫 번째 방안과 동일한 방안이지만 정보보호를 산업진흥법제로 편입하고 물리적인 기반 구축을 기반으로 하여 그 위에서 서비스 법제에 대한 정비를 추진하는 방식이라 할 수 있다.

3) 기반 산업 중심의 다분화 체계

두 번째 방안의 물리적 기반 산업 법제를 좀 더 확장하여 전체적인 기초로서의 법체계로 정비하는 방안이다. 정보통신산업에서도 네트워

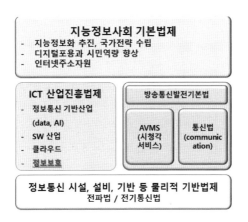

[그림 1-3] 지능정보사회 변화 중심

크 설비의 구축이나 전파자원의 배분 등은 중요한 범정부적 기반이라 할 수 있다. 이를 위하여 그 기반에 대한 투자를 정부가 부담하고 산업의 진흥을 추구하는 방안이라 할 수 있다.

물리적 기반 법제에 대응하여 지능정보사회와 디지털사회에 대한 법제와 방송 및 콘텐츠 육성과 방송의 공적책임 등을 주관하는 법제도를 확립하고 그 실천 방안으로서 ICT 산업진흥법제와 IPTV, OTT 등 방송산업에 관한 법체계를 정비하는 방안이다. 과기정통부와 방통위의 기능을 앞선 두 방안에 비해 조금 더 전반적으로 개편하고 명확하게 구분하는 등 관련 기관의 기능을 특화하는 방안이라 할 수 있다.

5. 결론

변화는 항상 있어왔고, 인류는 항상 그에 대응해 적응해왔다. 디지

[그림 1-4] 기반 산업 중심의 다분화체계

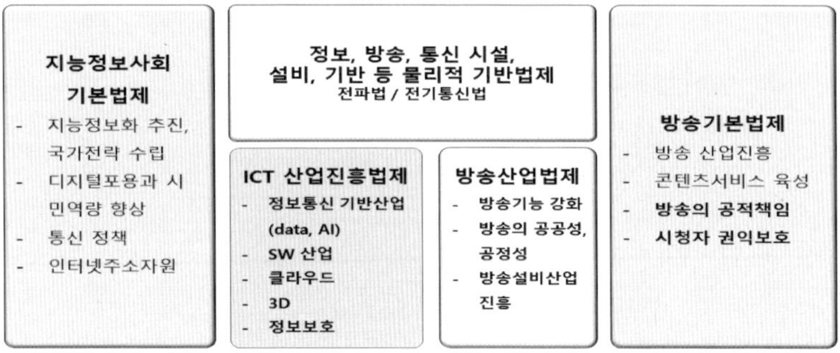

지능정보사회 기본법제	정보, 방송, 통신 시설, 설비, 기반 등 물리적 기반법제 전파법 / 전기통신법		방송기본법제
- 지능정보화 추진, 국가전략 수립 - 디지털포용과 시 민역량 향상 - 통신 정책 - 인터넷주소자원	**ICT 산업진흥법제** - 정보통신 기반산업 (data, AI) - SW 산업 - 클라우드 - 3D - 정보보호	**방송산업법제** - 방송기능 강화 - 방송의 공공성, 공정성 - 방송설비산업 진흥	- 방송 산업진흥 - 콘텐츠서비스 육성 - 방송의 공적책임 - 시청자 권익보호

털 변화와 인공지능·데이터의 혁신도 그러한 일반적인 변화에 불과할 수도 있다. 하지만 지금까지의 진행 상황만 보더라도, 2000년대 초반의 IT Bubble과는 다르다. 수십 년 간의 정보통신산업의 발전과 정책의 추진에도 변하지 않던 것들은 눈에 보이지도 않는 바이러스가 완전히 변화시켰다. 세계 최대의 원유 매장량을 자랑하던 한 나라의 몰락이나 석유 중심의 산유국들이 추구하는 자극의 산업다변화는 단순히 정치적인 이유로는 설명할 수 없다. 기술이 가져온 변화다. 정보화를 통해 선진국으로 들어선 우리에게 인공지능, 데이터로 대표되는 디지털 혁명은 다른 나라에 비해 한국에게 더 중요할 수밖에 없다. 국제사회는 다시 우리 근거리에 있는 두 국가의 양강체계로 변화하고 있고 그 대립도 심해지고 있다. 플랫폼 경제로 표현되는 경제력 집중도 강화되고 있으며 정보통신으로의 기술변화에 적응을 거부하고 도장이나 팩스에 집착하던 이웃나라의 후회는 디지털 사회에 적응하지 못하는 미래의 많은 나라들의 후회와 다를 것이 없을 것이다.

　디지털 혁명에 대처하고 있는 우리는 어떤가 살펴보면, 입법이나 법제도적 측면에서는 많은 것을 놓치고 있는 것은 아닌지 불안하기까지 하다.

먼저, 디지털 혁명이나 디지털사회, 그리고 기술이나 산업에 대한 정확한 이해 없이 입법이 졸속으로 이루어지고 있는 듯한 경향이 있다. 앞다투어 법안들이 발의되고는 있으나 그 내용은 과거의 교과서적 입법 형식을 아무 비판없이 답습하고 있고, 기술적 특성이나 산업적 특이점은 보이지 않는다. 데이터나 인공지능에 대한 명확한 법적 관점이 제시되지 못하니 어쩔 수 없이 지난 산업사회나 정보사회에서 해봤던 진흥정책을 그대로 글자만 바꿀 뿐이다.

사회는 변화하고 혁신적으로 발전하고 있지만 그 변화의 충격을 정확히 예상하지 못하고 있다. 정보의 접근성이나 품질인증 같은 낡은 접근방식으로는 아무것도 해결하지 못한다. 디지털사회가 요구하는 것이 무엇이고 새로운 세대나 사회구성원들이 요구하는 것이 무엇인지 정확하게 파악하여 대처할 필요가 있다. 단순히 소통을 해야 한다는 것이 아니라 혁신이 가져올 미래의 변화를 정확히 예측할 수 있어야 할 것이다.

마지막으로는 지금까지의 사회와는 완전히 다른 사회가 도래할 것이라는 점에서 기본과 기초가 되는 것이 무엇인지에 대한 정확한 예측을 바탕으로 그 위의 구조를 변화시켜야 한다. 데이터와 인공지능에 대한 이해부터 시작해야 한다. 데이터를 기존의 '정보' 개념과 다른 새로운 객체로 인식할 필요가 있다.[7] 인공지능을 단순한 알고리즘이라는

---

7 데이터는 복잡하더라도 "정보 또는 정보를 이루는 단위로서 설비, 기기, 장치 또는 지능정보기술 등의 작동, 실행, 조작 등의 과정 또는 결과로서 생성되거나 인간, 동·식

소프트웨어 체계로 이해할 것이 아니라 인간의 사고 형태의 반영과 모방이라는 인공지능 본래의 의미를 이해할 필요도 있다.

한편 인공지능이 탑재되거나 외부에서 네트워크를 통해 인공지능의 판단·계산 결과를 구현하는 기계장치로서의 로봇 또는 지능형 로봇에 대한 법제도 역시 정비가 필요하다.

무엇보다도, 정보통신법 체계부터 변화되어야 한다. 식품산업도 여전히 남을 것이고 농업과 제조업도 여전히 필요한 사회이겠지만 정보통신산업은 그 모습과 형태가 완전히 바뀌고 있다. 전화기로 할 수 있는 가장 바보같은 짓이 이제는 전화를 하는 것일 수도 있다. 정보통신법 체계의 개편을 시작으로 우리 사회의 가장 중요한 것들을 규율하고 국가사회의 나아갈 방향을 제시하는 법체계 전반을 디지털사회에 맞춰 변화시켜야 할 시기인 것이다.

물 또는 물건의 물리적·화학적 현상 및 반응, 행위, 작동(동작을 수정, 앞에 작동이 나와서 고민), 사고(思考), 움직임 또는 생명활동의 과정 또는 결과로서 생성되어 외부에서 직·간접적으로 인식이 가능한 유·무형의 자료" 등 정확하게 그 범주와 내용을 확정하는 것이 좋다고 본다. 그렇지 않더라도, 정보, 「전자정부법」 상의 행정정보, 공공데이터법 상의 공공데이터, 개인정보, 콘텐츠, 저작물, 전자문서 및 전자화문서 등을 모두 포괄하거나 열거하는 방식으로 규정할 수도 있을 것이다.

제2장 데이터와 인공지능에 기반한 지능형 정부의 적극행정 전략

오태원 경일대학교 경찰행정학과 교수, 법학박사, 뉴욕주 변호사

1. 서론

인공지능, 클라우드, 사물인터넷, 빅데이터 등 비약적으로 발전하는 정보기술은 우리에게 이른바 4차 산업혁명 시대라는 변화에 대한 준비와 적응을 요구하고 있다. 이에 발맞춰 전자정부 분야에서는 지능형 정부 구현이라는 방향을 제시하고 있으며, 행정 영역에서는 적극행정이 상당히 주목을 받고 있다. 언뜻 보면 서로 큰 연관성이 없는 것으로 보일 수 있으나, 한국행정연구원에서 2021년 3월에 개최한 2021년 제1차 적극행정포럼 '지능형 정부를 선도하는 적극행정: 민주주의와 적극행정'에서도 볼 수 있듯이 지능형 정부와 적극 행정의 연결 가능성 또는 연결 필요성이 이미 논의되고 있다.

더군다나 거기에 증거 기반 행정(데이터 기반 행정[1])이 더하여져 유기

1 　미국에서 제시된 용어는 증거 기반 행정(evidence based administration)이지만, 우리나라에는 현행 데이터기반행정 활성화에 관한 법률이 존재하기 때문에 이하에서는 '데이터 기반 행정'이라는 용어를 사용함.

적으로 연결될 수 있으며, 이를 통하여 정부와 행정을 혁신하는 방향을 제시할 수 있다고 생각한다. 다음에서 지능형 정부와 적극행정, 그리고 데이터 기반 행정이 어떻게 연결될 수 있으며, 그것을 위하여 어떠한 전략이나 과제가 있는지 살펴보고자 한다.

2. 지능형 정부

(1) 지능형 정부의 개념

인공지능, 빅데이터 등 첨단 신기술을 활용한 새로운 전자정부의 어젠다로 제시되는 것이 지능형 정부이다. 이는 1단계라 할 수 있는 초기 전자정부, 2단계라 할 수 있는 디지털 정부를 이어 새롭게 제시된 전자정부의 발전 방향이라 할 것이다. 행정안전부가 2017년 3월에 발표한 〈지능형 정부 기본계획〉에 따르면 지능형 정부란 "인공지능, 빅데이터, 클라우드, 사물인터넷 등 첨단 신기술을 활용하여, 넓게는 신기술과 인간의 창의성을 결합해 행정을 혁신하고, 맞춤형 대국민 서비스를 제공하는 전자정부"를 의미한다고 하고 있다.

또한 지능형 정부는 인공지능을 통해 문제를 스스로 인지하고 대안을 제시하고 개선하면서 민관 협업을 기반으로 정책을 결정 및 추진하는 정부라고 하고 있다.

구분	전자정부	지능형 정부
행정업무	국민 공무원 문제제기/개선	디지털 두뇌를 통한 문제 자동인지 → 스스로 대안 제시→ 개선
정책결정	정부 주도의 정책운영	국민 주도의 정책결정
현장행정	단순업무 처리 중심	복합문제 해결 가능
서비스 목표	양적·효율적 서비스 제공	질적·공감적 서비스 공동생산
서비스 내용	생애주기별 맞춤형	일상틈새+생애주기별 비서형
전달방식	온라인+모바일 채널	수요 기반 온·오프라인 멀티채널

지능형 정부에서는 인공지능이 데이터, 클라우드, 5G 등 디지털 신기술과 결합되어 정부의 일하는 방식, 대국민 서비스 방식, 정부와 고객과의 관계 등을 근본적으로 변화시킬 것으로 기대하고 있다. 지능형 정부를 이끄는 인공지능 등 핵심 기술이 가지고 있는 기술적 특성을 기반으로 지능형 정부의 특성을 키워드로 요약하면, 고객중심, 과학성, 선제성, 회복 탄력성, 데이터 활용성, 확장된 경험, 위치독립성, 초(超)자동화 등을 도출할 수 있다고 한다.[3]

(2) 지능형 정부 추진 현황과 방향

우리나라에서 인공지능 기술이 행정과 정책 분야에 본격적으로 도입된 것은 그리 오래되지 않았다. 앞서 언급한 2017년 3월 행정안전

---

2 행정안전부, 지능형 정부 기본계획, 2017. 3.
3 오강탁, "지능형 정부의 인공지능 활용에 따른 윤리적·법적 문제: 이슈와 대응 방안 중심으로", 「2021년 제1차 적극행정포럼 '지능형 정부를 선도하는 적극행정: 민주주의와 적극행정'」, 2021. 3. 26., 한국행정연구원.

부가 〈지능형 정부 기본계획〉을 발표하면서 정책 결정 과정과 서비스 전달체계, 행정 프로세스 등 정부 업무 전반에 인공지능 기술의 활용 계획이 구체화되었다. 지능형 정부 청사진에는 국민 개개인에게 알아서 제공하는 맞춤형 국민비서 서비스 제공, 원스톱 디지털 주민센터 구현, 민원분석 로보틱스 플랫폼 구축, 상황인지 기반의 자가진단형 사이버 안전망 구현 등 40여 개 세부 과제가 제시되었다.[4]

이후 지능형 정부 주요 과제들은 정부 전 영역에 대한 디지털 전환을 목표로 수립된 〈디지털 정부혁신 추진계획〉('19. 10)과 코로나19 대응을 위해 추진 계획을 보완·확대한 〈디지털 정부혁신 발전계획〉('20. 6)에 포함되어 현재까지 성공적으로 이행되고 있다.

〈표 2-2〉 인공지능 기술을 활용한 디지털 정부 혁신 주요 과제 추진 현황[5]

서비스	주요 내용	주관 기관	현황
지능형 국민비서	- 국민에게 필요한 사항을 선제적으로 알려주고 신청·처리까지 지원하는 개인맞춤형 서비스 제공 - 국민이 기관별·업무별로 챗봇을 찾을 필요 없이, 정부24·국민신문고 등의 상담결과를 연계하여 답변	행안부	서비스 개시 ('21.3월~)
범정부 데이터 분석 활용 플랫폼	- 정부기관의 데이터를 통합적으로 등록, 수집하여 인공지능으로 분석하여 활용	행안부	ISP 추진 중 ('21~)
범정부 통합콜센터	- 국민신문고, 콜센터 전화상담 등 텍스트부터 음성까지 민원데이터를 통합 분석하여 데이터 기반 정책 결정 지원	권익위	사업추진 예정 ('22~)

4 행정안전부, 지능형 정부 기본계획, 2017. 3.
5 관계부처 합동, 디지털 정부혁신 발전계획, 20. 6.; 오강탁(2021)에서 재인용.

서비스	주요 내용	주관 기관	현황
국가인재개발 지능형 오픈 플랫폼 구축	- 민간/정부의 우수한 학습자원을 연계하고 공무원 인재 개발을 개인별 맞춤형 학습으로 전환하여 민간시장 확대와 비대면 교육 서비스 창출	인사처	사업추진 중 ('20~)
지하공동구 안전관리체계 구축	- 지하 공동구에 지능정보기술을 접목하여 데이터 측정 인프라 및 인공지능 기반 안전관리 플랫폼 구축	과기부	사업추진 중 ('20~)
인공지능 기반 사이버 보안	- 인공지능 알고리즘으로 방대한 보안 빅데이터를 스스로 학습하여 보안 이상징후를 감시하고, 자동으로 비정상적 행위를 찾아내 공격 차단	행안부/ 과기부	사업추진 중 ('20~)

이들 과제 중 지능형 국민비서 서비스는 개개인의 정보를 분석하여 챗봇이나 음성인식 스피커 등을 통해 생활밀착형 서비스를 선제적으로 알려주고 신청까지 해주는 인공지능 서비스의 대표 사례로 꼽는다. 행전안전부는 2021년 3월 국민비서를 네이버앱, 카카오톡 등 민간의 알림서비스와 연계함으로써[6] 교통 범칙금, 운전면허 갱신, 코로나19 백신접종 알람 등 간편한 서비스 이용체계를 마련하였고, 나아가 새로운 비즈니스 생태계 창출에도 기여할 것으로 기대된다.

이밖에 개별 부처나 지자체에서도 인공지능 기술을 선도적으로 적용한 단기 시범 사업부터 중장기 시스템 구현·확대 사업이 활발히 추진되고 있다. 이에 따라 인공지능의 적용 범위가 단순 민원 대응부터 교통정보나 시설관리 등 도시 기반 정비, 실시간 데이터 분석을 통한 치안과 출입국 관리 및 재난재해 예방, 추천 알고리즘 기반의 맞춤형 교육이나 복지 등 분야까지 폭넓게 확산되고 있다.

6 매일경제, "'국민비서'된 네이버·카카오, 행안부와 MOU 체결", 2021. 3. 10.

실제로, 2018년부터 2020년까지 조달처 나라장터를 통해 발주된 88건의 인공지능 관련 사업을 적용 기술과 추진 목적으로 분류해 보면 〈표 2-3〉에서 보는 바와 같다. 인공지능 기술 중에서는 데이터 기반의 기계학습 기술이 가장 많이 활용되고 있으며, 주로 예측 예방 시스템, 맞춤형 서비스 부문에 활용되고 있음을 알 수 있다. 또한 적용 분야 중에서는 챗봇 기술을 활용한 대국민 접점에 있는 민원상담 분야가 인공지능 도입 수요가 가장 높은 것으로 나타났다.

〈표 2-3〉 국내 정부 및 공공부문 인공지능 적용 현황 분석[7]

사례별 기술별	맞춤형 서비스	민원상담	센서데이터 활용	업무편의 자동화	예측예방 시스템	특수분야 (자율주행)	계
기술학습	10		3	5	14	1	33
음성처리		2		3			5
이미지 처리	2			8	7	1	18
챗봇	4	23		1			28
자연어 처리				2	2		4
규칙기반							0
계	16	25	3	19	23	2	88

7　행정안전부, 공공분야 인공지능 도입을 위한 실무 가이드라인, 21. 1.

3. 적극행정(proactive administration)

(1) 적극행정의 개념

적극행정은 첨단 기술의 비약적 발전으로 인하여 등장한 새로운 개념이 아니다. 동서고금을 막론하고 정부 관리(공무원)의 무사안일의 소극적인 자세가 국가의 문제로 지적된 경우는 역사적으로 매우 많다는 점을 생각해보면 적극행정에 대한 국가적 요구는 매우 오랜 시간 있어왔을 것이다. 행정학의 측면에서 적극행정이 등장한 것은 1970년대 이후 미국에서 베트남전의 실패를 반성하면서 등장했다고 한다.

우리나라에서도 몇몇 선각자적인 행정학자에 의하여 적극행정이 논의되기는 하였으나 적극행정의 개념이 본격적으로 사용되기 시작한 것은 2009년 1월 감사원에서 도입한 '적극행정 면책제도'를 시작으로 사용되기 시작하였다고 볼 수 있다.[8] 그리고 2019년 8월 9일 대통령령으로 「적극행정 운영규정」이 제정되면서 행정 분야에서 문재인 정부의 중요한 정책으로 주목받게 되었다.

적극행정의 근거 규정은 헌법 제7조(공무원은 국민 전체에 대한 봉사자이며, 국민에 대하여 책임을 진다), 국가공무원법 제56조(성실의무), 그리고 적극행정 운영규정 제2조(정의)이다. 적극행정 운영규정 제2조에 의하면 "적극행정이란 공무원이 불합리한 규제를 개선하는 등 공공의 이익을 위해 창의성과 전문성을 바탕으로 적극적으로 업무를 처리하는 행위를 말한다"라고 규정하고 있다. 또한 "소극행정이란 공무원이 부작위

---

8 박윤, "적극행정의 개념에 관한 연구", 「한국인사행정학회보」 제18권 제4호, 2019 참조.

또는 직무태만 등 소극적 업무 행태로 국민의 권익을 침해하거나 국가 재정상 손실을 발생하게 하는 행위를 말한다"라고 규정함으로써 적극 행정 개념의 폭을 넓히고 있다. 적극행정의 개념에 대한 이해를 위하여 적극행정의 행태적 측면과 규정의 해석과 적용 측면으로 나누어 유형을 구분해보면 〈표 2-4〉와 같다.

〈표 2-4〉 적극행정의 유형 구분[9]

구 분	유 형
행태적 측면	1. 통상적으로 요구되는 정도의 노력이나 주의의무 이상을 기울여 임무를 수행 2. 업무관행을 반복하지 않고, 가능한 최선의 방법으로 업무 처리 3. 새로운 행정수요나 행정 환경 변화에 선제적으로 대응한 정책 발굴·추진 4. 적극적인 이해조정 등을 통한 업무 처리
규정의 해석 ·적용 측면	국민 관점에서 불합리한 규정과 절차, 관행을 스스로 개선 신기술 발전 등 환경 변화에 맞게 규정을 적극적으로 해석·적용 규정과 절차가 없지만 가능한 해결방안을 모색하여 업무 처리

적극행정을 통해서 얻고자 하는 행정의 가치는 책무성(Accountability), 파괴적 혁신성(Disruptive innovation), 선제성(Proactiveness), 조정과 협력(Coordination and Collaboration), 국민중심(People driven/centric), 민첩성(Agility) 등으로 요약할 수 있다.

---

9 김수종, '적극행정 면책제도'에 관한 논리적 고찰, 2017; 박윤, 적극행정의 개념에 관한 연구, 2019 참조.

(2) 적극행정의 시대적 요청

사실 국가공무원법 제56조(성실의무)에 따르면 모든 공무원은 법령을 준수하며 성실히 직무를 수행하여야 한다고 하고 있기 때문에 어떻게 보면 적극적인 행정은 너무나도 당연한 의무라 할 수 있다. 어떻게 또는 얼마나 성실하거나 적극적이어야 하느냐가 애매하다는 것이다. 즉 적극행정이 정부 운영 패러다임마다 그리고 조직마다 적극행정에 대한 인식과 행태 등이 다름에도 적극행정을 조직과 사람 대다수가 매우 모호한 인식과 조치로 획일적으로 접근하고 있다는 것이다.[10] 예를 들어 전통행정의 패러다임에서 공직자는 경직된 계층제적 관료제 환경에서 특정 관점의 합리성과 합법성만 준수하면 적극(성실)행정이라 간주될 수 있다. 그러나 이는 결과나 성과에 있어서 취약성을 낳게 된다.

이를 극복하기 위해 등장한 것이 생산성과 서비스를 강조한 신공공관리(NPM)인데, 여기서는 단지 생산성과 서비스 등 성과를 낸다면 적극행정을 추구한 것으로 간주될 수 있다. 그렇지만 이러한 NPM에서의 적극행정은 조직별 혹은 조직구성원 개인에 초점을 둔 경쟁기제이기 때문에 다수 조직에 걸친 행정수요나 난제를 해결하는데 치명적 결함이 노출되어 구성의 오류(fallacy of composition)나 공유지의 비극(tragedy of the commons)이라는 비의도적 결과를 낳을 수 있다.[11]

NPM의 이러한 한계를 극복하기 위해 등장한 것이 post-NPM이라

---

10   김윤권, "지능형 정보의 적극행정: 조직관리를 중심으로", 「2021년 제1차 적극행정 포럼 '지능형 정부를 선도하는 적극행정: 민주주의와 적극행정'」, 2021. 3. 26., 한국행정연구원.

11   김윤권, 위의 글.

고 한다. post-NPM은 공공성 재강조, 시민참여, 정보공개, 협업을 통한 난제 해결이라는 가치 또는 방식을 강조한다.[12] 따라서 post-NPM 패러다임에서 공직자가 이들 가치를 추구하거나 달성한다면 바로 이것이 적극행정으로 간주될 수 있다.

그리고 중요한 것은 정부 운영의 패러다임의 변화, 즉 전통행정 → NPM → post-NPM으로의 변화가 단절적인 것이 아니라 핵심가치나 운영방식이 계승과 발전의 흐름으로 이어지기 때문에 전통행정의 합법성, NPM의 생산성과 서비스 지향성, post-NPM의 공공성, 참여, 정보공개, 협업이란 가치는 각각 해당 정부 운영 패러다임에서 매우 중요한 가치이면서도 중첩적으로 이어진다는 것이다.[13]

(3) 적극행정을 위한 중요 과제

적극행정이 이루어지기 위하여 해결되어야 하는 문제로 어떤 것이 적극행정인가의 문제도 있겠지만 역시 가장 핵심적인 것은 '책임'의 문제일 것이다. 2009년에 '적극행정 면책제도'부터 도입되었다는 사실만 보더라도 누구나 이해할 수 있을 것이다. 당연하게도 2019년에 제정된 〈적극행정 운영규정〉에는 아래와 같이 감사원의 면책제도보다는 발전된 면책 관련 규정을 두고 있다.

---

12 이종수, "탈신공공관리(Post-NPM) 개혁 전략의 모색", 「한국사회와 행정연구」, 제21권제1호, 2010. 5. 29. 참조.

13 김윤권, 앞의 글.

제16조(징계요구 등 면책)

① 공무원이 적극행정을 추진한 결과에 대해 그의 행위에 고의 또는 중대한 과실이 없는 경우에는「감사원법」제34조의3 및「공공감사에 관한 법률」제23조의2에 따라 징계 요구 또는 문책 요구 등 책임을 묻지 않는다.

② 공무원이 **사전컨설팅 의견대로** 업무를 처리한 경우에는 제1항에 따른 면책 요건을 충족한 것으로 추정한다. 다만, 공무원과 대상 업무 사이에 사적인 이해관계가 있거나 감사원이나 감사기구의 장이 사전컨설팅을 하는 데 필요한 정보를 충분히 제공하지 않은 경우에는 그렇지 않다.

③ 공무원이 제13조에 따라 **위원회가 제시한 의견대로** 업무를 처리한 경우에는「공공감사에 관한 법률」제23조의2에 따른 면책 요건을 충족한 것으로 추정한다. 다만, 해당 공무원과 대상 업무 사이에 사적인 이해관계가 있거나 위원회가 심의하는 데 필요한 정보를 충분히 제공하지 않은 경우에는 그렇지 않다.

④ 위원회는 공무원이 적극행정을 추진한 결과에 대해「감사원법」에 따른 감사원 감사를 받게 되는 경우에는 해당 공무원의 요청에 따라 감사원에 같은 법 제34조의3에 따른 면책을 건의할 수 있다.

제17조(징계 등 면제)

① 공무원이 적극행정을 추진한 결과에 대해 그의 행위에 고의 또는 중대한 과실이 없는 경우에는 징계 관련 법령에 따라 징계의결 또는 징계부가금 부과의결(이하 "징계의결등"이라 한다)을 하지 않는다.

② 공무원이 사전컨설팅 의견대로 업무를 처리한 경우에는 징계 관계 법령에 따라 징계의결등을 하지 않는다. 다만, 공무원과 대상 업무 사이에 사적인 이해관계가 있거나 감사원이나 감사기구의 장이 사전컨설팅을 하는 데 필요한 정보를 충분히 제공하지 않은 경우에는 그렇지 않다.

③ 공무원이 제13조에 따라 위원회가 제시한 의견대로 업무를 처리한 경우에는 징계의결등을 하지 않는다. 다만, 공무원과 대상 업무 사이에 사적인 이해관계가 있거나 위원회가 심의하는 데 필요한 정보를 충분히 제공하지 않은 경우에는 그렇지 않다.

④ 「공무원 징계령」 제2조제1항에 따른 징계위원회(특정직공무원의 경우에는 해당 징계 관련 법령에 따른 징계위원회를 말한다)는 징계의결등이 요구된 공무원이 적극행정 추진에 따라 발생한 비위임을 주장할 경우에는 징계 관계 법령에 따라 이를 고려하여 심의하고 그 결과를 징계 및 징계부가금(이하 "징계등"이라 한다) 의결서에 구체적으로 밝혀야 한다.

제18조(적극행정 추진 공무원에 대한 지원)

① 중앙행정기관의 장은 「국가를 당사자로 하는 소송에 관한 법률 시행령」 제12조제1항에 따라 구상권행사 여부에 대한 의견을 제출할 때에는 해당 공무원의 적극행정 추진에 따른 결과인지 여부를 명시해야 한다.

② 중앙행정기관의 장은 공무원이 다음 각 호의 어느 하나에 해당하는 경우에는 변호사 등 법률전문가의 도움을 받을 수 있도록 필요한 지원을 할 수 있다.

  1. 징계의결등의 요구를 받아 제17조에 따른 징계등 면제 요건 충족 여부 등에 대해 소명이 필요한 경우

  2. 적극행정 추진에 따른 행위로 형사 고소·고발 등을 당해 기소 전 수사 단계에 있는 경우

③ 중앙행정기관의 장은 소속 공무원이 적극행정 추진으로 인해 민사상 책임과 관련된 소송을 수행할 경우에는 소송대리인 선임 등 소송수행에 필요한 지원을 할 수 있다.

④ 「공무원 징계령」 제7조제1항에 따라 징계의결등의 요구권을 가진 사람(특정직공무원의 경우에는 해당 징계 관련 법령에 따라 징계의결등 요구권을 가진 사람을 말하며, 이하 "징계의결등 요구권자"라 한다)은 공무원 징계의결등 요구서 사본을 징계등 혐의자에게 송부하는 경우로서 징계의결등의 대상 행위가 적극적인 규제개선을 위한 직무집행으로 인해 발생한 경우에는 「중소기업기본법」 제23조제4항에 따라 중소기업 옴부즈만이 징계 감경 또는 면제를 건의할 수 있다는 사실을 징계등 혐의자에게 안내해야 한다.

앞에서 보는 바와 같이 적극행정의 경우 면책 또는 면제를 받을 수 있는데 이를 위하여는 적극행정이었음을 증명하거나, 사전 컨설팅 또는 위원회가 제시한 의견을 따랐어야 한다. 물론 현재의 환경에서 제도적으로 인정할 수 있는 방법만을 수용하고 있다고 해석할 수 있다. 중요한 것은 인공지능, 빅데이터 등 첨단 기술을 바탕으로 지능형 정부, 데이터 기반 행정이 추진되고 있으며, 이를 통하여 적극행정의 면책 요건이 보다 구체화될 수 있다는 것이다.

4. 적극행정과 지능형 정부, 데이터 기반 행정

(1) 적극행정과 지능형 정부의 개념적, 가치적 연결

앞서 지능형 정부를 설명하면서, 지능형 정부를 이끄는 인공지능 등 핵심 기술이 가지고 있는 기술적 특성을 기반으로 도출한 지능형 정부의 특성을 적극행정의 요소와 연결해보면 [그림 2-1]와 같이 나타낼 수 있다.

물론 도식화함에 있어서 약간의 오류가 있을 수 있겠으나 전체적으로 보았을 때, 적극행정과 지능형 정부가 매우 유기적으로 연결될 수 있음을 이해할 수 있다. 더욱이 가치의 측면에서도 post-NPM이 강조하는 공공성 재강조, 시민참여, 정보공개, 협업 등이 지능형 정부를 바탕으로 보다 효과적으로 이루어질 수 있음을 충분히 느낄 수 있다.

물론 적극행정만을 위하여 지능형 정부가 추진되는 것은 아니다. 또한 지능형 정부만을 위하여 적극행정이 강조되는 것은 아니다. 그러

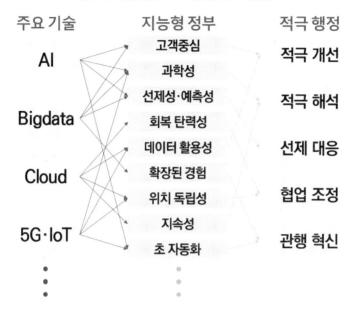

[그림 2-1] 지능형 정부와 적극행정의 상호연관성[14]

주요 기술	지능형 정부	적극 행정
AI	고객중심 / 과학성	적극 개선
Bigdata	선제성·예측성 / 회복 탄력성	적극 해석
Cloud	데이터 활용성 / 확장된 경험 / 위치 독립성	선제 대응 / 협업 조정
5G·IoT	지속성 / 초 자동화	관행 혁신

나 지능형 정부에서 적극행정이 활발하게 수행될 수 있을 것이라는 점은 분명하다.

(2) 적극행정과 데이터 기반 행정

데이터 기반 행정 또는 증거 기반 의사결정 또한 최근 들어 새롭게 등장한 개념이 아니라 나름대로 역사를 가진 개념이었다. 그런데 이것이 빅데이터, 클라우드 등 기술을 바탕으로 과거와 질적으로 다른 환경이 제공되면서 새롭게 주목받게 된 것이다.

증거기반 정책결정을 국가적 관점에서 핵심 어젠다로 추진한 국가

14   오강탁, 앞의 글.

는 영국과 미국이다. 미국의 경우를 중심적으로 살펴보면, 2013년 예산관리국(Office of Management and Budget: OMB), 정책위원회(Domestic Policy Council: DPC), 과학기술정책국(Office of Science and Technology Policy: OSTP), 경제자문위원회(Council of Economic Advisers: CEA)가 '증거와 혁신에 관한 어젠다(Next Steps in the Evidence and Innovation Agenda)'를 통해 증거기반 행정을 위한 주요 원칙과 증거기반 행정 구현을 위한 전략 등을 발표하였다.

이후 2016년 3월 정부 정책에 관한 증거를 구축하고 프라이버시와 기밀을 보호하면서 데이터의 가용성과 활용 제고를 위한 전략개발을 목표로 「증거기반정책수립위원회의 설치에 관한 법률(Evidence-based Policymaking Commission act of 2016)」을 제정하였고, 이 법에 따라 증거기반정책수립위원회(Commission on Evidence-based Policymaking: CEP)가 설치되었다. CEP는 2017년 〈증거기반정책수립보고서(The Promise of Evidence-based Policymaking)〉를 통해 정책결정을 뒷받침하는 증거생성 능력의 부족을 해결하기 위한 전략을 제시하였다.

2019년 1월 「증거기반정책결정법(Foundations for Evidence-Based Policymaking Act)」을 제정하였는데, 이 법률은 각 기관의 데이터에 접근할 수 있도록 하고, 기관들의 정책 입안을 위해 통계적 증거를 개발할 것을 요구하는 것을 핵심 내용으로 하고 있다. 미국은 객관적인 국가 미래전략의 수립과 중요 정책의 의사결정의 지원을 위한 기반을 마련하고 정책 추진을 가속화하려는 것으로 판단된다.

우리나라에서도 데이터기반행정에 대한 필요성을 인식하고 2020년 6월 9일 「데이터기반행정 활성화에 관한 법률」을 제정하였다. 이 법은 '데이터기반행정'을 공공기관이 생성하거나 다른 공공기관 및 법인·단체 등으로부터 취득하여 관리하고 있는 데이터를 수집·저장·가공·분석·표현하는 등의 방법으로 정책 수립 및 의사결정에 활용함으로써 객관적이고 과학적으로 수행하는 행정이라고 정의하고 있다. 공공기관은 공동 활용할 필요가 있는 데이터를 등록할 수 있도록 하고, 등록되지 아니한 데이터를 제공받으려는 경우 데이터 소관 공공기관의 장에게 데이터 제공을 요청할 수 있도록 그 절차 및 방법을 정하며, 공공기관의 데이터를 효율적으로 제공·연계 및 공동활용하기 위하여 데이터통합관리 플랫폼을 구축하는 등 데이터기반행정을 활성화하기 위한 사항을 규정하고 있다.

「데이터기반행정법」에서 추구하고 있는 데이터 공유, 제공, 객관적이고 과학적인 행정은 적극행정이 강조하고 있는 정보공개, 협업 등의 가치와 연결될 수 있다. 특히 중요한 것은 데이터기반행정과 앞서 설명한 적극행정의 면책요건을 연결할 수 있다는 것이다. 물론 적극행정임을 증명하는 방법이 데이터만 있는 것은 아니겠지만, 행정행위나 의사결정이 양질의 데이터를 바탕으로 한다는 것만큼 좋은 근거는 없을 것이다. 나아가 인공지능 기술 및 시스템이 충분히 성숙되어 신뢰할 만한 결과를 보여주는 단계에 이른다면 이미 적극행정 운영규정에서 규정하고 있는 사전 컨설팅에 준하는 면책요건으로 작동할 수 있을 것이다.

5. 미래 전망과 과제

적극행정, 지능형 정부, 데이터기반행정 각각은 급격하게 변화하는 사회 환경 속에서 나름의 논거를 가지고 추진·발전되고 있다. 앞서 이미 지적한 바와 같이 적극행정만이 지능형 정부의 목표가 아니며, 지능형 정부만이 적극행정을 위한 토대가 아니다. 데이터기반행정의 목적이 적극행정에만 있는 것도 아니며, 데이터기반행정만이 적극행정의 면책요건이 되는 것도 아니다. 그런데 놀라운 것은 이것들이 매우 긍정적인 방향으로 연결되고 상호보완적으로 작동할 수 있다는 것이다. 적극행정이 지능형 정부라는 토대 위에서 활발하게 이루어질 수 있고 데이터기반행정을 바탕으로 단단해질 수 있다는 점은 분명하다. 이렇게 볼 때, 향후 상당 기간 행정과 전자정부의 영역에서 적극행정, 지능형 정부, 데이터기반행정 각각 및 그 연계는 가장 중요한 의제가 될 것으로 확신한다.

그렇다면 이를 위하여 해야 할 과제는 무엇이 있을 것인가? 아직 인공지능이나 빅데이터 등 기술과 시스템이 완전한 단계가 아니며 정책 또한 각각의 초기 단계인 상황에서 세세한 과제를 도출하는 것은 불가능할 것이다. 다만 큰 그림에서 몇 가지 아이디어를 제시하면 다음과 같다.

먼저 적극행정과 관련하여 적극행정 운영규정의 법률화가 가장 먼저 제시될 것이다. 현재 대통령령이기 때문에 엄밀하게 해석한다면 법률의 조항을 위배할 수 없다. 또한 법률의 규정과 배치되는 상황이 발생하는 경우 당연히 법률 규정이 우선할 수밖에 없다. 따라서 적극행정 운영규정의 내용이 법률로서 제정될 필요가 있으며 이와 함께 적극행정의 의미와 방법이 공론화되고 활성화돼야 할 것이다.

지능형 정부의 경우 지능형 정부 기본계획에 따라 지속적으로 지능형 정부 구현을 위한 정책과 사업이 추진되고 있다. 이와 관련하여 지능형 정부 및 데이터에 관한 거버넌스 체계, 기계(AI)에 의한 업무처리의 법적 근거, 인공지능(AI) 규율을 위한 법제도적·기술적 조치, 데이터 활용과 개인정보 보호, 보안 문제 해결을 위한 관련 기술 및 인력 확보, 인공지능(AI) 리터러시와 인식 제고 등을 생각해볼 수 있다.

가장 최근인 2020년에 법제화된 데이터기반행정의 경우 법제화는 되었으나 아직 데이터기반행정에 대한 필요성이나 당위성에 대한 인식과 노력이 시작 단계에 있다. 데이터기반행정 활성화를 위한 다양한 노력이 진행되어야 할 것이다.

| 참고문헌 |

김수종. 2017.『'적극행정 면책제도'에 관한 논리적 고찰』.

김윤권. 2021. 3. 26. "지능형 정보의 적극행정: 조직관리를 중심으로". 『2021년 제1차 적극행정포럼 '지능형 정부를 선도하는 적극행정: 민주주의와 적극행정'』. 한국행정연구원.

박윤. 2019. "적극행정의 개념에 관한 연구". 『한국인사행정학회보』 제18권 제4호 참조.

오강탁. 2021. 3. 26. "지능형 정부의 인공지능 활용에 따른 윤리적·법적 문제: 이슈와 대응 방안 중심으로". 『2021년 제1차 적극행정포럼 '지능형 정부를 선도하는 적극행정: 민주주의와 적극행정'』. 한국행정연구원.

이종수. 2010. 5. 29. "탈신공공관리(Post-NPM) 개혁 전략의 모색". 『한국사회와 행정연구』 제21권 제1호.

관계부처 합동. 2020. 6.『디지털 정부혁신 발전계획』.

행정안전부. 2017. 3.『지능형 정부 기본계획』.

행정안전부. 2021. 1.『공공분야 인공지능 도입을 위한 실무 가이드라인』.

제3장 데이터세의 개념과 국내 입법 방안

김신언 세무사(한국세무사회 연구이사), 법학박사(조세법), 미국 일리노이주 변호사

1. 데이터세(DDT)의 개요

(1) 정의

국내에서 데이터세(Digital Data Tax: DDT)는 IT기업에게 데이터 사용의 대가로서 조세를 부과하자는 것으로, 기본소득을 주장하는 경제학자들에 의해 처음 필요성이 제기된 이후 2020년부터 조세법 분야에서도 구체적으로 연구되기 시작하였다. 최근에는 더불어민주당 소병훈 의원을 중심으로 기본소득의 재원으로 데이터세법을 발의하려는 움직임도 가시화되었다.[1] 다국적 IT기업들의 업종은 소비자 등으로부터 필요한 원시데이터(raw data)를 수집하고 이를 핵심 기술인 인공지능을 통해 가공하여 필요한 사업에 활용한다는 점에서 제조업과 비슷하다. 그런데 단지 가공비만 부담할 뿐 원시데이터를 소비자로부터 거

---

1 "데이터 사용 대가 조세 형태로 징수, 자원의 효율적 분배 위한 타당한 조치" 세정일보 2021. 4. 23. 기사 http://www.sejungilbo.com/news/articleView.html?idxno=32208 (검색일: 2021. 6. 27.).

의 무상으로 수집하기 때문에 원재료비(raw material)를 지불하지 않는 것과 같아 일반 기업보다 초과이익이 발생한다.[2] 이때 초과이익의 원천인 무상 수집한 데이터(원재료)의 사용 대가를 국가가 사용료 형태로 징수하는 것이 데이터세의 핵심 논리이다. 데이터세는 IT기업의 수익에 대하여 과세하는 법인세(개인의 경우 소득세)가 아니라 기업에게 데이터 사용량에 대하여 과세하는 일종의 물품세[3](소비과세) 성격을 갖는다. 따라서 데이터세란 국민 개개인의 인적정보를 포함하여 일상에서 각종 경제활동 등을 통해 생산된 데이터를 사용한 기업들을 대상으로 그 데이터 사용 대가를 국가가 조세로서 징수하는 것이라고 정의할 수 있다.[4] 데이터세는 2021년 141개국이 참여한 OECD/G20 포괄적 이행체계(IF)에서 합의된 디지털세[5] 또는 디지털서비스세(Digital Service Tax: DST)와는 엄연히 다른 세금이다. 디지털세와 DST는 일정 규모 이상의 다국적기업의 조세 회피를 방지하기 위해 법인의 소득에 대하여 과세

---

2 김신언, "기본소득 재원으로서 데이터세 도입방안",「세무와 회계연구」제9권 제4호, 한국조세연구소, 2020, 11면.

3 우리나라에서 가장 보편적인 물품세는 개별소비세이다. 개별소비세는 유류의 경우 리터당 일정 금액, 유흥장소 입장 행위는 입장인원 당 일정 금액을 부과하는 종량세 체제를 가지고 있다.

4 김신언, "디지털경제의 세원(稅源), 데이터",「세무와 회계저널」제22권 제2호, 한국세무학회, 2021, 221면. ; 구체적 과세요건(과세대상, 납세의무자, 과세표준, 세율)에 대해서는 해당 논문 230~245면에 자세히 서술되어 있다.

5 기획재정부 보도참고자료, "디지털세 필라2 모델규정 공개 - 글로벌 최저한세 도입을 위한 입법 지침 합의 -". 2021. 12. 20., 3~4면.; 연결 매출액 1조원 이상인 다국적 기업 그룹은 업종과 상관없이 글로벌 최저한세 15%를 부과하는 것으로 2022년 중 국내 입법 등 필요한 제도화 절차를 진행할 예정이다. 필라1 (과세권 재배분) 합의 후 시행을 위한 기술적 세부쟁점 논의도 현재 OECD를 중심으로 진행 중이며 2022년 상반기 중 필라1 모델 규정 및 다자협정문안이 발표될 예정이라고 밝히고 있다.

하는 소득과세이지만, 데이터세는 국내외 기업을 모두 납세의무자로 하며, 데이터 소비에 대하여 과세하는 소비과세이다.[6]

한편, 현재 기본소득 연구자들은 데이터세의 도입 근거로 공유부 (Common Wealth)란 개념을 내세우고 있다. 인터넷이라는 공유지(共有地)에서 발생한 자원인 데이터가 모여 만든 것이 빅데이터이므로 이 빅데이터가 공유부에 해당한다는 것이다. 심지어 데이터를 활용해서 만들어진 인공지능까지도 공유자산으로 보고 있다.[7] 따라서 공유부에 해당하는 빅데이터를 만들고 사용하는 기업들이 창출한 수익의 일부를 빅데이터 형성에 기여한 사회구성원에게 분배하자고 한다. 이들의 주장에 따르면, 보편적으로 원시데이터 자체보다는 빅데이터가 더 큰 가치를 가지기 때문에 빅데이터에 과세해야 하고, 공유부인 빅데이터에 대한 과세이므로 데이터세가 아닌 빅데이터세라고 불러야 한다는 논리를 가지고 있다. 하지만, 만약 빅데이터가 IT기업의 수고에 의해서 만들어졌다면, 그 빅데이터를 구성하는 원시데이터들이 공유부가 될 수 있을지언정 하나의 묶음으로 구별이 가능한 빅데이터 자체를 공유부라고 볼 수는 없다.[8] 즉 빅데이터를 만든 IT기업에게 지적재산권

---

6 데이터세를 디지털세의 일부로 혼동하는 것은 개별소비세와 법인세를 구분하지 못하는 것과 같다. 또한 디지털세는 OECD와 G20을 중심으로 다국적기업의 세원잠식과 소득이전(Base Erosion and Profit Shifting: BEPS) 행위에 대한 대책 중에서 법인(소득)에 대한 과세방법으로 개발된 것이다. 데이터세도 구글세의 기능을 하지만 소득과세 중심의 기존 국제조세 체계에서 벗어나 소비세 중심의 패러다임의 전환을 의미한다.

7 강남훈, "인공지능과 기본소득의 권리-마르크스의 지대이론과 새플리 가치관점에서" 마르크스주의 연구 제13권 제4호, 경상대학교 사회과학연구원, 2016, 12, 13, 31면.

8 예를 들어, 강남역 모든 출구에 조사요원을 배치시켜 놓고 약 6개월 간 시간대별 연령대별 유동인구를 측정하였다고 치자. 그 기간 동안 강남역 출구를 이용한 행인들

이 있음[9]에도 공유부라고 하여 그 기업의 소유권을 인정하지 않는 것은 법적으로 문제가 있다. 인공지능도 마찬가지이다. 또한 명칭을 빅데이터세라고 할 경우 원시데이터 사용에 대한 대가(소비세)가 아닌 빅데이터의 소유에 대한 과세(재산세)로 생각할 수 있고, 어느 정도의 용량부터 빅데이터라고 할 수 있는지 합리적으로 정의할 수 없어 세법해석 상 법률의 명확성 원칙을 해칠 우려가 있다. 빅데이터의 관점에서는 개인이 자신의 데이터를 직접 관리하는 마이데이터도 이해할 수 없다.[10] 데이터에 대한 데이터 주체의 소유권 문제에서 데이터베이스가 만들어진 후 빅데이터에 대해서는 정보주체가 그 권리를 행사하는 데 제한이 생길 수밖에 없기 때문이다.[11] 그리고 정보주체의 데이터 사용

은 원시데이터를 제공하였지만, 조사요원을 고용하여 유동인구 데이터를 만든 기업은 그 빅데이터에 대한 지적재산권이 있다. 따라서 해당 빅데이터는 공유부라고 볼 수 없다.

9 유럽연합지침(Directive 96/9/EC, 11 March 1996) 제3조에 따르면, 데이터베이스에 대한 저작권 보호 대상은 작성자의 자신의 지적 창조에 의해 컨텐츠의 선택이나 배열을 만들었을 때이다. 유럽사법재판소(ECJ)도 British Horseracing Board v. William Hill Organization Ltd 사건(9 November 2004 Case C-203/02)에서 저작권을 인정받을 수 있는 데이터베이스란 컨텐츠를 획득하고, 데이터베이스에서 그 정보의 신뢰도를 검증하고, 관리하기 위해 투자한 정도(scale of investment)를 실질적이고 정성적으로 평가하여 결정하는 것이라고 하였다. 따라서 데이터베이스를 구축하느라 사용된 자원이 있는 경우에만 저작권이 인정되고, 단지 데이터베이스에 수집되는 데이터 자체의 저작권은 인정되지 않는다고 하였다(I-1045). 따라서 원시데이터를 수집하여 이를 적정하게 가공하여 빅데이터화하여 보관하는 경우에는 알고리즘을 이용해 빅데이터를 만든 회사에 대한 저작권을 인정하여야 되므로 과세 관청이 원시데이터를 발생시킨 각 개인의 소유권 인정을 과세 근거로 과세하기 곤란하다. The British Horseracing Board Ltd and Others v William Hill Organization Ltd, JUDGMENT OF 9. 11. 2004 - CASE C-203/02 ; http://curia.europa.eu/juris/showPdf.jsf?text=&docid=49633& pageIndex=0&doclang=en&mode=lst&dir=&occ=first&part=1&cid=17325235(검색일: 2020. 12. 6.).

10 한국데이터산업진흥원, 『2019 데이터산업 백서』, 2019, 29면.

에 대한 대가를 정부가 과세한다는 근본원리와 접합시키기기도 곤란하다. 따라서 데이터에 대한 권리와 관련하여 여러 법적 논란을 일으킬 수 있는 빅데이터세보다 데이터세라고 칭하는 것이 적합하다.

(2) 과세 환경

과거 아날로그 산업혁명에서는 핵심 자산이 자본과 노동력, 원료 등이라고 한다면, 디지털혁명으로 대변되는 4차 산업혁명의 핵심 자원은 데이터이다. 데이터가 자원으로서 재산적 가치를 인정받는 이유는 모든 영역에 걸쳐 모든 활동이 기록되고 이 데이터를 매개로 한 경제가 급속하게 성장하고 있기 때문이다.[12] 인터넷의 발전과 더불어 소셜미디어(Social Media)의 사용이 보편화되면서 소비자와 기업을 연결하는 매체로서 트리플미디어(Triple Media)[13]를 활용한 소비자와 기업의 의사결정 및 마케팅 커뮤니케이션의 변화가 이루어지고 있다. 2020년 이후에는 코로나19로 인한 감염병 최고 단계인 펜데믹이 지

---

11 빅데이터세는 후술하는 바와 같이 사후적 이익참여권 논란과 빅데이터의 경제적 가치를 창출하기 위한 기업과 개인의 기여도의 차이 문제가 발생한다. 따라서 빅데이터세라고 할 경우 배타적인 소유권을 의미하는 법적 권리를 바탕으로 합리적인 과세 근거를 찾기 곤란한 문제점이 있다.

12 박주석, "빅데이터, 오픈데이터, 마이데이터의 비교 연구",「한국빅데이터학회지」제3권 제1호, 한국빅데이터학회, 2018, 41면.

13 2009년부터 등장한 신조어로서 기업이 상품·서비스를 알릴 때 이용하는 세 가지 매체를 의미하는데, 신문광고와 같이 비용을 지급하는 페이드 미디어(Paid Media), 매장이나 홈페이지처럼 기업이 자체적으로 보유한 온드 미디어(Owned Media), 트위터, 페이스북과 같이 소비자의 신뢰와 평판을 얻을 수 있어 마케팅에서 중요하게 주목받는 언드 미디어(Earned Media)를 총칭하는 것이다.

속되고 있는 상황에서 언택트(untact)뿐 아니라 온라인 개념이 더해진 온택트(ontact)를 통해 비대면 연결 서비스가 더욱 활발해지고 있다. 이로 인해 보다 많은 사람이 온라인쇼핑을 이용하게 되었고 온라인커머스 등이 확보한 개인정보가 기업의 수익 증대를 위한 여러 가지 정보로 활용되고 있다.

한편, 소비자가 인터넷을 통하여 물품을 구매하거나 무료로 정보를 이용하기 위해서는 일반적으로 애플리케이션을 설치하거나 회원 가입을 하여야 하는데 이 과정에서 반드시 「개인정보 보호법」에 의한 개인정보 이용 동의를 해야 한다. 만약 소비자가 개인정보 이용 및 활용에 동의하지 않으면 주문이나 정보 이용이 원천적으로 불가능하다. 그런데 이렇게 수집된 개인정보는 매년 사용내역을 이메일로 통지받을 뿐, 회사가 소유한 정보(owned media)는 회사의 영리 목적을 위해 재사용을 위한 연장 동의를 받지도 않고, 이용을 위한 어떠한 대가도 지급하지 않았다. 수집 정보는 이용자 식별 및 본인 확인 등 회원관리와 서비스 외에도 유료상품 구매/판매와 결제 처리, 비용과 정산대금의 확인 및 지급, 제휴서비스 제공, 상품배송, 광고성 정보 제공 등 마케팅 및 프로모션에 활용하고, 서비스이용 분석과 통계에 따른 맞춤서비스 제공 및 광고 게재 등에 다시 활용된다. 더 나아가 개인(법인포함)정보를 제3자에게도 제공하는데, 콘텐츠 등 기존 서비스 제공(광고 포함)에 더하여 인구통계학적 분석, 서비스 방문 및 이용기록의 분석, 개인정보 및 관심에 기반한 이용자간 관계의 형성, 지인 및 관심사 등에 기반한 맞춤형서비스 제공, 서비스 이용기록과 접속빈도 분석, 서비스 이용에 대한 통계, 서비스분석 및 통계에 따른 맞춤서비스 제공 및 광고 게재 등을 목적으로 사용한다. 단순한 상품의 구입과 결제 및 배송을 위한 것에서 끝나지 않고 기업의 수익모델을 개발하기 위해서도 활용되고 있는 것이다.

이러한 환경에서 2020년 데이터 3법[14]이 개정되면서 개인이 데이터에 대한 권리를 갖는 마이데이터(My Data, 또는 본인데이터) 개념[15]이 자리 잡게 되었다. 마이데이터산업이 활성화되면, 정보주체는 자신이 지정한 서비스 제공자를 통해 자신의 개인정보 데이터를 관리하게 하고 이 서비스 제공자가 개인정보 데이터를 필요로 하는 수요자에게 대신 데이터를 팔도록 위임할 수 있다. 정보주체가 데이터의 발생부터 사용까지 계약관계에 있는 전문 서비스업체를 통해 자신 권리(「민법」상 채권적 기능[16])를 행사할 수 있는 것이다. 더 나아가 정보주체 스스로 데이터를 만들고 자신이 만든 데이터를 기반으로 하는 비즈니스모델을 구상할 수도 있다. 즉 마이데이터 개념은 데이터의 정보주체인 개인에게 자신의 데이터를 통제 및 관리할 수 있는 권한(ownership)을 돌려주는 개념이다. 실제로 많은 개인정보 데이터를 정보주체보다 IT기업이나 공공기관들이 보관·통제하고 있는데, 마이데이터 정책의 핵심

---

14 데이터 3법이란, 데이터 산업 육성을 위해 데이터 이용에 따른 규제를 푸는 법으로서 「개인정보 보호법」, 「신용정보의 이용 및 보호에 관한 법률(이하 신용정보보호법)」, 「정보통신망 이용촉진 및 정보보호 등에 관한 법률(이하 정보통신망법)」을 의미한다.

15 개인정보 보호는 기업의 관점에서 기업이 소유한 개인정보 데이터에 대한 기업의 권한과 책임을 부각하지만, 마이데이터는 개인의 관점에서 기업이 소유한 개인정보 데이터에 대한 개인의 권한과 책임을 다룬다는 점에서 차이가 있다.

16 데이터를 합법적으로 통제할 수 있는 사실상의 지위 또는 계약에 따른 데이터의 이용권한을 결정한다면, 계약법적인 접근방식에 의해 계약당사자가 「민법」상 채권적 지위를 가진 것으로 볼 수 있다(최경진, "데이터와 사법상의 권리, 그리고 데이터소유권", 「정보법학」 제23권 제1호, 한국정보법학회, 2019, 237~238면).

은 이러한 기업 중심의 생태계를 다시 개인에게 환원하고자 하는 것이다.[17] 따라서 데이터세의 과세 대상은 개인이 자신의 소유권을 행사할 수 있는 마이데이터의 산업에 영향을 미치지 않는 범위에서 선정되어야 할 것이다.

(3) 데이터 소유권(Data Ownership)[18]

개인이 가진 데이터 소유권에서 논의의 핵심은 데이터의 재화적 측면에서 디지털 서비스를 제공할 때 데이터가 교환수단으로서 발생한 경제적 이익인 재산권과 개인정보보호 목적 등으로 더 이상 개인정보를 사용하지 못하도록 할 수 있는 프라이버시권 또는 인격권(Opt in, Opt out권리)이라 할 수 있다.[19] 디지털 데이터 중에서 개인정보는 프라이버시와 연결되어 다루어져 왔기 때문에 우리의 법제에서 재산권으로서 경제적 가치에 대하여 인식이 부족했던 것은 사실이다. 그러므로 데이터 주체(개인, 법인)에게 데이터의 소유권이 인정되는지도 법적 정리가 필요하다.

1) 개인정보에 대한 정보주체의 법적 지위

법학에서 전통적인 소유권이란 물건을 배타적으로 사용하거나 수

---

17 박주석, 앞의 논문, 45면.

18 김신언, 구성권, "데이터소유권과 현지화에 관한 연구", 「서울법학」 제29권 제2호, 서울시립대학교 법학연구소, 2021, 213~232면 발췌.

19 박상철, "데이터 소유권 개념을 통한 정보보호법제의 재구성", 「법경제학연구」 제15권 제2호, 한국법경제학회, 2018, 262면.

익 및 그 처분에 대한 절대적인 권리가 있는 것을 말한다. 따라서 민법상 데이터에 대하여 소유권이 인정되기 위해서는 데이터에 대하여 배타적인 지배권을 인정할 수 있어야 한다.[20] 만약 데이터에 배타적인 재산권이 인정된다면 데이터의 무단 이용 중지를 요구할 수 있고, 무단 이용으로 인한 이득의 반환[21]도 청구할 수 있다.[22] 프라이버시권에서 다루는 개인정보의 사용정지가 아닌 데이터 주체의 부당이득 반환 청구가 가능한 경제적 가치를 인정한다는 의미이다. 하지만 데이터 주체가 데이터의 소유 대상(소유권 객체)을 확정하는 것이 어렵고[23] 데이터를 특정인이 소유하기보다는 많은 사람이 공동으로 활용할 때 가치가 증가하는 특성 때문에 배타적 소유 개념을 그대로 인정하기는 어렵다.[24] 또한 정보주체가 일상생활에서 하는 거의 모든 행위가 데이터를 교환[25]함으로써 이루어지므로 개인정보를 정보주체 본인만의 것이라

---

20 이상용, "데이터 거래의 법적 기초", 「법조」 제67권 제2호, 법조협회, 2018, 19면.

21 「민법」 제741조.

22 이동진, "데이터 소유권, 개념과 그 실익", 「정보법학」 제22권 제33호, 한국정보법학회, 2018, 234면.

23 「민법」 상 소유권을 포함하고 있는 물권의 객체가 되기 위해서는 물건으로 인정되어야 한다. 통상 물건이 되기 위해서는 ①특정되어야 하며, ②현존하는 것이어야 하며 ③독립적일 것을 요구하고 있다(김용담, 『민법-물권법』, 한국사법행정학회, 2011, 40~42, 476면). 그러나 데이터는 같은 법 제98조에서 물건으로 정의하고 있는 유체물이나 전기, 기타 관리 가능한 자연력에 해당하지 않는다. 또한 데이터의 특성상 무한복제가 가능하고 유통이 자유로워 독립성 확보가 상대적으로 어려우므로 소유권의 객체로 인정받기 곤란하다.

24 최경진, 앞의 논문, 224~225면.

25 예를 들어, 급여를 받기 위해 은행에서 계좌를 개설하는 행위와 직장에 계좌번호를 알려주는 것, 국가로부터 복지 혜택을 받기 위해 신청서를 작성하거나 인터넷으로 상품을 신청하면서 기재된 개인정보의 디지털 데이터화 등을 들 수 있다.

고 보기는 힘들다는 견해[26]도 있다. 이에 따라 데이터는 소유권, 점유권, 용익물권 및 담보물권의 대상이 될 수 없으므로 저작권 등의 지식재산권이 발생하는 경우를 제외하면, 현행법 상 데이터 소유권을 인정할 수 있는 물권적 권리가 성립할 수 없다[27]는 것이 통설이다.

따라서 마이데이터 산업을 육성하려던 정부는 개인의 정보통제권의 법적 권리에 대한 해결방안을 찾아야만 했다. 마이데이터 개념은 정보주체인 개인의 자기 결정권을 강화하여 스스로 데이터를 관리하고 통제 가능한 권한(ownership)을 갖고 원하는 방식으로 활용하여 그 혜택을 누려야 한다는 패러다임의 전환이다. 그러므로 그동안 기업이나 기관이 보유하던 개인 데이터를 개인에게 돌려줄 수 있는지, 개인이 자기 정보에 쉽게 접근하여 사용할 수 있는지가 주요 관심사이다.[28] 그러나 앞서 살펴본 바와 같이 현행법 상 소유권 개념에 기초하여 정보주체의 데이터에 관한 권리 유무를 정할 수 없으므로 계약에 따른 거래 관계를 통해 채권적 지위[29]를 행사할 방법을 고안하였다. 합법적으로 데이터를 통제 가능한 사실상의 지위를 가지고 있거나 계약에 근거해서 데이터 이용 권한을 결정한다면 계약 당사자가 채권적 지위를 가지고 있는 것으로 볼 수 있다[30]고 한다.

---

26 김송옥, "유럽연합 GDPR의 동의제도 분석 및 우리 개인정보 보호법제에 주는 시사점", 「아주법학」 제13권 제3호, 아주대학교 법학연구소, 2019, 164면.

27 (사)한국지식재산학회, 『데이터 거래 가이드라인』, 한국데이터산업진흥원, 2019, 5~6면.

28 한국데이터산업진흥원, 『마이데이터 서비스 안내서(웹용)』, 2019, 18면.

29 데이터에 접근하여 그 이용을 통제 가능한 사실상의 지위 혹은 계약에 따른 데이터 이용 권한을 말한다.

마이데이터 거래를 위한 가이드라인에서 데이터 제공과 관련한 표준계약서를 데이터 제공형, 데이터 창출형, 오픈마켓형으로 구분하여 안내하고 있는 것[31]도 이러한 이유 때문이다. 이에 따라 정보주체가 마이데이터 서비스 제공자를 선정해서 계약관계에 의해 자신의 정보 발생부터 매각에 이르는 전 과정을 대리할 수 있게 되었고, 마이데이터 서비스 제공자는 열람권에 근거하여 개인 데이터를 보유한 기업으로부터 정보주체의 데이터를 열람하고 필요한 데이터를 제공받을 수 있게 된다.[32] 다만 빅데이터가 만들어진 경우라면 경제적 가치를 창출한 기여도 등의 차이[33]로 어느 한쪽 당사자가 우선적인 채권적 지위를 가진다고 보기 힘들다[34]는 문제가 있다. 또한 마이데이터 제도가 도입되기 이전에 IT기업들이 수집한 개인정보에 대해서는 정보주체가 그 채권적 기능에 근거한 소유권 행사가 여전히 어렵다.

한편, 데이터세의 도입 필요성을 기본소득과 연관해서 찾는 경우 기본원리는 IT기업들이 확보한 원시데이터가 IT기업의 소유물이 아니라 데이터 주체의 소유[35]라는 것에 착안한 것이다. 비록 비식별 조치가 되었고, 그 과정에서 기업들의 가공이 들어가 사실상의 권리가 회사로

---

30 최경진, 앞의 논문, 237~238면.

31 (사)한국지식재산학회, 앞의 책, 21~56면.

32 (사)한국지식재산학회, 앞의 책, 13~18면.

33 데이터세라고 할 경우에는 원시데이터의 소유권에 대해서만 말하는 것이므로 빅데이터세에서 사후적 이익참여권과 같이 그 귀속에 대한 법적 문제가 상대적으로 적어질 수 있다.

34 (사)한국지식재산학회, 앞의 책, 7면.

35 목광수, "빅데이터의 소유권과 분배 정의론 -기본소득을 중심으로-", 「철학·사상·문화」, 동국대학교 동서사상연구소, 2020, 161면.

귀속된다 하더라도 원시데이터를 사용한 대가를 개인이 청구할 수 있다는 논리이다. 그러나 원시데이터가 아닌 빅데이터의 소유권 관계에서 본다면, 빅데이터를 만든 기업이 저작권을 포함한 재산상의 권리를 가지게 되며,[36] 개인은 일종의 사후적 이익참여권[37]에 불과하다는 비판[38]에서 자유로울 수 없다.[39] 따라서 국가가 개인 대신 빅데이터 사용 대가를 조세로 징수하여 데이터배당(data dividends) 방식으로 기본소득을 지급하자는 논리는 개인이 가진 데이터에 대해 소유권의 법적 지위에 대한 공격에 취약하다. 게다가 유럽의 스니펫세(snippet tax)[40]에서 구글이 주장했던 것처럼 IT기업들이 빅데이터의 공정 이용이라는 명

---

36 British Horseracing Board v. William Hill Organization Ltd, 9 November 2004 Case C-203/02; 빅데이터 개념 발생 전이었던 시기에 데이터베이스를 구축하기 위해 비용을 지출한 기업에만 저작권이 인정되고, 단지 데이터베이스를 만들기 위해 수집되는 개별 데이터 자체에는 저작권이 인정되지 않는다고 하였다. : Feist Publications v. Rural Telephone Service, 499 U.S. 340 (1991); 전화번호부에 들어간 개인의 데이터는 단지 사실에 불과할 뿐이어서 그 내용만으로 자신의 저작권을 주장할 수 없다고 보았다.

37 하나하나의 원시데이터 자체는 경제적 가치를 찾을 수 없고 빅데이터가 되어서야 상대적으로 경제적 가치가 크다는 것이 일반적이다. 그렇다면 빅데이터를 만든 기업이 특허발명과 같이 전체 소유권을 인정받아야 하는데, 사후적 이익참여권은 엄밀한 의미에서 배타적 소유권이라 할 수 없고, 사회 경제적 분배 관점에서만 고려할 가치가 있다.

38 이동진, 앞의 논문, 235~236면.

39 예를 들어 강남역 출입구를 이용하는 사람들에 대한 시간대별 연령별 유동인구를 1년 간 수집한다고 할 때 그 기간에 원시데이터를 생산한 개인의 노력 때문에 빅데이터가 만들어졌지만, 원시데이터를 생성시킨 개인들에게 그 저작권(소유권)을 인정하기 곤란하다.

40 스니펫세는 뉴스의 기사 일부(snippet)를 광고 등에 사용하여 수익을 발생시키는 구글을 중심으로 한 검색엔진 기업들에게 뉴스사용료 또는 저작권료 징수를 강제하는 법률이다. 뉴스링크를 접속할 수 있게 한다고 해서 snippet tax를 link tax라고 부르기도 한다.

목으로 개인의 원시데이터를 사용할 수 있다[41]고 주장할 경우[42] 데이터 사용 대가를 징수할 수 있는 법적 권리에 대한 논란을 불러일으킬 수 있다. 데이터 소유권을 정보주체와 불가분의 관계로 인식하는 절대적 권리로 인정할 경우 데이터 유통에 제약이 따르게 되고, 향후 데이터산업 전반에 악영향을 줄 우려[43]도 무시할 수 없다.

2) 산업 및 빅데이터에 대한 기업의 법적 지위

개인에게 데이터 배당을 지급한다는 기본소득의 관점은 기업이 발생시킨 산업데이터의 수집·사용에 대한 과세 논리를 만들 수 없다는 점도 한계이다.[44] 개인이 창출한 데이터를 개인정보라고 한다면, 기업[45]이 산업현장에서 창출한 원시정보는 산업데이터라고 할 수 있다. 다시 말해 산업데이터란 산업, 광업, (신)에너지 및 재생에너지와 관련한 산

---

41 우리나라도 한미 FTA 협상 이행을 위해 2011. 12. 2. 미국의 저작권법 제107조를 바탕으로 「저작권법」 제35조의 3을 신설하여 저작물의 공정이용에 대하여 규정하고 있다. 아직 우리 대법원이 이 조항과 관련된 판결을 선고한 적은 없지만, 미국 법원이 착안한 변형적 이용이론(transformative use doctrine)에 의하면, 디지털 환경에서 저작물의 공정이용 범위를 확대하고 역으로 개인이 가진 권리가 축소된다(이흔재, "인터넷서비스 제공자와 공정이용 – 구글의 사례를 중심으로 -,「동북아법연구」제10권 제2호, 전북대학교 동북아법연구소, 2016, 427~428면.). 따라서 저작권 측면에서 데이터에 대한 소비자의 권리는 그 법적 근거로 사용하기가 더욱 어려워질 것이다.

42 김현경, "국내·외 플랫폼 사업자 공평규제를 위한 제언", 「성균관 법학」 제29권 제3호, 성균관대학교 법학연구원, 2017, 84면.

43 최경진, 앞의 논문, 219면.

44 데이터 배당(data dividends)으로 기본소득을 지급하자는 논리는 데이터의 법적 소유권 면에서도 논리적 흠결이 있지만, 데이터세 과세 대상을 개인정보에만 한정시키게 되므로 과세 베이스를 산업데이터로 확장하지 못하는 단점이 있다.

45 개인기업과 법인기업을 포괄한 개념이다. 재무제표 공시, 산업별 매출추이 통계 등 프라이버시와 상관없이 영업활동과 관련하여 기업도 각종 데이터를 발생시킨다.

업 활동[46]에서 생성 또는 활용되는 것으로서 광(光) 또는 전자적 방식으로 처리될 수 있는 모든 종류의 자료 또는 정보[47]를 말한다. 산업통상자원부는 가전·전자, 미래 자동차 등 6대 산업 분야의 협력과 연대를 통해 본격적으로 산업 디지털 전환을 시행할 예정이다. 이는 디지털 기반 산업의 혁신 성장전략 후속 조치인데, 산업 활동 전 영역에서 발생하는 방대한 산업데이터를 활용하여 새로운 제품 및 서비스 개발에 사용할 수 있으리라 예상된다.[48] 산업데이터도 디지털 데이터에서 차지하는 비중이 작지 않고,[49] 이를 발생시키는 기업은 「개인정보 보호법」에서 말하는 정보주체처럼 데이터 주체[50]에 해당한다. 하지만 산업데이터에 대한 법적 권리는 개인정보만큼 논의되지 못했다. 「신용정보법」에 법인정보에 관한 규정이 있지만 역시 재산권 보호와는 상관이 없었기 때문이다. 따라서 데이터의 활용 면에서 개인정보뿐 아니라 산업데이터도 법적 보호 장치를 마련하는 것이 필요하다. 이러한 취지로 산업데이터의 생성·활용을 활성화하고 지능정보기술의 산업 적용을 촉진하는 목적의 「산업 디지털 전환 촉진법」 제정안이 2021년 12월 9일 국회 본회의를 통과하고 12월 28일 국무회의에서 의결되었

---

46 제품 또는 서비스의 개발·생산·유통·소비 등에 걸쳐 이루어지는 활동과정을 말한다.

47 2020. 10. 14. 고민정 의원이 대표 발의한 '산업의 디지털 전환 및 지능화 촉진에 관한 법안' 제2조 제1호의 내용을 인용한 것이다.

48 산업통상자원부 보도자료, "미래차, 가전·전자 등 6대 산업 분야 '연대와 협력'으로 산업 디지털 전환(DX) 앞장서다", 2020. 10. 28.

49 한국데이터산업진흥원도 2019년 발행된 『마이데이터 서비스 안내서』(웹용)에서 전체 디지털 데이터 중에서 개인 데이터의 비중을 75%로 추산하고 있으므로 약 25%가 산업데이터라고 볼 수 있다

50 조승래 의원이 대표 발의한 데이터기본법(안)에서도 데이터 주체라고 사용하고 있다.

다.[51] 공포된 법안은 인적·물적으로 상당한 투자와 노력을 통하여 산업데이터를 새롭게 생성한 자에게 이를 활용하여 사용·수익할 권리를 부여해 권리관계를 명확히 하였다. 그러나 「개인정보 보호법」의 저촉을 받지 않는 국내 산업정보 데이터가 무상으로 해외 유출되어 사용될 여지가 있어 보완이 필요하다.

3) 소유권과 조세부과와의 관계

개인정보나 산업정보가 인격권에 근거한 단순히 프라이버시 보호 대상으로서만 가치를 가진다면 조세법 측면에서 아무런 실익이 없다. 반면 개인정보 또는 산업정보가 재산적 가치가 있다면 정부가 과세하지 못할 이유가 없다. 조세를 부과하기 위해서는 소유권의 귀속과 상관없이 과세 대상인 데이터가 재산적 가치가 있는 재화이어야 되는 것이며, 소유권은 단지 담세자와 납세의무자[52]의 차이만 가져올 수 있기 때문이다. 조세부과의 본질은 재산권의 본질적 내용을 침해하지 않는 범위 내에서 국가 재정수요를 위한 자금을 조달하고, 경기변동을 조절하기 위한 정책적 기능과 국민의 복지 증진을 위한 사회 정책적 기능을 수행하기 위한 법적 행위[53]이다. 따라서 국가가 재산적 가치가 있는 재화에 대하여 조세를 부과한다고 할 때 그 실질적 소유권자가 누

---

51 제정안은 조정식 의원이 발의('20. 9월) 한 「산업 디지털 전환 촉진법안」, 고민정 의원이 발의('20. 10월) 한 「산업의 디지털 전환 및 지능화 촉진에 관한 법안」, 양금희 의원이 발의('20. 12월)한 「기업디지털전환 지원법안」을 병합한 것이다(대한민국 정책브리핑https://www.korea.kr/news/pressReleaseView.do?newsId=156488854 (검색일: 2021. 12. 28.)).

52 담세자와 납세의무자를 포함하여 납세자라고 한다.

53 임승순, 『조세법』, 박영사, 2020, 6~8면.

구냐는 조세채권의 확보와 크게 상관이 없다. 특히 데이터의 역외이동과 관련하여 국내에서 발생한 데이터를 자원이라고 본다면 재산권의 행사가 제한되는 비식별 데이터 등과 같이 아무런 대가 없이 유출되는 데이터에 대한 통제 권한을 국가가 행사할 필요가 있다.

2. 각국의 데이터세 도입 논의[54]

(1) 비트세(Bit tax)

디지털경제 발전에 따라 다국적 IT기업을 과세하기 위해 디지털세와 같은 직접세 외에도 간접세 모델도 국제적으로 제시되고 발전되어왔다. 첫 사례는 비트세(Bit tax)라고 할 수 있다. 1994년 미국에서 Arthur J. Cordell과 Thomas Ide에 의해 처음 논의된 이후 유럽에서도 연구가 진행되었다. 과세 대상은 가치가 생성되는 디지털 거래(value added interactive digital transactions)만을 과세한다는 것인데, 부가가치가 생성되는 상호작용(interactivity)이 필요하다. 따라서 당시 쌍방향 기술이 없었던 TV, 라디오방송과 같이 일방적으로 받을 수 있는 것은 제외되며, 자료 검색, ATM을 이용하는 것처럼 본인의 행위로 무엇인가를 얻는 것은 가치가 창출되는 상호작용으로 보아 과세 대상이 된다. 그러나 ①전자상거래를 일반적인 상거래에 비해 차별 과세한다는

---

54 김신언, "디지털세의 최근 입법동향과 우리나라 세제개편 방안", 「조세법연구」 제27권 제2호, 2021, 402~409면 발췌.

지적과 더불어 ②기술적으로 데이터의 사용량을 측정할 만한 장치(bit measuring equipment)가 없었고, ③사용한 데이터 용량만으로 가치가 생성된 거래인지 여부를 확인할 수 없다는 문제점이 제기되었다. 결국 1997년 4월 EU에서 채택된 전자상거래에 관한 정책(European Initiative in Electronic Commerce)과 1998년 10월 오타와(Ottawa) 전자상거래 결의를 준수하기 위해 비트세는 더 이상의 논의에서 배제되었다.[55] 미국도 1998년 「인터넷 세금자유법(Internet Tax Freedom Act)」을 발의하여 인터넷에만 부과되는 차별적 세금과 전자상거래에 이중으로 과세하는 행위를 금지하였다.[56] 그럼에도 불구하고 비트세에 대한 논의는 계속

---

55 Max Cash, Robert Schuman Scholar, Electronic Commerce and Tax base erosion, Economic Affairs Series ECON 108 EN, European Parliament, 1999, pp. 46~47.

56 Internet Tax Freedom Act, 47 U.S.C. § 151 (1998)은 입법 당시 2007년까지 한시적으로 존속할 예정이었으나, 2004년 연장되었고, 2020년에 영구 인터넷 세금 자유법(Permanent Internet Tax Freedom Act: PITFA)으로 개정되어 현재에 이르고 있다. ("Controversial Internet Tax Freedom Act becomes permanent July 1, Avalara 2020.6.12., 기사 https://www.avalara.com/ us/ en/blog/2020/06/ controversial-internet-tax-freedom-act-becomes-permanent-july-1.html#:~:text=On%20 July%201%2C%202020%2C%20the, billion%20in%20combined%20annual%20 revenue. /검색일: 2021. 6. 22.).
미국은 사실 개별 주에서 비트세 도입을 찬성하였지만, 미국 연방헌법 상 통상조항(Commerce Clause) 때문에 도입이 좌절되었다. 1787년 이후 미국 연방헌법을 만들기 위한 이유 중 하나는 주와 주 사이에서 발생하는 통상 문제를 중재하기 위한 것이었다. 미국 연방헌법 제1항 제8조에 근거한 통상조항(Commerce Clause)은 모든 거래에 대한 형사 및 민사상의 권리뿐 아니라 환경권까지 폭넓게 규율할 수 있는 법 조항이다. 구체적으로 주(州) 사이를 운행하는 열차의 운임은 수익의 정도와 상관없이 같은 금액을 적용하여야 하며(Houston, East and West Texas Ry. co. v. United States, 234 U.S.342(1914)), 캘리포니아 주정부가 의료 목적의 마리화나를 소규모로 재배하는 것도 연방 차원의 통상에 영향을 줄 수 있다고 보아 제재 가능하다고 판결(Gonzales v. Raich, 545 U.S. 1(2005))하였다. 단, 반독점에 대해서는 Commerce Clause가 적용되지 않는다(Ewin Chemerinsky, Constitutional law, 4th

되었으며, 2014년까지도 BEPS 프로젝트 Action 1 최종보고서를 위한 예비보고서에서 다루어진 바 있다.[57] 실제로 헝가리는 2014년에 데이터 트래픽 기가바이트당 150Ft(미화 0.60달러)를 부과하는 비트세를 입법하였지만, 위에서 제기한 문제들이 해결되지 못하고 국민들의 저항이 커지자 결국 폐지하였다.[58] 최근에는 비트코인 등 암호화폐에 대한 과세(Crypto-currency tax)를 일컫는 말로도 비트세(bit tax)가 혼용되기도 하지만, 데이터(용량)에 대하여 과세하려고 시도한 최초의 사례라 할 수 있다. 그러나 비트세는 데이터세의 중간 단계에 해당하는 미완성 체계에 지나지 않아 국외뿐 아니라 국내에서도 실현 가능성이 희박하다.

(2) 중국의 데이터거래소

최근 중국에서도 플랫폼 기업들이 가치 있는 광물광산 같은 사용자 데이터를 대량 보유하고 있다고 보고, 해당 기업 가치는 사용자들에 의해 창출되었기 때문에 그 수익을 공유하기 위해 데이터 자체를 과세

Edition, Wolsters Kluwer, 2016, pp. 247, 255, 276). 따라서 미연방 전체에 영향을 줄 인터넷을 이용한 거래에 조세를 개별 주에서 부과하는 것은 연방 차원에서 다룰 수 밖에 없는 중요한 사건이었고, 미국 내 거대 IT기업들의 로비로 결국 비트세 도입이 무산되었다.

57 OECD, Addressing the Tax Challenges of the Digital Economy Action 1 : 2014 Deliverable, 2014, p. 148(8.2.1.5 "Introducing a bandwidth or Bit tax").

58 Cristian Óliver Lucas-Mas and Raúl Félix Junquera-Varela, Tax Theory Applied to the Digital Economy: A Proposal for a Digital Data Tax and a Global Internet Tax Agency, World Bank Group, 2021, p. 91.

하는 방안이 필요하다는 의견이 제시되었다.[59] 그동안 조세 분야에서 후진국 대열에 있는 중국이 DDT 도입에 중요한 역할을 할 가능성이 있는데, 그 배경으로 정부 주도의 데이터 산업 육성방침과 데이터거래소를 꼽을 수 있다.

중국 정부는 경제성장 모델 전환 모멘텀으로 빅데이터의 효율적개발과 활용을 통해 국가경쟁력을 강화하며, 정부의 협치 능력도 향상시키고 있다. 중국 정부의 대대적인 지원정책 및 산학연 공동 노력으로 중국의 빅데이터 산업의 규모는 급속한 성장세를 보였다.

2013년 1,000개가 되지 않던 빅데이터 기업 수가 2017년에는 8,949개로 성장하였고 사업 규모는 4,700억 위안을 달성하였다.[60] 중국은 빅데이터 개발 및 활용 강화를 통한 데이터 강국 매진 목표를 천명하고, 2014년 12월 세계 최초로 귀저우성 도시인 귀양에 글로벌 빅데이터 거래소(GBDEx)를 설립하였다. 귀저우에 이어 2016년에는 징진지, 주장삼각주, 상하이, 허난, 충칭, 선양 및 내몽구 7개 도시를 실험구로 선정하였다. 데이터거래소는 공공 및 민간의 데이터를 수집, 가공, 변환, 가격 책정 등의 전 과정을 처리하고 회원사 사이의 데이터 거래를 중개하거나 외부로 판매하는 역할을 하고 있다. 거래소는

---

59 "Consider imposing digital data tax on tech firms: Chinese regulator", Business Today 2020. 12. 17. 기사; 특히 소비자의 데이터 활용은 정부의 핵심 이슈가 되었고, 궈수칭 중국 은행보험규제위원장은 데이터를 노동과 자본 등 경제 기여자로 보고 데이터 권리를 명확히 할 필요가 있다고 밝혔다. https://www.businesstoday.in/current/world/chinese-regulator-says-should-mull-imposing-digital-data-tax-on-tech-firms/story/425144.html (검색일: 2021. 6. 6.).

60 KOSTEC(한중과학기술협력센터), "중국의 빅데이터 지원 정책과 동향", 「Issue Report」 2018. vol 3, 한중과학기술협력센터, 2018. 1. 10,14면.

2018년 기준 알리바바, 텐센트, 하이얼, 마오타이, 화웨이 등 2천여 개의 회원사를 유치하여 225개의 데이터 자원을 확보하고 4천여 개의 데이터 상품을 거래하고 있다. 회원은 회비에 따라 일반회원(무료), 실버회원(30만 위안), 골드회원(50만 위안)으로 나뉘며, 일반회원이 약 80%를 차지한다.[61]

중국의 데이터거래소에서 가장 눈길을 끄는 부분은 데이터의 가격 책정이다. 실제로 데이터가 거래소를 통해 세계시장으로 유통되고 있으므로 판매되는 빅데이터 외에도 원시데이터의 가격 산정과 관련한 글로벌 공정가치의 산출도 장기적인 관점에서 가능할 것이다. 중국 정부의 데이터거래소 육성은 데이터의 수집, 가공 및 판매를 활성화할 수 있는 기반을 구축하고 그 노하우가 축적된다면, 데이터의 가치를 체계적으로 산정[62]하여 추후 데이터세의 과세기준(종가세)으로 활용할 수 있다는 점에서 주목해야 할 점이다.

(3) 미국 뉴욕주

2020년 한 해 미국 주(州)정부와 지방정부는 디지털 광고와 소셜미디어 플랫폼에 부과되는 세금을 포함하여 디지털경제에 맞는 다양

---

61 배영임, 신혜리, "데이터 3법, 데이터경제의 시작", 「이슈&진단」 No 405, 경기연구원, 2020, 16면.

62 국내에서는 이미 경기도가 지역화폐 데이터를 수집하고 창출한 수익을 주민에게 배당하였고, 지속적으로 확대할 예정이다(경기도, 세계 첫 '데이터 배당' 시행…이재명 "데이터 주권 실행 신호탄" 전자신문 2020. 2. 20. 기사 https://www.etnews.com/20200220000337 (검색일: 2021. 12. 27.)).

한 세제개편을 제시했다. 가장 최근의 것은 뉴욕 소비자들로부터 데이터를 수집하는 회사들에게 소비세를 부과하자는 뉴욕 제안이다. 2021년 2월 19일 뉴욕주 상원 재무위원장 리즈 크루거(Liz Krueger) 의원은 '상업용 데이터수집회사(commercial data collectors)'[63]에게 소비세를 부과하는 New York Senate Bill 4959를 발의했다. 이 세금은 앞의 비트세(Bit tax)에서 언급한 미국의 「영구 인터넷 세금자유법(Permanent Internet Tax Freedom Act)」 위반으로 간주될 가능성이 있는 디지털 광고세(digital advertising taxes)의 대안으로 개발된 것이다.[64] 이 법안에 따르면, 인터넷서비스를 제공하는 회사가 100만 명이 넘는 고객 등의 정보를 수집하는 경우에만 과세하되, 100만 명에서 200만 명 사이일 때는 매달 소비자 수에 5센트씩 소비세를 부과한다. 200~300만 명이면 50,000달러에 200만 명 초과하는 1인당 매달 10센트씩 부과한 금액을 합산하고, 300~400만 명이면 그 앞 단계의 누진세액에 300만 명 초과 1인당 매달 15센트씩 합산하는 식으로 100만 명 단위당 10단계의 누진세율로 부과한다. 뉴욕주 인구수를 감안하여 최종 단계는 1천만 명을 초과하는 경우 매월 225만 달러에 초과 1인당 50센트를 곱한 금액을 합산하여 납부한다.[65] 그러나 이 방법은 데이터 수집회사의 재화와 용역을 사용하는 소비자(人) 수에 따라 과세하는 개념이므로 IT

---

63 '상업용 데이터 수집가'는 "사업 활동을 지원하기 위해 소비자 데이터를 수집, 유지, 사용, 처리, 판매 또는 공유하는" 영리법인으로 정의된다.

64 "New Taxes on the Digital Economy: A Closer Look at the New York Data Tax Proposal", JD Supra 2021. 3. 15. 기사 https://www.jdsupra.com/legalnews/new-taxes-on-the-digital-economy-a-6954569/ (검색일: 2021. 7. 9.).

65 New York Senate Bill 4959 §186-h 3. Rate of tax.

기업이 수집 또는 사용하는 데이터 용량(容量)에 따라 과세하려는 비트세(Bit tax)나 DDT와는 차이가 있다. 뉴욕 제안은 구조가 단순하고 매년 일정한 세수를 확보할 수 있다는 장점이 있는 반면, 회원에게 직접 전가하기 쉽고 데이터 기업의 수익에 적절한 과세가 힘들다는 것이 단점이다. 또한 미국 연방헌법 상 통상조항(Commerce Clause)에 따라 위헌논란을 불러일으킬 수 있는 만큼 뉴욕주가 다른 주에 비해 기업에 대한 차별적 과세가 아니라는 것을 어떻게 설득할 수 있을지 주목된다.

뉴욕주 사례 외에 미국에서 현재까지 연구된 DDT는 대역폭(bandwidth), 즉 전송량을 측정하여 과세하는 것이다. 대역폭은 네트워크 또는 인터넷 연결의 최대 데이터 전송속도를 나타내는데, 지정된 시간 내에 특정 연결을 통해 전송할 수 있는 데이터양을 측정하는 것이다. 대역폭은 네트워크 속도를 설명하는 데 사용되지만, 데이터 비트가 한 위치에서 다른 위치로 이동하는 속도를 측정하지는 않는다. 데이터 패킷은 전자 또는 광섬유 케이블을 통해 이동하므로 전송되는 각 비트의 속도는 무시할 수 있기 때문이다. 대신 대역폭은 특정 연결을 통해 한 번에 얼마나 많은 데이터가 흐를 수 있는지를 측정한다. DDT는 두 가지 요소로 구성된다. 하나는 통행세(toll tax) 역할을 하고, 다른 하나는 계약된 인터넷 대역폭(글로벌 DDT)이나 중요한 경제적 실재(국내 DDT)에 대한 서비스 요금(service charge) 역할을 한다. 물리적 실재(physical presence) 없이 비거주자에 대한 원천국가에서의 소득과세(직접세)는 전통적인 조세 이론과 양립할 수 없다. 하지만 DDT는 간접세로서 디지털 기업의 경비로 공제하는 디지털 라이센스 유형의 세금으로 운영함으로써 이러한 장애물을 극복할 수 있다. 마치 임차료 지급처럼 궁극적으로 이익이 발생하지 않거나 실제로 물리적 시설을 사용하지 않았더라도 사업을 수행하려는 모든 기업이 지불해야만 하는 비용(cost) 같은 것이다. 이러한 의미에서 DDT는 특정 국가에서 디지털 사업 모델을 운영하려는 모든 IT기업에게 고정비가 될 수 있다.[66] 따라서 국내에서 논의된 것과 같이 데이터 사용에 대한 대가를 마치 (원)재료비처럼 원가에 산입하며, 다국적 IT기업이 발생시킨 초과이익을 줄이는 역할을 한다. 한편, 국내에서 제시된 데이터세(DDT)는 대역폭을 측정하여 과세하는 동적 개념이 아니라 데이터의 용량(byte)을 측정하므로 정적 개념이 강하다고 할 수 있다. 그러나 데이터의 수집, 가공, 반출 과정에서 측정되는 데이터의 흐름에 대하여 과세하는 것[67]이므로 대역폭에 대한 과세와 큰 차이점은 없다. 데이터세를 매월 징수한다고 할 때 한 달간 수집·사용한 데이터 총량을 기업 서버 등에 기록된 데이터 출납기록의 합계액을 측정하여 과세표준으로 하면 납부시기나 징수의 편의성을 도모할 수 있다.

(4) 유럽의 데이터 현지화 정책

이미 2017년 독일에서도 앙겔라 메르켈 총리와 안드레아 나흘스 독일 사회민주당 대표는 빅데이터에 과세할 수 있는 조세개혁 방안을 언급했다. 이때 메르켈 총리의 발언은 통화세(monetary taxes)를 시사하는 것으로 보이지만, 나흘스는 공유재(common goods)로서 사회의 이

---

66 Cristian Óliver Lucas-Mas and Raúl Félix Junquera-Varela, op cit, pp. 89~92.
67 김신언, "디지털경제의 세원(稅源), 데이터", 『세무와 회계저널』, 제22권 제2호, 한국세무학회, 2021, 241~243면.

익을 위해 대량의 데이터를 가진 기업들에게 데이터세(DDT)를 부과하는 방안[68]을 제시하였다. 이를 통해 기업들이 데이터를 총체적으로 개방하도록 동기를 부여하는 동시에 기업의 정당한 이익과 개인정보보호 정책을 장려할 수 있는 유인이 될 것이라고 설명하였다.[69] 그러나 그 이후 유럽에서는 아직 데이터세를 도입하려는 움직임이 보이지 않는다. 그 이유로 최근까지 디지털서비스세(Digital Service Tax)의 도입에 치중하였고, 과세 외에 역외 데이터 이동을 통제하여 데이터 주권을 확보하려 하였기 때문이다.

유럽연합(EU)은 2018년 5월부터 시행한 개인정보보호 규정(General Data Protection Regulation: GDPR)을 통해 역내 단일시장에서 개인정보의 자유로운 이동은 보장하면서도 EU 역외 반출에 대해서는 엄격히 통제함으로써 데이터 주권을 확보하고자 하였다. 개인의 데이터 소유권 외에도 국가의 데이터 주권 수호까지 모두 고려한 것으로 미국, 중국 등 거대 플랫폼 기업으로부터 데이터 유통시장을 탈환하기 위해 데이터를 현지화(localization)[70]하는 방법을 선택한 것이다. EU 집행위원회

---

68 2015년 세계노동기구(IZA)의 구글 트랜드 데이터의 속성을 설명하는 제안과 매우 흡사하다.

69 "A data tax for a digital economy The globalized internet age calls for innovative approaches to taxation", IZA New room 2018. 10. 23. 기사 https://newsroom.iza. org/en/archive/opinion/a-data-tax-for-a-digital-economy/ (검색일: 2021. 6. 6.).

70 데이터의 현지화란 서버와 같은 데이터의 보관 장소를 현지에 둔다는 의미가 아니라 정보열람을 통제하기 위해 데이터의 국외 반출을 엄격히 규제하는 것이다(우창완, 김규리,『(EU 정책분석 보고서) 데이터 주권과 데이터 국경』, 한국정보화진흥원, 2020, 3면). 그런데 유럽은 미국과 중국 기업들에 의하여 데이터 유통시장을 잠식당한 상태여서 표면 상으로는 개인정보 보호를 위한 데이터의 EU 역외 이동을 제한한다고 하면서도 내부적으로는 유럽 기업들의 기술주권 확보와 데이터 활용을 위한 조치로서 데이터 현지화 정책을 추진하고 있다(European Commission, Shaping

도 전 세계 데이터 대부분이 미국이나 중국 국적의 기업들에게 집중됨으로써 유럽의 데이터산업 성장에 걸림돌이 되고 있다고 분석하였다.[71] 이러한 역외 독점적 사업자들에 대한 견제와 더불어, 유럽의 기술주권 회복을 위한 역량개발과 중소기업의 데이터 활용 기회 보장 의지[72]는 2020년 2월 19일 EU 집행위원회가 발행한 정책문서『유럽의 디지털 미래』와『데이터 전략』에도 명확히 나타나 있다. 데이터 현지화는 개인정보보호뿐 아니라 향후 디지털경제에서 유럽연합 기업들의 대외 경쟁력과 밀접한 영향력이 있다고 본 것이다. 반면, 데이터 주권은 EU 역내에서 시장지배력을 강화하고 있는 다국적기업에게는 마치 아킬레스건과 같다.[73]

데이터의 역외이동(transfer of personal data to third countries) 규칙을 규정한 GDPR에 따르면, EU 역외기업이 EU 시민의 개인정보를 국외로 전송하기 위해서는 데이터가 전송되는 제3국의 개인정보보호 수준이 제45조에서 정한 적정성 판단(Adequacy Decision)을 통과하거나,[74] 제46조에서 정한 적절한 수준의 보호조치(Appropriate safeguards)를 하

Europe's Digital Future, COM(2020) 67 final, Brussels, 2020, pp. 1~2).

71 European Commission, A European Strategy for Data, COM(2020) 66 final, 2020, pp. 3~4.

72 European Commission, Shaping Europe's Digital Future, COM(2020) 67 final, Brussels, 19.2.2020, pp. 1~2.

73 강형구/ 전성민, "국내 전자상거래의 규제 및 글로벌 경쟁 이슈: 시장지배력, 데이터 주권, 아마존 효과를 중심으로", 「법경제학연구」 제15권 제3호, 한국법경제학회, 2018, 370면.

74 제45조 제3항에 규정한 바와 같이 집행위원회의 결정이 없을 경우, 제46조 제1항에 근거하여 개인정보 처리자나 수탁자가 적정한 안전조치를 제공한 경우에 한하여 이전할 수 있도록 정하고 있다.

고 있다는 것을 보장해야만 한다. 만약 이를 어길 경우[75] 최대 2,000만 유로와 해당 기업의 전 세계매출액의 4% 중 큰 금액이 과징금으로 부과된다.[76] GDPR 제45조 제3항에 의해 적정하다고 EU 집행위원회 승인을 받은 국가는 아르헨티나, 안도라, 캐나다(PIPEDA가 적용되는 곳), 스위스, 페로제도(Faroe Islands), 게른시(Guernsey), 이스라엘, 맨섬(Isle of Man), 일본, 저지(Jersey), 우루과이 동부공화국, 뉴질랜드 등이다. 우리나라도 EU 집행위원회로부터 적정성 판단을 받아 2021년 12월 17일 정식 승인되었다.[77] 적정성 판단은 적어도 매 4년마다 정기적 검토를 통해 이 목록에 추가되거나 목록에서 제외되는 국가는 공식 저널을 통해 발표된다.[78, 79] 이전에 유럽연합과 미국 간에 체결된 정보보호에 관한 세이프하버(safe harbor) 규정은 2015년 10월 Schrems decision[80]

---

75 EU로부터 해당 국가나 기업의 안전조치가 부적절하다는 결정을 받는 등 발생 가능한 위험이 있다면 정보주체에게 사전에 고지해야만 하며, 그럼에도 정보주체가 위험을 감수한다면 이전할 수 있다(중소기업기술정보진흥원, 2020 이슈 리포트, 『데이터 3법 개정이 국내 산업에 미치는 영향』, Vol2, 2020, 22면).

76 GDPR 제83조제5항, 제6항.

77 "Adequacy decisions : How the EU determines if a non-EU country has an adequate level of data protection." European Commission 홈페이지 https://ec. europa.eu/info/law/law-topic/data-protection/international-dimension-data-protection/adequacy-decisions_en (검색일: 2021. 12. 27.).

78 Ruth Boardman, Arian Mole, Guide to the General Data Protection Regulation, Bird & Bird, May 2020, p. 52.

79 우리나라도 GDPR을 참고하여 국외 이전 시 정보주체 동의 요구가 기업의 부담을 유발한다는 점을 보완하기 위해 적정한 개인정보 보호 수준이 보장된다고 개인정보위원회가 인정하는 국가 또는 기업으로 전송하는 경우 별도의 동의 없이 국외 이전을 허용할 방침이다(개인정보보호위원회 보도자료, "국민이 신뢰하는 데이터 시대, 개인정보 보호법 2차 개정으로 선도한다.", 2020. 12. 24., 9면).

80 2013년 미국 CIA 직원이었던 에드워드 스노든(Edward Snowden)의 내부 고발에

에 따라 더 이상 적용되지 않는다. 유럽사법재판소는 개인정보에 대한 EU 회원국들의 감독 권한이 세이프하버 협정보다 우선 적용되는데, EU 집행위원회 단독으로 미국과 협정하여 데이터 이전을 허가했다는 점[81]과 EU 집행위원회가 유효하다고 내린 결정 자체도 EU 지침의 적정성 요건을 충족시키지 않았다[82]고 판단했다. 이 판결의 영향으로 2016년 5월 24일 GDPR이 제정되었고. 2016년 7월 12일 EU와 미국 사이에 EU-US Privacy Shield 협정이 새롭게 체결되었다.[83]

이후 2019년 8월 국제표준화기구(International Organization for Standardization: ISO)는 ISO/IEC 27701 인증을 발표하였다. ISO/IEC 27701은 시스템, 보안조직, 사고 대응방안 등 보안체제의 관리와 운영에 대한 필요 사항과 개인정보보호를 위한 요구 사항을 포괄하는 정

의해 미국 국가안보국(NSA) 등의 정부기관이 페이스북 등 IT기업들의 개인정보를 감시한 사실이 발각된 사건을 계기로 오스트리아 대학생이던 Max Schrems가 아일랜드 데이터 보호기관을 상대로 한 소송사건이다. 유럽사법재판소(EU Court of Justice)는 결국 EU 집행위원회와 미국 사이에 채결된 safe harbor 협정이 무효라고 판결했다.

81 Court of Justice of the European Union, PRESS RELEASE No 117/15, Luxembourg, The Court of Justice declares that the Commission's US Safe Harbour Decision is invalid, 6 October, 2015 ; 재판소는 무엇보다도, 어떤 명령의 규정도 유럽연합의 기본권조항과 지침 하에서 제3국으로 개인정보 데이터를 전송하는 것에 대한 회원국 감독당국의 감독을 방해하지 않는다고 하였다. https://curia.europa.eu/jcms/upload/docs/application/pdf/2015-10/cp150117en.pdf (검색일: 2020. 12. 4.).

82 과거 EU 개인정보보호지침(Directive 95/46/EC) 제25조제1항에서 제3국이 적정한 보호 수준을 보장하는 경우에만 개인정보의 제3국에의 이전을 허용하였고 제2항에서 적정성(Adequacy)의 판단을 EU 집행위원회(EC)가 실체적·절차적·집행적 측면에서의 준수 정도를 종합적으로 검토하여 결정할 수 있었다.

83 차상육, "세이프하버협정 무효판결 이후 EU 일반개인정보 보호 규정의 내용과 우리 개인정보보호 법제 상 시사점-개인정보의 국외 이전에 관한 비교법적 연구를 중심으로", 「법학논총」 제36권 제1호, 한양대학교 법학연구소, 2019, 214~215면.

보보호 관리체계의 국제인증이다. ISO/IEC 27701 인증은 EU를 넘어 글로벌 비즈니스가 가능하도록 GDPR 준수를 염두하여 제정되었다. 그러므로 새로운 ISO 표준은 기업이 어떠한 국가에서 일하든 이러한 요구 사항을 충족시킬 수 있을 것으로 보고 있다.[84] GDPR 제42조 제5항에 의해 해당 기준이 유럽 정보보호이사회에 의해 승인되면 EU 회원국과 감독기관, 유럽 정보보호이사회, 집행위원회는 개인정보 처리자가 시행하는 처리작업이 GDPR을 준수하고 있음을 입증하기 위한 목적으로 사용할 수 있다.[85] 하지만 이러한 GDPR의 강도 높은 역외이동 규정은 WTO가 추구하는 자유로운 무역에 대한 제재로 작용하여 GATS[86] 제19조[87]에서 규정하고 있는 점진적 자유화(progress liberalization)와 상충한다는 지적[88]도 있다.

---

84 Tacking Privacy information management head on : First International standard just published, https://www.iso.org/news/ref2419.html (검색일: 2020. 12. 23.).

85 GDPR 제42조제1항.

86 WTO는 무역자유화를 위한 다자 간 규범들을 만들고 있는데, 상품무역에 관한 규범인 GATT, 서비스무역의 경우 GATS로 구분할 수 있다. 상품무역에서는 상품만 국경을 이동하지만, 디지털경제에서 서비스무역은 서비스뿐 아니라 이를 공급하는 자와 소비하는 자도 자유롭게 이동할 수 있다는 차이점이 있다. 1947년 GATT가 만들어진 이후 서비스의 교역이 활발해짐에 따라 1994년까지 진행되었던 UR 협상에서 서비스 교역에 대한 장벽을 제거하고, 서비스 교역의 자유화를 가속하기 위한 다자 간의 규범으로서 서비스무역에 관한 일반협정(General Agreement on Trade in Services: GATS)이 제정되었다.

87 회원국들은 더 높은 수준의 자유화를 달성하기 위하여 점진적으로 시장 접근을 확대할 수 있는 적절한 융통성이 부여되며, 개발도상 회원국도 외국의 서비스 공급자에게 자국 시장에 접근을 허용할 경우 개발도상국의 참여 증진을 이러한 시장 접근 허용조건으로 할 때 적절한 융통성이 확보된다.

88 류병윤, "개인 데이터의 보호 대(對) 자유로운 국제이동: 국제법의 현재와 미래", 「IT 와 법 연구」 제21집, 경북대학교 IT와 법연구소, 2020, 71면.

3. 데이터세법(DDT)의 과세 논리

(1) 초과이익의 배분 및 구글세로서의 기능

우리나라에서 데이터세 논의의 기본 개념은 IT기업들이 무상으로 데이터를 수집하여 과도한 수익을 발생시키고 있다는 데 착안하여 그 초과이익에 대한 과세로 볼 수 있다. 이는 현재 디지털세에서 Pillar 1(통합접근법) 금액 A의 초과이익과 비슷한 개념이다. 다만 통합접근법은 개인정보나 산업정보에 대한 데이터를 매출이 발생하는 소비국가로부터 수익을 확보하고 있어 매출과 데이터 수집량이 일정한 비례관계를 가진다고 보아 연계성의 기준을 매출액으로 하는 점에서 다소 차이가 있다. 하지만 다국적기업 대부분이 플랫폼비즈니스 모델을 채택하고, 고객의 데이터를 기반으로 초과수익을 발생시키고 있다는 점에서 매출액 기준이 아닌 원재료에 해당하는 데이터 자체에 대한 과세가 더 효과적이다.[89] 따라서 데이터세의 도입은 디지털세에서 여전히 과세 사각지대로 남는 외국 기업의 조세회피를 보완할 수 있는 이른바 구글세의 기능을 담당할 수 있을 것으로 전망된다.

---

89 소비세로 과세하면, 회사가 수익이 나지 않더라도 과세가 되므로 타당하지 않다는 지적이 있으나, 실제로 데이터 기업들은 초과이익을 발생시키는 사업구조이므로 큰 문제가 되지 않는다. 오히려 기존의 소득 과세 중심의 구글세를 부과하면, 외국 기업들이 전통적인 조세회피 수단으로 해외로 소득을 이전하는 행위가 근절되지 않는다. 또한 수익에 대하여 과세하려면 데이터를 많이 사용하는 기업의 수익과 직접 연관 관계를 찾아야 하는데 쉽지 않다. 절차적으로 법인세 체계에서 데이터 기업과 그렇지 않은 기업과의 과세방식의 차이로 인한 법 적용의 일관성이 없어지는 문제뿐 아니라 데이터의 사용 대가를 징수한다는 데이터세의 취지와도 맞지 않다.

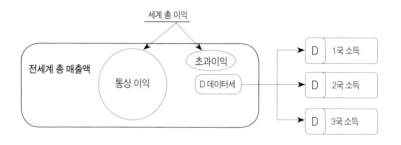

[그림 3-1] 데이터세 개념도[90]

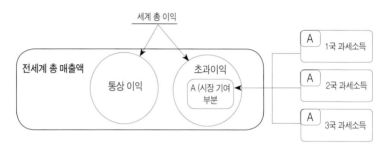

[그림 3-2] 디지털세의 초과이익 배분 개념

[그림 3-1]에서 보는 바와 같이 만약 소비국가에서 먼저 DDT를 납부하면, 초과이익 자체가 [그림 3-2]의 디지털세에 비해 감소하게 된다. 디지털세의 초과이익(금액 A)처럼 복잡한 산출 과정을 이용해서 배분[91]하는 것이 아니며, 국가 간 합의 절차도 필요 없다. 게다가 현재 제도적으로나 기술적으로 데이터 수집량 등의 측정이 가능하므로 앞에

---

90 김신언, 『최근 디지털세제의 동향과 분석』, 제4회 한국세무포럼 발표자료, 한국세무사회, 2021. 1. 21., 35면.

91 글로벌 매출액의 10%를 상회하는 이익(초과이익)에 대해 20% 이상 과세할 권리(Amount A)를 매출이 발생한 시장 소재국에 그 지분 비율만큼 배분.

서 살펴본 비트세에서 제기된 문제가 발생할 여지는 없다. DDT의 과세표준은 비트세와 같이 데이터 용량이며, 비트세에서 bit당 일정액을 부과하는 것과는 달리 byte(=8bit)를 기본 단위로 한다.

최근 유럽연합을 중심으로 자국 내에서 발생한 데이터를 해외로 반출하는 것을 엄격히 통제하는 데이터 현지화와 접합해서 초과이익에 대한 과세 논리를 발전시켜 볼 만하다. 즉 서버나 클라우드 기업의 데이터센터가 국내에 위치하지 않는다면 해외반출 시점에 데이터세를 부과하는 국제조세의 하나로 이용할 수 있다. 이때 세율인상으로 인한 국내 기업의 경쟁력 확보와 세수 증대 효과를 어느 정도 기대할 수 있다. 데이터세는 간접세이므로 한미조세조약 등의 저촉을 받지 않으며, 디지털세의 도입 여부와 상관없이 존속할 수 있는 개별 조치라는 것도 장점이다.

(2) 국가의 데이터 주권(data sovereignty) 확보

컴퓨터 프로그램을 기술함에 있어 실행속도나 오차 등을 줄이기 위해 만든 실행 명령어 순서를 의미하는 알고리즘이 엔진이라면, 데이터는 이를 돌리는 연료라 할 수 있다. 아무리 머신러닝을 통해 알고리즘을 코딩하더라도 훈련시킬 예측 모델을 만들 수 없고, 검증할 데이터조차 없다면 에너지가 없어 동작이 멈춘 기계와 같기 때문이다.[92] 디지털경제에서 데이터가 새로운 자원으로서 평가받는 이유가 여기에 있다. 데이터가 디지털경제사회에서 수익을 발생시킬 수 있는 자원이라

---

92 박상철, 앞의 논문, 260면.

는 점은 이미 구글, 페이스북 등 다국적 IT기업들의 사업 모델이 성공을 거두었다는 점을 통해서도 입증되고 있다. 한편 국가가 과세권을 행사할 수 있는 범위도 국가의 주권이 미치는 영역에 국한될 것이므로 한 국가에서 발생한 경제적 자원에 해당하는 데이터가 해외로 이동할 때 국가가 통제권을 행사할 수 있는지도 고찰해볼 필요가 있다. 우리나라 「헌법」은 대한민국의 영토를 한반도와 그 부속 도서로 명시(제3조)하고 있다. 또한 국가는 국토와 자원을 보호하고, 균형 있는 개발과 이용을 위하여 필요한 계획을 수립(제120조 제2항)하도록 정하고 있다. 그러므로 데이터가 디지털경제에서 자원이라는 데 이의가 없고 국내에서 발생하였다면 국가는 그 자원을 이용하는 통제권을 가진다고 볼 수 있다. 유럽사법재판소도 다국적기업과 관련하여 유럽연합 정보보호 규정에서 정한 영토적 관할범위를 확장 해석[93]하였고, GDPR도 규제의 영토적 범위[94]를 유효하게 정함으로써 EU 역외의 다국적기업이 GDPR을 준수하게끔 하였다.[95] 미국도 2018년 시행된 「해외정보이용 합법화법(Clarifying Lawful Overseas Use of Data Act: CLOUD Act)」을 통해

---

93 Google Spain SL and Google Inc. v AEPD and Mario Costeja González, 13 May 2014. ; 유럽사법재판소는 여러 회원국의 영토에 특히 자회사를 통해 단일 관리자(controller)가 설립되었을 때, 국가 규칙을 회피하지 않기 위해 활동에 적용되는 국가법에 의해 부과되는 의무를 이행하도록 보장해야 하며, 데이터의 처리는 사용된 수단이 위치한 회원국의 법에 의해 지배되어야 한다고 밝히고 있다.

94 GDPR 제3조 제1항에 따르면, GDPR 규정은 EU 역내에서 개인정보 처리자(수탁처리자)의 사업장에서 처리되는 개인정보에 적용되고, 이때 해당 처리가 EU 역내 또는 역외에서 이루어지는지는 관계없다고 규정하고 있다.

95 Kristina Irion/권헌영(역), "개인정보의 국경 간 이전에 관한 EU 법률의 이해 – 글로벌 환경과의 조화 – EU Law on Cross : Border Flows of Personal Data in a Global Perspective", 「경제규제와 법」 제11권 제2호, 서울대학교 법학연구소, 2018, 62~63면.

미국 정부기관이 국가안보 등을 이유로 데이터가 저장된 위치와 관계 없이 정보의 이전을 요청할 수 있게 함으로써 자국의 역외 데이터 접근에 대한 법적 근거를 마련하였다.[96]

디지털경제에서 개인은 데이터의 소비자이면서 동시에 데이터의 가치 창출자로서 데이터 주권을 가진다. 데이터 주권(data sovereignty)이란, 정보주체인 개인이 자기 자신에 관한 데이터의 흐름(생성, 저장, 유통 및 활용)을 스스로 결정하여 자신의 이익을 위하여 어떻게 사용할 것인지 등을 직접 관리하고 통제할 수 있는 배타적 권리를 의미한다.[97] 앞서 살펴본 대로 개인이 데이터에 대한 법적 소유권(Data ownership) 없이 데이터를 사용하는 회사를 상대로 그 재산적 권리를 행사하는 데에는 제약이 따르므로 채권적 지위를 가질 수 있도록 마이데이터 산업의 틀을 만들어 놓았다. 그러나 소유권(ownership)이 재산권처럼 그 실체를 확인할 수 있는 것과는 달리 개인의 주권(sovereignty)은 법률적으로 구체적인 권한 행사를 논하기 어렵다. 한편, 데이터가 자원으로 인식되는 디지털경제사회에서 이러한 데이터 주권은 반드시 개인에게만 한정할 수 있는 것은 아닐 것이다. 국가 입장에서는 양질의 데이터가 발생할 수 있는 기반을 마련하였기 때문에 국내에서 발생한 데이터가 자원이라면 국가의 주권(data sovereignty)도 인정되어야 한다. 왜냐하면, 한 국가 내에서 데이터가 사용되고 유통될 수 있는 기반 산업

---

96 우창완 외, 앞의 책, 4면.

97 윤수영, "4차 산업혁명 시대의 소비자 데이터 주권에 대한 고찰 – EU GDPR을 중심으로", 「소비자학 연구」 제29권 제5호, 한국소비자학회, 2018, 93면. ; 권리 행사의 주체가 개인이고 객체가 개인정보보다는 세밀한 수준의 데이터라는 것이 개인정보 자기결정권과 차이가 있다.

의 확충은 개인의 노력 외에도 CDMA 기술 도입, 산업 전반에 걸쳐 과학기술육성 지원 등 국가정책에 의한 결과이기 때문이다. 헐리우드 영화나 애플의 아이폰이 미국을 제외한 외국에서는 한국을 처음 출시 장소로 결정하는 것도 소비자의 반응이나 활용도에 대한 정보를 가장 빠르고 정확하게 얻을 수 있기 때문이다. 국가의 주권이 어떤 서비스를 생산하기 위해 고유의 능력이 필요하거나 해당 국가에서 자료의 반출을 허락할 때 국가안보와 같이 취급된다는 전통적 견해에서는 비관세 무역장벽의 문제들까지 국가 주권과 연계시키기도 하였다.[98] 국가별로 인터넷 보급, 정보화 정도의 차이가 크게 나는 것으로 볼 때 한 국가 내에서 데이터가 양질의 자원이 되기 위한 국가의 역할은 필수적이며, 주인으로서 그 권리를 인정하는 것이 정당하다. 정보의 국가 간 이전이 디지털경제의 핵심이며 이를 통제할 수 있는 힘은 국가의 주권과 연결된다는 점에서 국가의 데이터 주권 확보는 중요한 이슈이다. 국내에서 발생한 데이터를 국내 자원으로 본다면, 국가의 데이터 주권을 확보하는 가장 효율적인 방법도 데이터의 현지화일 것이다.

(3) 데이터에 대한 경제적 제재를 통한 데이터 현지화 방안

우리나라에서도 데이터 주권을 확보하려는 시도가 있었다. 더불어민주당 변재일 의원이 20대 국회였던 2018년 9월에 발의한 '데이터

---

98 김창수, "정보의 국제적 유통에 관련된 문제들", 「논문집」 제1호, 광주대학교 민족문화예술연구소, 1992, 42면.

서버 현지화 법안'이 그것이다. 당시 MS 한국지사는 해당 법안을 21세기 척화비라고 혹평하기도 했고, 주한미국대사관까지 나서 반대 의사를 명확히 하였다.[99] 결국 이런저런 이유로 데이터 서버 현지화 법안은 입법되지 못하였다.[100] 우리나라는 포괄적·점진적 환태평양경제동반자협정 가입을 추진 중[101]이므로 서버를 현지에 두는 것을 강요하지 않는다는 2015년 결의안[102]에 동참해야 할 수도 있다.

그러나 유럽연합의 GDPR에서 보듯이 데이터 주권의 확보는 반드시 데이터 서버를 국내에 두는 것만으로 가능한 것이 아니다. 단지 데이터를 국내에 쌓아놓게 하는 것은 더 이상 의미가 없을 수도 있다. 오히려 데이터 서버를 국내에 둔다 하더라도 데이터를 효율적으로 통제할 수 없다면 데이터 자원을 잘 관리한다고 볼 수 없기 때문이다. EU 집행위원회가 데이터 단일시장(European single market for data)을 통해 유럽식 데이터 환경의 미래를 나타내고자 하는 개념도 데이터 개방

---

99 MS, "데이터서버 현지화 법안은 21세기 척화비", 아시아경제 2018. 11. 28. 기사 http:// www.asiae.co.kr/news/view.htm?idxno=2018112819232534943 (검색일: 2020. 12. 24.).

100 반면 최근 애플은 러시아법을 준수하기 위해 러시아 모스크바에 위치한 IXcellerate가 운영하는 서버에 현지 이용자의 데이터를 저장하고 있다고 밝히기도 했다(애플, 러시아 서버에 현지 데이터 저장 … 인스타, 자살유도 콘텐츠 막는다" IT 조선 2019. 2. 5.기사 http://it.chosun.com/site/data/html_dir/2019/02/05/2019020500266.html (검색일: 2020. 12. 24.).

101 "[그래픽] 포괄적·점진적 환태평양경제동반자협정 개요", 연합뉴스 2021. 12. 27.기사 https://news.naver.com/main/read.naver?mode=LSD&mid=sec&sid1=101&oid=001&aid=0012806152 (검색일: 2021. 12. 27.).

102 "CHAPTER 14 ELECTRONIC COMMERCE" 미국무역대표부 홈페이지 https://ustr.gov/sites/default/files/TPP-Final-Text-Electronic-Commerce.pdf (검색일: 2020. 12. 18.).

을 포괄하는 것으로 개인 및 산업데이터를 모두 안전하게 보호하면서 동시에 사업자들이 쉽게 접근할 수 있는 환경을 만드는 것이다.[103] 따라서 디지털 미래에 대한 주요 이슈 중 하나는 데이터의 접근과 축적(pooling) 및 공유, 온라인과 오프라인 상거래의 균형[104]이라 할 수 있다. 데이터의 국외 이전을 자원의 수출이라는 측면에서 보면, 주권 확보뿐 아니라 데이터 경제 활성화 측면에서 허용과 제한의 적절한 절충[105]이 필요한 시점이다.

그렇다면 데이터 주권 확보를 위해 국내 발생 데이터의 국외 이전을 합리적으로 제한하는 규범을 만드는 것 외에 직접적인 경제적 제재를 통한 데이터 현지화를 고민해 볼 필요성이 있다. 다국적기업이 국내에서 발생한 데이터로 인해 벌어들이는 수익 원천에 대하여 국가가 재산권을 행사함으로써 경제적 제재를 통해 데이터의 역외 반출을 통제(현지화)하는 것이다. 현재 조세법 학계에서 논의 중인 데이터세는 구글과 같은 다국적 IT기업들이 데이터를 해외로 이전할 때 조세를 부과하는 것으로 경제적 제재의 일환으로 사용할 수 있다. 즉 국가가 데이터 자체의 경제적 가치에 중점을 두어 데이터의 수집과 소비를 과세물건으로 하는 조세(데이터세)를 도입한다면 기존 디지털 세제의 보완세[106]로서 다국적 IT기업들의 조세회피 문제를 해결하는 데도 도움을

---

103 이상윤, "유럽연합 디지털 정책의 동향과 전망: 유럽의 미래, 유럽 데이터 전략, 인공지능 백서의 주요 내용과 의의",「고려법학」제97호, 고려대학교 법학연구원, 2020, 210면.

104 European Commission, Shaping Europe's Digital Future, COM(2020) 67 final, 2020, p. 8.

105 우창완 외, 앞의 책, 23면.

줄 수 있을 것으로도 기대된다. EU가 데이터 현지화를 위해 시행하고 있는 개인정보의 역외 이전에 대한 적정성 평가가 비효율적이고 투명하지 않으며 정치적 영향의 대상이라는 비판[107]에 대해서도 정부가 과세권 확보를 위해 필요한 법적 조치라는 근거로 대응할 수 있을 것이다. 특히 비식별 처리된 개인 데이터나 산업데이터의 역외 이전에 대해 정부가 데이터세[108]를 부과할 수 있다면 적정한 세수 확보와 더불어 국내 데이터산업 보호도 동시에 추구할 수 있는 이점이 있다. 데이터세의 도입을 추진하는 정치권에서도 국가가 경제적으로 데이터 주권을 확보할 수 있다는 점은 조세부과의 정당성을 뒷받침할 수 있는 좋은 근거가 될 수 있다.

한편, 아마존웹서비스(AWS), MS(Azure) 같은 클라우드 서비스들은 국내 업체들이 운영하는 데이터센터 공간을 빌려 국내 인프라를 구축했는데, 확대되는 국내 수요를 감당하기 어려워 직접 데이터센터 구축에 나설 것이라는 전망이다.[109] 이미 글로벌 디지털 인프라 기업인 에퀴닉스(Equinix)도 2019년 8월 서울에 제1차 데이터센터를 개소한 이

---

106 김신언, "기본소득 재원으로서 데이터세 도입방안", 「세무와 회계연구」 제9권 제4호, 한국세무사회 부설 조세연구소, 2020, 9면. 49면.

107 Christopher Kuner, Reality and Illusion in EU Data Transfer Regulation Post Schrem, 18 German Law Journal, 2017, p. 911.

108 김신언, "디지털경제의 세원(稅源), 데이터", 「세무와 회계저널」, 제22권, 제2호, 한국세무학회, 2021, 233~234면. ; 국가가 데이터세 징수를 통해 비식별 데이터와 산업데이터의 재산권을 활용하는 근거와 그 과세 요건을 설명하였다.

109 "통신사 주도 데이터센터 판세...재편 가능성은?", 디지털투데이 2021. 5. 24. 기사 http://www.digitaltoday.co.kr/news/articleView.html?idxno=403108(검색일: 2020. 5. 30.).

후 2020년 12월 2단계 데이터센터를 확장하였다.[110] 최근 정보기술 (IT) 시장에서 한국의 중요성이 커지고 있기 때문이다. 데이터 생산량 기준으로 한국은 미국, 영국, 중국, 스위스에 이어 세계 5위[111]에 해당한다는 점에서 볼 때 필요에 따라 해외 기업들이 국내에 데이터센터를 추가로 구축할 확률이 높아졌다. 따라서 앞으로 국내법 상 데이터 관리체계는 역외로 이전되는 데이터에 대하여 정보보호 관리체계 안에서 어떻게 적절히 관리할 것인가 하는 문제점[112]으로 귀결된다.

(4) 국내법 상 데이터 관리체계 보완

그러나 현행 우리 법률을 볼 때 유럽연합의 GDPR의 보호 기준과는 다른 양상을 보인다. 우리나라는 「정보통신망법」 제47조에서 정보보호 관리체계(Personal information & Information Security Management System: ISMS) 인증을 규정하고 있다. 2003년 1월 25일 국내 인터넷망이 서비스거부 공격으로 마비된 인터넷 대란 이후 기업과 공공기관에게 최소한의 보안 조치를 의무화하던 종전의 정보보호 안전진단 제도를 폐지하고 높은 수준의 정보보호 관리체계 인증제도로 일원화하게 된 것이다.[113] 「정보통신망법」이 2012년 2월 17일에 개정되면서 정보

---

110 "에퀴닉스, 서울 데이터센터 2단계 확장…아시아 추가 설립 계획" IT조선 2020. 12. 14 기사 http://it.chosun.com/site/data/html_dir/2020/12/14/2020121401789.html (검색일: 2020. 12. 28.).

111 "'韓, 하이퍼 스케일 데이터센터 구축 시급" ZD Net Korea 2020. 12. 23. 기사 https:// zdnet.co.kr/view/?no=20201223144924 (검색일: 2020. 12. 24.).

112 데이터세의 효율적인 징수를 위해서는 데이터의 역외이동 시점만이 아니라 수집·보관하는 시점에 과세하는 것도 검토할 필요가 있다.

통신망 서비스 제공자 중에서 매출액과 이용자수 등이 일정 규모 이상인 기업[114]과 공공기관에게 ISMS 인증을 의무적으로 받도록 하고 있다.[115] 한편,「개인정보 보호법」제39조의 11에서 국내 대리인 지정 의무 대상자도 정보보호 관리체계와 같은 기준을 충족할 것을 규정하고 있다.[116] 여기서 정보통신서비스 제공자란「전기통신사업법」제2조 제8호에 따른 전기통신사업자와 '영리 목적'으로 전기통신 역무에 의한 정보를 제공하거나 매개하는 자를 말한다.[117] 그러나 반드시 영리 목적이란 제한을 가하는 것이 비영리 정보의 제공이나 매개와 관련된 규율을 배제할 만한 당위성은 없어 보인다.[118] 이를 방증하듯 현재 스타벅스코리아는 ISMS-P 인증[119]까지 받았지만, 구글코리아처럼

---

113 한국인터넷진흥원,『정보보호 관리체계(ISMS) 인증제도 개요』, 미래창조과학부, 2017, 13면.

114 전년도 매출액이 1조 원 이상인 자, 단 정보통신서비스 부문은 매출액이 100억 원 이상인 자, 전년 말 기준 직전 3개월 간 이용자 수가 하루 평균 100만 명 이상인 자 등이다.

115 「정보통신망법」제47조제2항.

116 개인정보를 처리하는 자연인이나 법인, 공공기관, 기관 또는 기타 기구이면 GDPR 의 적용 대상이 되는 것과 차이가 있다. GDPR에 의하면 다만, 개인정보 처리자 또는 개인정보 처리자 지정을 위한 구체적 기준을 유럽연합 또는 회원국 법률로 규정할 수 있다(GDPR 제4조제7항).

117 「정보통신망법」제2조제1항 제3호.

118 이민영, "정보통신서비스 제공자에 대한 법적 고찰",「성균관 법학」, 성균관대학교 법학연구원, 2018, 96면.

119 ISMS-P는 ISMS 인증에 개인정보 보호까지 포함된 넓은 보호 수준이다. 기업들의 정보보안에 대한 인증을 의무화하여 주요 정보자산의 유출과 그에 따른 피해를 사전에 예방할 수 있도록 개인정보의 수집 단계부터 보유 및 이용과 파기 단계까지 종합관리체계를 갖추게 한 것이다. 이에 따라 개인정보의 항목, 보유량, 처리 목적 및 방법, 보유기간 등 현황을 정기적으로 관리하여야 하며, 매년 사후심사까지 받게 하고 있다.

다국적 IT기업들의 100% 국내 자회사는 어떠한 인증도 받은 적이 없고 「개인정보 보호법」상 국내 대리인의 요건을 충족시킬 수 있을지도 불확실하다. 조세법적으로도 외국 IT업체들이 국내에 설립한 자회사를 단순 연락사무소로 보조적이고 예비적인 활동만 한다고 하면 국내에서 직접 영리사업을 한다고 볼 수 없어 법인세를 부과할 수 없고,[120] 「정보통신망법」상 전산망 사업 요건에도 해당하지 않게 되므로 ISMS 인증의무가 없어 정보보호 관리체계 안에서 적절히 관리할 수 없게 된다.

따라서 국외 IT기업들이 해외 서버로 데이터를 얼마나 전송하였는지 파악하고 적절히 과세할 수 있는 권한을 부여하기 위해서는 「정보통신망법」상 ISMS(또는 ISMS-P) 인증 대상에 국내 자회사 또는 국내 대리인을 포함하되, 사업자 요건 또는 매출액 규모 등의 조건과 상관없이 인증을 받도록 해야 한다. 물론 이러한 요건이 실질적인 개인정보보호보다는 Schrems 사례에서처럼 데이터 전송을 보호하기 위한 절차적 메커니즘에만 초점을 맞추는 경향을 보여준다는 비판[121]이 있을 수 있다. 그러나 정부가 데이터 주권에 대한 실질적인 권한을 실현하기 위해 절차적인 요소도 중요하며, 절차법적 정당성이 정부기관에 의한 처분행위의 적법성 확보와 더불어 실질적인 주권 확보의 근간이 된다는 점에서 데이터 전송과 관련된 법적 메커니즘의 완성은 필

---

120 「법인세법」 제94조제4항에 따르면, 단순구입만을 위해 사용하거나 판매 목적이 아닌 자산의 '저장과 보관', 광고, '정보의 수집 및 제공', 시장조사, 외국법인이 자기의 자산을 타인으로 하여금 '가공'할 목적으로만 사용하는 장소가 외국법인의 사업상 예비적 보조적 활동을 위하여 사용된다면 국내사업장으로 보지 않고 있다.

121 Christopher Kuner, op cit, pp. 882, 915.

수적이다. 이러한 측면에서 데이터세법을 입법하면, 정당한 과세를 위해 실제 데이터 수집 및 가공 규모와 그 사용 실적까지 확보할 수 있다. 데이터에 기반을 둔 외국 IT기업들의 국내 발생 데이터 유출에 대한 통제도 보다 체계적으로 할 수 있을 것이다.

(5) 데이터의 재산권 사각지대 보완

과거 개인정보에 대한 권리는 정신적 손해배상 청구와 위자료 지급을 가능하게 하는 것이 인격권의 일종임을 전제했기 때문에 개인정보 자기결정권은 단지 인격권이라는 견해[122]가 일반적이었다. 그러나 경제적 가치가 있는 재화로서 데이터에 대한 소유권은 인격권이 아닌 재산권으로 보아야 하고 「개인정보 보호법」에서 말하는 자기 결정권으로서 보호받는 개인정보에 대한 권리와 구별하는 것이 적절하다.

그런데 현재 데이터소유권, 즉 재산권 부여의 대상이 되는 데이터에 대한 논쟁은 익명화 등으로 비식별 처리된 데이터(deidentified data)이다.[123] CCPA[124]에 의하면, 개인정보의 재사용(판매 등)은 인정하되 해

---

122 정상조, 권영준, "개인정보의 보호와 민사적 구제수단", 「법조」 제58권 제3호(통권 630호), 법조협회, 2009, 20면.

123 이동진, 앞의 논문, 224~226면.

124 미국 캘리포니아주 의회는 2018년 6월 28일 IP기업들의 개인정보 수집에 강력한 영향을 줄 소비자정보보호법(California's Consumer Privacy Act: CCPA)을 통과시켰다. 연방법이 아닌 캘리포니아 주법에까지 우리가 관심을 가져야 하는 이유는 구글, 페이스북, 애플 등의 본사가 모두 캘리포니아주의 실리콘밸리에 위치하므로 캘리포니아의 CCPA는 이러한 세계적인 IT기업(조세회피기업)들에게도 직접 영향을 미치기 때문이다. CCPA가 통과된 후 15개의 다른 주에서 CCPA와 유사한 프라이버시 법안을 도입했고, 유사한 제안들이 미연방 차원에서도 고려되고 있다. 2020

당 소비자가 이를 금지할 것을 요구하면 재사용할 수 없지만, 비식별 조치를 한 경우에는 해당 소비자가 CCPA에 의해 보호되는 권리를 갖는다고 볼 수 없다. CCPA는 소비자의 프라이버시 보호를 목적으로 하므로 개인을 식별할 수 없는 정보까지 보호할 필요가 없기 때문이다. 그러므로 가명정보[125]나 익명정보[126]와 같이 비식별 조치가 된 데이터에 대한 데이터 주체의 권리는 인격권과는 별개인 재산권 문제로 보아 해결해야 한다. 그러나 마이데이터 산업이 뿌리를 내리더라도 비식별 조치가 된 데이터에 대한 개인의 채권적 권리 행사가 어렵다. 본인임을 알 수 있는 정보를 추적할 수 없다면 인격권뿐 아니라 재산권 행사도 제한되는 것이다. 또한 마이데이터 산업이 자리 잡기 전에 IT기업들이 수집한 개인정보에 대해서도 정보주체가 그 채권적 기능에 근

년 1월부터 시행된 CCPA는 소비자가 요구하면 회사가 수집하는 정보의 내용과 수집 이유, 제3자에게 공유한 정보를 공개하여야 하며, 소비자는 자신의 정보를 삭제하거나 판매 또는 공유하지 못하게 요구할 수 있다(CCPA §1798.100(a),(b),(c),(d)). 또한 소비자로부터 정보요구를 받은 사업자는 상응하는 조치를 하기 위해 지난 12개월 동안 판매하고 사업 목적으로 사용했던 개인정보 내역을 공개하고 12개월마다 이를 갱신해야 한다(CCPA §1798.140(o)(2),(3)).

125 우리나라 「개인정보 보호법」도 개인정보를 살아있는 개인에 관한 정보로 이름, 주민등록번호 또는 영상 등을 통해 개인을 식별할 수 있거나, 다른 정보와 결합하여 식별할 수 있는 정보라고 정의하고 있다. 최근 이 범위에 원래 상태로 복원하기 위해 추가적인 정보를 사용하거나 결합하지 않고는 특정 개인을 식별할 수 없는 가명정보도 포함하였다 (「개인정보 보호법」 제2조 제1호 다목). ; 과거 개인정보에 대한 정의는 「정보통신망법」 제2조 제6호에서 규정하고 있었다. 그러나 데이터 3법이 2020.2.4. 개정되면서 「정보통신망법」에서 삭제하고 「개인정보 보호법」에서 개인정보를 정의하면서 가명정보까지 포함하는 것으로 그 범위를 확대하였다.

126 익명정보는 추가 정보가 있어도 특정 개인을 더 이상 알아볼 수 없을 정도로 비식별 조치된 정보를 말한다(「신용정보법」 제2조 제16호). 익명정보는 개인정보로서 프라이버시나 재산적 가치를 따지지 않아도 되어 자유롭게 활용할 수 있다.

거한 소유권 행사가 여전히 어렵다. 기업이 발생시킨 산업데이터의 재산권 행사도 같은 관점에서 눈여겨보는 이유이다. 산업데이터를 기업이 자체적으로 소유한 경우 그 소유권에 대한 법적 문제는 없지만, 그렇지 않다면 산업데이터도 아무런 대가 없이 사용될 수 있다는 점에서 경제적 가치에 대해 정부가 권리를 행사할 필요가 있다. 아래 국내 데이터세(DDT)의 과세 대상에서도 이러한 부분이 이미 검토되었으며, 개인과 법인의 소유권 행사의 사각지대에 대하여 과세를 통해 이를 보완할 수 있다고 본다.

4. 데이터세법 도입 방안

데이터세는 법인세(또는 그에 대한 부가세(surtax))와 같은 소득과세보다는 소비세로 도입하는 것이 타당하다. 데이터세의 정의에 따른 과세 대상은 원시데이터로 기업의 재료비 성격을 가지므로 매출이나 소득을 과세표준으로 할 수 없기 때문이다. 특히 데이터세가 구글세로서의 기능을 하기 위해서도 소득과세보다는 소비과세로 도입하는 것이 유리하다. OECD도 인정한 바와 같이 1920년대까지 거슬러 올라가는 소득과세 중심의 현행 국제조세 체계만으로는 디지털경제에서 더 이상 원천지 국가들의 공평한 과세권 행사를 기대할 수 없게 하고 있다. 특히 서버를 국내에 두지 않게 됨에 따라 발생하는 고정사업장 문제[127]

---

127 OECD, Public consultation document Secretariat Proposal for a "Unified Approach" under Pillar One, 2019, p. 6.

를 소득과세 형태에서는 완전히 배제할 수 없으므로 새로운 소비과세 패러다임을 구축할 필요가 있다. 만약 IT기업이 데이터를 사용한 대가를 시장 소재지 국가가 징수하는 방법으로 소득이 발생하기 전 단계인 소비 단계에서 우선 과세한다면 이후 IT기업의 수익에 대한 (소득)과세를 보완하는 역할을 할 수 있다. 우리나라가 체결한 각종 양자간 조세조약의 조세는 소득세와 법인세에 주로 국한되므로 소비세인 데이터세가 이 조약의 간섭을 받지 않는다는 것도 강점이다.

앞의 과세 논리를 바탕으로 국내 DDT 연구결과는 법안 형태로도 이미 공개되었다. 개별소비세법을 기반으로 한 소비세 체계이며 기본소득을 재원으로 하는 목적세(법안 1조)로서 종량세(3조)이다. 원시데이터에 대한 대가는 거래 단계에서 발생하는 부가가치보다는 물품세로서의 성격이 타당하므로 「부가가치세법」이 아닌 「개별소비세법」의 법리를 적용한 것이다. 새로운 세제 도입으로 인한 기업 부담을 완화하기 위해 (-)탄력세율과 잠정세율(4조), 소액부징수(10조), 조건부 면세(20조)를 규정하고 있다. 데이터를 많이 사용하는 기업이 주로 납세의무를 부담할 수 있도록 소비자에게 전가를 최소화하기 위한 비과세 규정(5조)을 두고 있다. 정부의 디지털 뉴딜정책 공조방안으로서 공공데이터에 대한 무조건 면세(21조), 마이데이터 세액공제(22조), 공평성을 증진하기 위해 텍스트파일과 동영상 차등과세(4조)도 별도로 두고 있다. 무엇보다도 조세회피 방지 방안에 중점을 두고 있는데, 납세의무자(6조), 과세 시기(7조), 가공(8조) 및 반출 의제(9조), 폐업시 과세(24조), 기록장치 및 장부기장의무(25조), 과세 관청의 권한 강화(27,28,29,31조), 미납세 반출(17조)로서 외국 기업에 대한 과세체계에 활용할 수 있는 기능을 강화한 점이 특징이다. 다만 이 법안은 현재 소병훈 의원이 대표 발의한 '기본소득법안'(의안번호제2104204호)의 의결을 전제로 하는 것이므로 이 법안이 의결되지 아니하거나 수정 의결되는 경우에는 이에 맞추어 조정되어야 한다.[128] 따라서 2022년 대통령 선거와 관련하여 논란이 되는 기본소득의 논의 결과에 따라 법안의 발의부터 입법까지 영향을 미치므로 현재 상태로는 국내 도입이 다소 불확실하다. 그러나 제1조 목적 조항을 제외하면, 보통세로서 데이터를 많이 사용하는 국내외 디지털 기업에 대한 과세로서 역할을 기대할 수 있으므로 기본소득과 관계없는 구글세로서 입법할 수 있다. 현재 데이터세 법안은 국내 데이터 산업의 발전에 미치는 악영향을 최소화하기 위해 세율을 1기가바이트 당 1,000원으로 낮게 설정하고 (-)탄력세율과 잠정세율을 두고 있어서 도입 초기에 국내 IT기업들의 부담이 낮아 산업 전반에 미치는 영향도 크지 않다는 장점이 있다. 데이터세법을 입법할 경우 구체적 방안은 아래와 같다. 데이터세의 도입과 관련하여 과세요건의 세밀한 설계 과정과 전가 가능성, 이중과세 문제, 데이터 용량 포착(측정) 방안 등은 이미 발표된 논문[129]으로 대체하기로 한다.

데이터세법(안)

〈중략〉

제3조(과세대상과 세율) ① 데이터세를 부과할 물품(이하 "과세물품"이라 한다)과 그 세율은 다음과 같다.

---

128 국회기본소득 연구포럼, 『기본소득 재원 마련을 위한 데이터세법 토론회』, 2021, 25, 86면.

129 김신언, "디지털경제의 세원(稅源), 데이터", 「세무와 회계저널」 제22권 제2호, 한국세무학회, 2021, 228~230, 235~245면.

1. 전자화된 영상파일에 담겨있는 데이터: 용량 1기가바이트 당 300원

2. 제1호에 해당하지 아니하는 파일에 담겨 있는 데이터: 용량 1기가바이트 당 1,000원

② 제1항에 따른 데이터의 용량은 데이터가 담겨 있는 파일의 용량으로 측정한다.

③ 과세물품의 세목과 종류는 대통령령으로 정한다.

④ 과세물품의 판정은 명칭이 무엇이든 상관없이 그 물품의 형태·용도·성질이나 그 밖의 중요한 특성에 의한다.

⑤ 동일한 과세물품이 제1항제1호 및 제2호에 모두 해당하는 경우에는 그 과세물품의 특성에 맞는 물품으로 취급하되 그 특성이 명확하지 아니한 경우에는 주된 용도로 사용되는 물품으로 취급하고, 주된 용도가 명확하지 아니한 경우에는 높은 세율이 적용되는 물품으로 취급한다.

⑥ 과세물품을 대통령령으로 정하는 사유로 가공하여 용량에 변화가 있는 경우에는 그 변화의 전후 용량을 비교하여 큰 용량을 기준으로 과세한다.

⑦ 제4항 및 제5항에서 규정한 사항 외에 과세물품의 판정에 필요한 사항은 대통령령으로 정한다.

제4조(탄력세율 및 잠정세율) ① 제3조에 따른 세율은 데이터산업 활성화 및 중소기업 육성 등에 탄력적으로 대응하기 위하여 그 세율의 100분의 30의 범위에서 대통령령으로 감액 조정할 수 있다.

② 제6조의 납세의무자 중 기술개발을 선도하거나 마이데이터

(MyData) 산업 또는 중소기업 육성에 필요하여 대통령령으로 정하는 기업에 대해서는 다음 각 호의 세율을 적용한다.

1. 대통령령으로 정하는 날부터 4년간: 제3조제1항의 세율(이하 이 조에서 "기본세율"이라 한다)의 100분의 10

2. 제1호에 따른 기간이 지난 날부터 1년간: 기본세율의 100분의 40

3. 제2호에 따른 기간이 지난 날부터 1년간: 기본세율의 100분의 70

③ 제2항에 따른 세율은 대통령령으로 정하는 바에 따라 그 적용을 단축 또는 중지하거나 기본세율의 범위에서 인상할 수 있다.

④ 제2항과 제3항에 따른 세율은 기본세율 및 제1항의 세율에 우선하여 적용한다.

제5조(비과세) 다음 각 호의 어느 하나에 해당하는 데이터에 대해서는 데이터세를 부과하지 아니한다.

1. 검색포털 등을 통하여 데이터를 검색하고 유상 또는 무상으로 다운로드한 데이터. 다만, 알고리즘, 인공지능 등 그 명칭에 상관없이 데이터 수집을 위한 기계장치 등에 의하여 대통령령으로 정하는 대용량의 파일을 다운로드한 경우와 다운로드한 데이터를 가공 또는 반출하거나 사업에 사용하는 경우에 해당하는 데이터는 제외한다.

2. 전자우편 등을 통하여 무상으로 파일을 주고받는 등 대통령령으로 정하는 행위에 따라 전송되는 데이터. 다만, 타인에게 가공을 의뢰하거나, 사업에 사용할 목적으로 전송하는 데이터는 제외한다.

3. 자신의 저장장치에 보관하던 과세물품을 자신 또는 타인의 저장장치에 대통령령으로 정하는 바에 따라 업로드하는 데이터

4. 법률이나 정부 또는 지방자치단체의 명령에 따라 전송하는 데이터

5. 정보주체가 자신의 의지에 따라 개인정보를 전송하는 등 대통령령으로 정하는 사유에 해당하는 데이터

6. 정보주체 자신이 직접 생산하는 데이터. 다만, 해외에 영리를 목적으로 반출하는 데이터는 제외한다.

제6조(납세의무자) 다음 각 호의 어느 하나에 해당하는 자는 이 법에 따라 데이터세를 납부할 의무가 있다.

1. 과세물품을 수집하는 자

2. 과세물품을 가공하는 자

3. 과세물품을 반출하는 자(과세물품을 국외로 반출하는 자를 포함한다)

4. 과세물품의 수집, 가공, 반출 등을 위탁하는 자, 수탁자, 재위탁자 및 재수탁자

제7조(과세 시기) 데이터세는 데이터를 수집, 가공 또는 반출할 때에 부과한다.

제8조(가공으로 보는 경우) 다음 각 호의 어느 하나에 해당하는 경우에는 해당 과세물품을 가공하는 것으로 본다.

1. 과세물품을 인공지능의 학습에 사용하는 경우

2. 제20조제1항에 따라 수집된 데이터를 회원관리 목적이 아닌

광고 등 대통령령으로 정하는 목적으로 사용하는 경우

3. 과세물품을 대통령령으로 정하는 바에 따라 사업에 사용하는 경우

제9조(반출로 보는 경우) 다음 각 호의 어느 하나에 해당하는 경우에는 과세물품을 반출하는 것으로 본다.

1. 자신의 저장장치에서 타인의 저장장치로 데이터를 이전하지는 아니하였으나, 타인이 해당 데이터를 사실상 사용할 수 있도록 권한을 부여한 경우

2. 과세물품의 수집자의 저장장치에 있다가 공매(公賣)·경매 또는 파산절차로 환가(換價)되는 경우

3. 과세물품의 가공 및 사용을 사실상 폐지한 경우에 저장장치에 남아있는 경우로서 대통령령으로 정하는 사유에 해당하는 경우

제10조(과세표준) ① 데이터세의 과세표준은 다음 각 호에 따른다.

1. 과세물품을 수집, 가공 또는 반출할 때의 그 용량

2. 과세물품을 가공하여 용량이 변경되는 경우에는 가공이 완료된 이후의 용량과 이전의 용량 중 큰 것

② 납세의무자가 1개월(매월 1일부터 말일까지의 기간을 말한다) 동안 수집, 가공 또는 반출한 과세물품의 총량이 1기가바이트 미만인 경우에는 이를 과세표준에 산입하지 아니하고, 1기가바이트 이상인 경우 소수점 이하는 버린다.

〈중략〉

제17조(미납세반출) ① 다음 각 호의 어느 하나에 해당하는 데이터의 반출에 대해서는 대통령령으로 정하는 바에 따라 관할 세무서장의 승인을 받은 경우에는 데이터세를 징수하지 아니한다.

1. 법률로 정하는 바에 따라 정보주체가 요구하는 경우에 해당 정보주체와 관련된 데이터를 반출하는 것

2. 법률상 의무 등 대통령령으로 정하는 사유에 따라 비식별 조치를 하기 위하여 데이터를 다른 저장장치로 반출하는 것

3. 제2호에 따른 비식별 조치를 한 데이터를 의뢰인에게 반환하거나 지정한 저장장치로 다시 반출하는 것(반환 또는 반출하는 자가 반환 또는 반출 후 자신의 저장장치에서 해당 데이터를 삭제하는 경우로 한정한다)

4. 데이터세의 보전이나 그밖에 단속에 지장이 없다고 인정되는 것으로서 대통령령으로 정하는 것

② 제1항에 따라 데이터를 반출한 경우로서 정보주체의 요구에 따라 반출한 사실, 비식별조치를 하기 위하여 반출한 사실, 자신의 저장장치에서 삭제한 사실 등을 대통령령으로 정하는 바에 따라 증명하지 아니한 것에 대해서는 반출자로부터 데이터세를 징수한다.

③ 제1항제1호·제2호 및 제4호의 경우에는 반입자를 수집자로 보지 아니한다.

④ 제1항 제3호의 경우에는 반입자를 가공한 자로 본다.

⑤ 제1항을 적용받아 데이터를 미납세반출하는 자는 제25조에 따른 기록장치에 의하여 그 반출사실을 기록하고 보관하여야 하며, 제11조에 따른 신고를 할 때 관할 세무서장에게 신고하여야 한다.

〈중략〉

제20조(조건부 면세) ① 다음 각 호의 어느 하나에 해당하는 데이터에 대하여 대통령령으로 정하는 바에 따라 관할 세무서장의 승인을 얻은 경우에는 데이터세를 면제한다.

1. 「부가가치세법」 제8조 및 제53조의2에 따른 사업자 등록을 한 사업자가 상품의 판매와 결제, 배송, 환급 등 회원관리 목적으로 회원가입 등의 절차를 통하여 수집 및 보관하는 고객의 식별정보

2. 제1호에 따라 수집한 후 고객정보 보호를 위하여 다른 법률에서 정하는 바에 따라 비식별 조치를 한 데이터

② 제1항의 데이터로서 제25조에 따른 기록장치에 의하여 증명되지 아니한 것에 대해서는 수집자 및 비식별 조치를 한 자로부터 데이터세를 징수한다.

③ 제1항의 데이터를 수집자가 광고성 정보 제공 등 마케팅 목적으로 가공한 사실이 확인된 경우에는 대통령령으로 정하는 바에 따라 수집자로부터 데이터세를 징수한다.

④ 제1항에 따라 데이터세를 면제받아 수집 또는 비식별 조치를 한 자는 수집 또는 비식별 조치를 한 날이 속하는 달의 다음 달 15일까지 그 사실을 관할 세무서장에게 신고하여야 한다.

제21조(무조건 면세) 다음 각 호의 어느 하나에 해당하는 데이터에 대해서는 대통령령으로 정하는 바에 따라 데이터세를 면제한다.

1. 정부가 「공공데이터의 제공 및 이용 활성화에 관한 법률」 제21조에 따라 공공데이터 포털을 통하여 제공하는 공공데이터

2. 국가 또는 지방자치단체가 직접 수집·보관·가공·반출하는 데이터

3. 군사상 목적으로 수집되는 데이터 또는 그 데이터를 이용하여 가공하는 군수용 데이터

4. 조약 또는 상호주의에 따라 데이터의 이동과 관련하여 과세하지 아니하도록 규정한 데이터

제22조(세액의 공제와 환급) ① 이미 데이터세가 납부되었거나 납부될 과세물품을 수집, 가공 또는 반출하는 경우 해당 과세물품에 대한 데이터세를 납부 또는 징수함에 있어서는 이미 납부되었거나 납부할 세액을 대통령령으로 정하는 바에 따라 납부 또는 징수할 세액에서 공제한다.

② 이미 데이터세가 납부되었거나 납부될 과세물품이 다음 각 호의 어느 하나에 해당하는 경우에는 대통령령으로 정하는 바에 따라 이미 납부한 세액을 환급한다. 이 경우 납부 또는 징수할 세액이 있으면 이를 공제한다.

1. 수집 단계에서 데이터세가 과세된 과세물품을 가공한 과세물품이 데이터세가 면제되는 경우

2. 「신용정보의 이용 및 보호에 관한 법률」 제2조제9호의2에 따른 본인신용정보관리업(마이데이터사업을 말한다)을 통하여 데이터를 수집한 경우

③ 제1항과 제2항에 따른 세액공제와 환급을 받기 위해서는 제25조에 따른 기록장치를 갖추고 해당 과세물품에 대한 공제 또는 환급 사유가 발생한 날이 속하는 달의 다음 달 15일까지 공제 또는

환급 사유가 발생한 사실을 관할 세무서장에게 신고하여야 한다.

④ 제17조제2항 및 제20조제2항에 따라 데이터세를 납부하거나 면세를 받은 데이터의 용도를 변경하는 등의 사유로 데이터세를 신고·납부하는 경우에는 그 데이터에 대하여 납부되었거나 납부될 세액을 공제하거나 환급하지 아니한다.

⑤ 제1항과 제2항에 따른 공제 또는 환급을 받으려는 자는 해당 사유가 발생한 날부터 6개월이 지난 날이 속하는 달의 말일까지 대통령령으로 정하는 서류를 제11조에 따른 신고를 할 때 관할 세무서장에게 제출하여야 한다.

⑥ 데이터세가 납부되었거나 납부될 과세물품에 대하여 부과하였거나 부과할 가산세는 공제하거나 환급하지 아니한다.

⑦ 제1항에 따른 공제를 할 때 이미 납부되었거나 납부할 세액이 납부 또는 징수할 세액을 초과하는 경우에는 그 초과 부분의 세액은 공제하지 아니한다.

〈중략〉

제25조(기록장치의 설치 및 장부기록의 의무) ① 과세물품을 수집하거나 보관, 가공 또는 반출하려는 자는 대통령령으로 정하는 바에 따라 저장장치별로 정보전송에 사용되는 물리적 매체의 유형, 승인된 발신자 및 수신자, 정보전송 일시, 물리적 매체 수 및 물리적 매체의 반입·반출 사실을 기록하는 장치를 설치하여야 한다.

② 제1항에 따라 기록장치를 설치한 자는 관할 세무서장에게 설치 완료 신고를 하여야 하며, 기록장치의 변경과 기록된 자료의

삭제 등 대통령령으로 정하는 행위를 할 때에는 그 행위를 하기 7일 전까지 이를 신고하여 승인을 받아야 한다.

③ 제1항에 따라 기록장치를 설치한 자는 대통령령으로 정하는 사항을 별도의 장부에 기록하고 비치하여야 한다. 다만, 대통령령으로 정하는 바에 따라 해당 감사(監査) 테이프를 보관하는 경우에는 장부를 기록·비치한 것으로 본다.

④ 제1항에 따른 의무가 있는 자는 관할 지방국세청장 또는 관할 세무서장의 요구가 있는 경우 반입 및 반출, 자료 삭제에 관한 정보를 즉시 제공하여야 한다.

〈중략〉

제27조(명령 사항 등) ① 관할 지방국세청장 또는 관할 세무서장은 데이터세의 납세 보전을 위하여 필요하다고 인정하면 대통령령으로 정하는 바에 따라 제6조의 납세의무자에게 세금계산서 발행, 현금영수증 발행, 그밖에 단속을 위하여 필요한 사항에 관한 명령을 할 수 있다.

② 관할 지방국세청장 또는 관할 세무서장은 데이터세의 납세보전을 위하여 필요하다고 인정하면 제17조제1항 또는 제20조에 따른 데이터를 반출하는 경우에는 해당 데이터의 구분·보관, 과세자료 제출, 그밖에 단속을 위하여 필요한 사항에 관한 명령을 할 수 있다.

제28조(질문검사권) ① 세무공무원은 데이터세에 관한 조사를 위

하여 필요하다고 인정하면 납세의무자에 대하여 다음 각 호의 사항에 관하여 질문을 하거나 제25조에 따른 기록장치, 장부 및 그 밖의 사항을 검사할 수 있다.

1. 과세물품 또는 이를 사용한 서비스 또는 제품으로서 과세물품의 수집자 또는 가공자가 보관하거나 통제하는 것

2. 과세물품 또는 이를 사용한 서비스 또는 제품의 수집·저장, 가공 또는 반출에 관한 기록

3. 과세물품 또는 이를 사용한 제품을 수집·저장, 가공 또는 반출하기 위하여 필요한 건축물·기계·기구·장치나 그 밖의 물건

② 세무공무원은 과세물품과 이를 사용한 제품의 출처 또는 도착지를 질문할 수 있다. 이 경우 단속을 위하여 필요하다고 인정하면 세무공무원은 가공행위를 정지시키거나 그 밖에 필요한 조치를 할 수 있다.

③ 세무공무원이 제1항 또는 제2항에 따라 질문·검사하거나 그 밖의 필요한 조치를 할 때에는 그 권한을 표시하는 증표를 지니고 관계인에게 보여주어야 한다.

제29조(영업정지 및 허가취소의 요구) ① 다음 각 호의 어느 하나에 해당하는 경우에는 관할 세무서장은 대통령령으로 정하는 바에 따라 관할 지방국세청장을 거쳐 해당 사업에 관한 영업정지나 허가취소를 그 영업의 허가관청에 요구할 수 있다.

1. 영업에 관하여 「조세범 처벌법」 또는 「조세범 처벌절차법」에 따른 처벌이나 처분을 받은 경우

2. 최근 1년 이내에 데이터세의 전부 또는 일부를 3회 이상 신

고·납부하지 아니한 경우

3. 과세물품의 반출자가 제12조제2항에 따른 납세담보를 제공하지 아니한 경우

4. 제25조에 따른 기록장치를 갖추지 아니하거나 무단으로 기록장치를 변경하는 등 납세보전에 영향을 미치는 행위를 하는 경우

② 제1항의 요구를 받은 허가관청은 정당한 사유가 없으면 요구에 따라 영업정지나 허가취소를 하여야 한다.

〈중략〉

제31조(과태료) ① 관할 세무서장은 제27조제2항에 따라 요구한 과세자료를 제출하지 아니한 자에 대하여 7천만 원 이하의 과태료를 부과·징수한다.

② 관할 세무서장은 제25조에 따른 기록장치를 갖추지 아니하거나 같은 조에 따른 장부기록을 하지 아니한 자에 대하여 5천만 원 이하의 과태료를 부과·징수한다.

부   칙

제1조(시행일) 이 법은 202 년 1월 1일부터 시행한다.

제2조(일반적 적용례) 이 법은 이 법 시행 후 수집, 가공하거나 반출하는 과세물품부터 적용한다.

| 참고문헌 |

강남훈. 2016. "인공지능과 기본소득의 권리- 마르크스의 지대이론과 새플리 가치관점에서". 『마르크스주의 연구』 제13권 제4호. 경상대학교 사회과학연구원.

강형구·전성민. 2018. "국내 전자상거래의 규제 및 글로벌 경쟁 이슈: 시장 지배력, 데이터 주권, 아마존 효과를 중심으로". 『법경제학연구』 제15권 제3호. 한국법경제학회.

국회기본소득 연구포럼. 2021. 『기본소득 재원 마련을 위한 데이터세법 토론회』.

기획재정부. 2021. 12. 20. "디지털세 필라2 모델규정 공개- 글로벌 최저한세 도입을 위한 입법 지침 합의". 보도참고자료.

김송옥. 2019. "유럽연합 GDPR의 동의제도 분석 및 우리 개인정보보호 법제에 주는 시사점". 『아주법학』 제13권 제3호. 아주대학교 법학연구소.

김신언. 2020. "기본소득 재원으로서 데이터세 도입방안". 『세무와 회계연구』 제9권 제4호. 한국조세연구소.

_____. 2021. "디지털경제의 세원(稅源), 데이터". 『세무와 회계저널』 제22권 제2호. 한국세무학회.

_____. 2021. "디지털세의 최근 입법동향과 우리나라 세제개편 방안". 『조세법연구』 제27권 제2호.

_____. 2021. 1. 21. "최근 디지털세제의 동향과 분석". 『제4회 한국세무포럼 발표자료』. 한국세무사회.

김신언·구성권. 2021. "데이터소유권과 현지화에 관한 연구". 『서울법학』 제29권 제2호. 서울시립대학교 법학연구소.

김용담. 2011. 『민법-물권법』. 한국사법행정학회.

김창수. 1992. "정보의 국제적 유통에 관련된 문제들". 『논문집』 제1호. 광주대학교 민족문화예술연구소.

김현경. 2017. "국내·외 플랫폼 사업자 공평규제를 위한 제언". 『성균관법학』 제29권 제3호. 성균관대학교 법학연구원.

류병윤. 2020. "개인 데이터의 보호 대(對) 자유로운 국제이동: 국제법의 현재와 미래". 『IT와 법 연구』 제21집. 경북대학교 IT와 법연구소.

목광수. 2020. "빅데이터의 소유권과 분배 정의론 – 기본소득을 중심으로". 『철학·사상·문화』. 동국대학교 동서사상연구소.

박상철. 2018. "데이터 소유권 개념을 통한 정보보호법제의 재구성". 『법경제학연구』 제15권 제2호. 한국법경제학회.

박주석. 2018. "빅데이터, 오픈데이터, 마이데이터의 비교 연구". 『한국빅데이터학회지』 제3권 제1호. 한국빅데이터학회.

배영임·신혜리. 2020. "데이터 3법, 데이터경제의 시작". 『이슈&진단』 No 405. 경기연구원.

(사)한국지식재산학회. 2019. 『데이터거래 가이드라인』. 한국데이터산업진흥원.

산업통상자원부. 2020. 10. 28. "미래차, 가전·전자 등 6대 산업 분야 '연대와 협력'으로 산업 디지털 전환(DX) 앞장서다". 보도자료.

우창완·김규리. 2020. 『(EU 정책분석 보고서) 데이터 주권과 데이터 국경』. 한국정보화진흥원.

윤수영. 2018. "4차 산업혁명 시대의 소비자 데이터 주권에 대한 고찰– EU GDPR을 중심으로". 『소비자학 연구』 제29권 제5호. 한국소비자학회.

이동진. 2018. "데이터 소유권, 개념과 그 실익". 『정보법학』 제22권 제33호. 한국정보법학회.

이민영. 2018. "정보통신서비스 제공자에 대한 법적 고찰". 『성균관법학』. 성균관대학교 법학연구원.

이상용. 2018. "데이터 거래의 법적 기초". 『법조』 제67권 제2호. 법조협회.

이상윤. 2020. "유럽연합 디지털 정책의 동향과 전망: 유럽의 미래, 유럽 데이터 전략, 인공지능 백서의 주요 내용과 의의". 『고려법학』 제97호.

고려대학교 법학연구원.

이흔재. 2016. "인터넷서비스 제공자와 공정이용 – 구글의 사례를 중심으로". 『동북아법연구』 제10권 제2호. 전북대학교 동북아법연구소.

임승순. 2020. 『조세법』. 박영사.

정상조·권영준. 2009. "개인정보의 보호와 민사적 구제수단". 『법조』 제58권 제3호(통권 630호). 법조협회.

중소기업기술정보진흥원. 2020. "데이터 3법 개정이 국내 산업에 미치는 영향". 『이슈 리포트』 Vol 2.

차상육. 2019. "세이프하버협정 무효판결 이후 EU 일반개인정보 보호 규정의 내용과 우리 개인정보보호 법제상 시사점- 개인정보의 국외 이전에 관한 비교법적 연구를 중심으로". 『법학논총』 제36권 제1호. 한양대학교 법학연구소.

최경진. 2019. "데이터와 사법상의 권리, 그리고 데이터소유권". 『정보법학』 제23권 제1호. 한국정보법학회.

한국데이터산업진흥원. 2019. 『2019 데이터산업 백서』.

한국데이터산업진흥원. 2019. 『마이데이터 서비스 안내서(웹용)』.

KOSTEC(한중과학기술협력센터). 2018. "중국의 빅데이터 지원 정책과 동향". 『Issue Report 2018』. vol 3. 한중과학기술협력센터.

Kristina Irion·권헌영(역). 2018. "개인정보의 국경 간 이전에 관한 EU 법률의 이해-글로벌 환경과의 조화- EU Law on Cross : Border Flows of Personal Data in a Global Perspective". 『경제규제와 법』 제11권 제2호. 서울대학교 법학연구소.

Cristian Óliver Lucas-Mas and Raúl Félix Junquera-Varela. 2021. *Tax Theory Applied to the Digital Economy: A Proposal for a Digital Data Tax and a Global Internet Tax Agency*. World Bank Group.

Christopher Kuner. 2017. *Reality and Illusion in EU Data Transfer*

Regulation Post Schrem. 18 German Law Journal.

Court of Justice of the European Union. 2015. PRESS RELEASE No 117/15. Luxembourg. *The Court of Justice declares that the Commission's US Safe Harbour Decision is invalid*. 6 October. 2015.

European Commission. 2020 *A European Strategy for Data*. COM(2020) 66 final.

European Commission. 2020. *Shaping Europe's Digital Future*. COM(2020) 67 final. Brussels. 19 Feb 2020.

Ewin Chemerinsky. 2016. *Constitutional law*. 4th Edition. Wolsters Kluwer.

Max Cash, Robert Schuman Scholar. 1999. *Electronic Commerce and Tax base erosion*. Economic Affairs Series ECON 108 EN. European Parliament.

OECD. 2014. *Addressing the Tax Challenges of the Digital Economy Action 1 : 2014 Deliverable*.

OECD. 2019. *Public consultation document Secretariat Proposal for a "Unified Approach" under Pillar One*.

Ruth Boardman, Arian Mole. 2020. *Guide to the General Data Protection Regulation*, Bird & Bird. May 2020.

British Horseracing Board v. William Hill Organization Ltd C-203/02

Google Spain SL and Google Inc. v AEPD and Mario Costeja González

Feist Publications v. *Rural Telephone Service*, 499 U.S. 340

Gonzales v. Raich. 545 U.S. 1

Houston, East and West Texas Ry. co. v. United States. 234 U.S.342

디지털시대의
해외 정책에 대한 이해

제4장 국내 데이터 3법과
EU GDPR의 비교 및 개선 방안

장준영 법무법인(유한) 세종 파트너변호사

이지은 법무법인(유한) 세종 선임연구원, 언론학 박사

1. 데이터 3법의 개정 관련 논의와
EU GDPR과의 비교

(1) 데이터 3법의 개정 추진 배경 및 경과

우리나라의 「개인정보 보호법」 제정 논의는 2003년 8월 정부혁신지방분권위원회의 전자정부 로드맵 31대 과제 중 하나로 선정되면서 시작되었다(정부혁신지방분권위원회, 2003. 8. 14.). 많은 논란 끝에 「개인정보 보호법」은 2011년 3월 29일 제정, 2011년 9월 30일 전면 시행되었고, 이는 개인정보 보호 입법의 가장 중요한 기점으로 평가된다. 정보사회의 고도화 및 개인정보의 경제적 가치 증대로 활용 범위가 점차 증가하면서 대규모 개인정보 침해 사례가 끊임없이 발생함에 따라 영역별로 상이한 법체계[1]로 인한 개인정보 보호의 사각지대 발생, 여러 법령에서의 중복 적용에 따른 수범자 혼란 등의 부작용 해소를 위한 법 제정의 거센 요구가 뚜렷한 성과를 거두었다고 할 수 있다.

당시 행정안전부는 「개인정보 보호법」 제정을 통해 모든 공공기관 및 사업자를 규율 대상으로 확대하고, 개별법 간 상이하게 규율되어 오던 개인정보 수집 및 이용, 처리, 파기 단계별로 공통된 보호 기준 및 원칙을 적용함으로써 법 적용의 사각지대를 해소할 수 있을 것으로 기대했다(행정안전부, 2011. 3. 29.). 국가사회 전반을 규율하는 개인정보 보호원칙과 개인정보 처리 기준을 마련함으로써 개인정보 침해로 인한 국민의 피해 구제 및 개인정보에 대한 권리와 이익을 보장할 수 있을 것으로 판단한 것이다(행정안전위원회, 2010). 이러한 목적에 따른 개인정보 보호 법체계 일원화로 공공기관의 「개인정보보호에 관한 법률」 전부와 「정보통신망 이용촉진 및 정보보호 등에 관한 법률」(이하 '정보통신망법')의 일부 조항(제33조~제40조, 제66조제1호 및 제67조)은 흡수 폐지되었다.

〈표 4-1〉「개인정보 보호법」(2011년 9월 30일 시행) 주요 내용

구분	주요 내용
제1장 총칙	법률의 목적, 용어의 정의 (적용범위) 개인정보보호원칙, 정보주체의 권리, 다른 법률과의 관계
제2장 개인정보보호정책의 수립 등	개인정보보호위원회 구성, 기능 등 개인정보보호 기본계획 및 시행계획의 수립 실태조사, 개인정보보호지침, 자율규제의 촉진시책, 국제협력

---

1 당시 개인정보 보호와 관련하여 공공 영역은 공공기관의 개인정보보호에 관한 법률, 전자정부법, 주민등록법, 민원사무의 처리에 관한 법률, 국가공무원법, 공직자윤리법, 형법 등에 따라 규율되었다. 민간 영역은 정보통신망 이용촉진 및 정보보호 등에 관한 법률, 신용정보 이용 및 보호에 관한 법률, 금융실명제법, 의료법, 보건의료기본법, 전기통신사업법, 전파법, 전자거래기본법 등에 따라 규율되었다(김일환, 2011).

구분	주요 내용
제3장 개인정보의 처리	〈제1절〉 개인정보의 수집, 이용, 제공 등 개인정보 수집·이용기준, 제공기준 및 수집 제한, 목적외 이용·제공 제한, 개인정보의 파기, 동의받는 방법 〈제2절〉 개인정보의 처리 제한 민감정보와 고유식별정보 처리 제한, 영상정보처리기기 제한, 업무위탁에 따른 개인정보 처리 제한, 영업양도 등 이전 제한
제4장 개인정보의 안전한 관리	안전조치의무, 개인정보처리방침 공개, 보호책임자 지정 개인정보파일 등록 및 공개, 개인정보영향평가, 유출 통지
제5장 정보주체의 권리 보장	개인정보의 열람요구권, 정정·삭제요구권, 처리정지요구권 권리행사방법 및 절차, 손해배상책임
제6장 개인정보분쟁 조정위원회	설치·구성, 위원 신분보장, 제척·기피·회피 조정신청, 처리기간, 자료요청, 조정 전 합의, 분쟁조정, 조정 거부 및 중지, 집단분쟁조정 등
제7장 개인정보 단체소송	소송대상, 전속관할, 대리인선임, 소송허가요건, 확정판결 효력 등
제8장 보칙	적용의 일부 제외, 금지행위, 비밀유지의무 의견제시, 개선권고, 침해사실 신고, 자료제출요구 및 검사, 시정조치, 고발 및 징계권고, 결과공표, 권한위임·위탁 등
제9장 벌칙	벌칙, 과태료 및 양벌 규정
부칙	시행일, 다른 법률의 폐지, 경과조치, 다른 법률의 개정 등

출처 : 행정안전부 (2011.3.29). 개인정보보호 2.0 시대의 개막 "개인정보 보호법 제정·공포".
보도자료, 5쪽.

「개인정보 보호법」 제정에도 불구하고 이동통신사나 금융회사를 중심으로 대규모 개인정보 유출 사고가 지속 발생함에 따라 여러 차례의 「개인정보 보호법」 개정이 이루어졌다. 2013년 8월에는 주민등록번호 등 고유식별정보 처리의 기준을 강화하고 고유식별정보의 분실·도난·유출·변조·훼손을 방지하기 위한 안전성 확보 조치를 명시한 개인정보 보호법 일부개정법률안(법률 제11990호, 2013. 8. 6. 개정)이 통과되었다. 그 이후에도 개인정보 처리자의 주민등록번호 암호화를 의무화하는 내용의 개인정보 보호법 일부개정법률안(법률 제12504호, 2014. 3. 24. 개정), 징벌적 손해배상제 및 법정손해배상제를 도입하고 개인정보 불법 유통에 대한 제재를 강화한 개인정보 보호법 일부개정법률안(법률 제13423호, 2015. 7. 24. 개정), 고유식별정보와 민감정보 처리 시 안전성 확보 조치를 강화하는 개인정보 보호법 일부개정법률안(법률 제14107호, 2016. 3. 29. 개정), 동의 내용에 대해 명확하고 쉽게 표시하도록 명시한 개인정보 보호법 일부개정법률안(법률 제14765호, 2017.4.18. 개정) 등이 뒤따라 통과되었다.

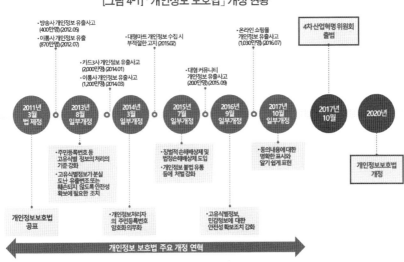

[그림 4-1] 「개인정보 보호법」 개정 현황

출처 : 개인정보보호위원회·한국인터넷진흥원 (2019). 개인정보 보호의 의미와 법 주요 개정 사항, 13쪽.

한편, 4차 산업혁명 시대의 도래, 데이터 경제로의 전환 등으로 고부가가치 자원인 데이터 활용의 중요성이 주목받기 시작하면서 개인정보의 안전한 활용을 위한 개인정보 보호법제 전면 재정비에 대한 필요성이 다시금 제기되었다. 이에 정부는 데이터를 중심으로 한 경제사회 패러다임의 변화에 긴밀하게 대응하고자 2017년 대통령 직속 4차산업혁명위원회를 구성하였고, 2018년 2월, 4월 두 차례에 걸쳐 해커톤(Hackathon) 자유토론을 실시하였다. 해커톤에서는 데이터 활용과 개인정보 보호의 균형·조화를 위한 개인정보 관련 법체계 정비 방안이 논의되었는데, 주요 논의 내용은 〈표 4-2〉와 같다(4차산업혁명위원회, 2018. 2. 5., 2018. 4. 6.).

〈표 4-2〉 4차산업혁명위원회 3차 규제·제도혁신 해커톤 주요 논의 내용

- 가명정보의 활용 목적과 범위
- 공익을 위한 기록 보존의 목적, [학술 연구/학술 및 연구] 목적, 통계 목적을 위하여 당초 수집 목적 외의 용도로 이용하거나 제3자에게 제공할 수 있음
- 가명처리를 포함한 기술적, 관리적 조치 등 안전조치를 적용해야 함
- [학술 연구/학술 및 연구] 목적에는 산업적 목적이, 통계 목적에는 상업적 목적이 포함될 수 있음
- 가명처리 여부 등을 고려하여 최초 수집 목적과 양립되는 추가적인 개인정보 처리를 위한 제도 마련

- 익명처리의 절차, 기준, 평가 등
- 익명처리의 적정성 평가를 위한 절차와 기준을 마련할 수 있음
- 적정성 평가를 위해 신뢰할 수 있는 제3의 기관이나 전문가를 활용할 수 있음

- 데이터 결합
- 데이터 결합의 법적 구성방식을 구체화하고 사전적·사후적 통제 방안을 마련하도록 노력해야 함

- 개인정보 보호 체계
- 정보통신망법, 신용정보법, 위치정보법에 대해 개인정보 보호와 관련한 중복, 유사 조항에 대한 통일적 규율이 필요함
- 개인정보 보호와 활용을 위한 거버넌스 개선 방안이 마련되어야 함

출처 : 4차산업혁명위원회(2018.4.6.). 제3차 규제·제도혁신 해커톤 개최 결과. 보도자료, 3~4쪽.

이후 국회는 4차 산업혁명 특별위원회를 구성하여 2018년 5월 규제 개혁 차원에서 개인정보 보호와 활용을 위한 특별권고안을 제시하였다. 특별위원회는 엄격한 「개인정보 보호법」으로 데이터 산업 성장이 저해되고 있다는 점, 개인정보 유출에 대한 우려로 인해 익명정보의 활용이 불가능하다는 점, 2016년 개인정보 비식별조치 가이드라인의 법적 구속력이 약하다는 점 등을 지적하며 개인정보 보호와 활용에 대한 규제 개혁이 필요함을 강조하였다(정준화, 2018. 12. 13.).

특별권고의 구체적인 내용은 첫째, 개인정보를 규정하고 있는 법률 상 중복 조항 정비 및 개인정보 보호 거버넌스 논의 실시, 둘째, 비식별화된 개인정보 활용 방안 제공 및 강력한 사후 처벌 방안 마련, 셋째, 익명가공정보 활용 등 강력한 사후 규제를 전제로 한 개인정보 활용 수준 검토, 넷째, 현행 법률 상 정보주체의 동의 없이 개인정보 수집·이용 상황 구체화 등이다(국회 4차 산업혁명 특별위원회, 2019. 6.).

2018년 11월 15일 해커톤 합의 결과와 특별위원회 특별권고 사항을 반영하여 「개인정보 보호법」, 「정보통신망법」, 「신용정보의 이용 및 보호에 관한 법률」(이하 '신용정보법') 등 데이터 3법 개정안이 발의[2]되었으며, 2020년 1월 9일 국회 본회의를 통과했다. 당시 「개인정보 보호법」은 4차 산업혁명 시대에 걸맞은 데이터 기반의 신산업 육성과 양질의 일자리 창출에 기여하고, 일원화된 개인정보 보호 거버넌스를 구축하여 체계적인 정책을 마련·추진하며, EU의 GDPR 적정성 결정을 위

---

2 「개인정보 보호법」 개정안(인재근 의원 대표발의), 「정보통신망 이용 촉진 및 정보보호 등에 관한 법률」 개정안(노웅래 의원 대표발의), 「신용정보의 이용 및 보호에 관한 법률」 개정안(김병욱 의원 대표발의).

해 독립적인 감독기구를 확보하기 위해 개정되었다. 「정보통신망법」
역시 개인정보와 관련하여 타 법령과의 유사·중복 조항을 정비하고
개인정보 보호를 위한 거버넌스 개선을 목적으로 개정되었다(대한민국
정책브리핑, 2020. 3. 30).[3]

〈표 4-3〉 4차 산업혁명 특별위원회의 정책권고 및 입법권고

정책 권고	입법 권고
• 「개인정보 보호법」, 「정보통신망 이용촉진 및 정보보호 등에 관한 법률」, 「위치정보 보호 및 이용 등에 관한 법률」, 「신용정보 이용 및 보호에 관한 법률」 등 개인정보를 규정하고 있는 법률에서 중복 조항을 정비하고, 거버넌스에 대한 논의를 실시할 것 • 비식별화된 개인정보 활용 방안을 터주되 그 과정에서 고의적으로 재식별화하거나, 의도하지 않았지만 재식별되는 데 소홀했을 경우 강력한 사후 처벌 방안을 마련해 개인정보를 보호할 것 • 강력한 사후 규제를 전제로 익명가공정보도 적극 활용할 수 있도록 길을 터놓은 일본 기준을 참고해 개인정보 활용 수준을 검토할 것 • 과학기술정보통신부는 개인정보 활용에 대한 국민 불신을 안심시킬 수 있는 홍보 대책을 마련하고, 해외의 성공한 사례 중 개방적인 사례를 적극적으로 검토할 것 • 현행 법률에서 정보주체의 동의 없이 개인정보를 수집·이용할 수 있는 상황을 구체화할 것	• 「개인정보 보호법」 및 관련 법률에서 개인정보·가명정보의 개념을 보다 구체화할 것 • 가명정보 개념을 신설할 경우, 정보주체의 동의 없이 가명정보를 목적 외 이용하거나 제3자에 제공할 수 있는 상황을 구체화할 것 • 가명처리된 개인정보의 결합을 추진할 기관에 대한 근거를 가이드라인(현행)이 아닌 법률로 규정할 것 • 행정안전부 산하인 개인정보보호위원회를 독립기구로 위상을 강화해 개인정보보호 방안을 총괄하고 전향적인 정보 활용 방안을 마련할 것

출처 : 정준화 (2018.12.13). 4차 산업혁명 대응 현황과 향후 과제. 국회입법조사처, 73~74쪽.

---

3 대한민국 정책브리핑(2020. 3. 30.). 데이터 3법. URL : https://www.korea.kr/special/policyCurationView.do?newsId=148867915.

[그림 4-2] 「개인정보 보호법」 개정 논의과정

2018. 2.	제2차 규제 제도 혁신 해커톤 실시(개인정보 보호와 활용의 조화)
2018. 4.	제3차 규제 제도 혁신 해커톤 실시(데이터 활용과 개인정보 보호의 조화)
2018. 5.	'4차산업혁명 특별위원회' 특별권고 사항
2018. 11. 15.	데이터 3법 개정안 발의
2019. 11. 28	국회 정무위 법안소위 통과
2020. 3. 30	데이터3법 시행령 개정안 입법 예고
2020. 1. 9.	개인정보 보호법 개정안 포함 데이터 3법 국회 통과

출처 : 개인정보보호위원회·한국인터넷진흥원 (2019). 개인정보 보호의 의미와 법 주요 개정 사항, 16쪽.

(2) 데이터 3법의 주요 내용[4]

데이터 3법의 주요 개정 사항은 크게 개인정보 보호체계 일원화, 정「보통신망법」과의 통합에 따른 법령 일원화, 데이터 이용 활성화, 데이터 이용·제공 범위 확대 등으로 설명할 수 있다. 첫째, 개인정보 보호체계 일원화와 관련하여 데이터 3법 개정으로 개인정보보호위원회가 국무총리 소속 중앙행정기관으로 격상되었다. 기존 개인정보보호위원

---

4 개인정보보호위원회와 한국인터넷진흥원이 2019년 작성하여 공개한 '개인정보 보호의 의미와 법 주요 개정 사항'을 중심으로 작성함.

회와 행정안전부, 방송통신위원회, 금융위원회 등 각 부처별로 산재되어 있던 개인정보 보호 관련 업무를 개인정보보호위원회로 통합·이관하였다. 동시에 관계 중앙행정기관의 장에게 공동조사, 처분 등 집행권과 의견제시권, 국회·국무회의 발언권을 부여하는 등 개인정보보호위원회의 위상 및 기능을 강화하여 안전한 데이터 활용을 위한 독립된 감독체계를 구축하였다(김현경, 2020).

둘째, 개인정보 보호와 관련된 중복 규제의 논란을 해소하고자 온라인과 오프라인으로 이원화되어 적용되고 있는 「개인정보 보호법」과 「정보통신망법」을 일원화시켰다. 「정보통신망법」에 있는 유사 규정을 기존 「개인정보 보호법」 관련 규정으로 통합하고, 「정보통신망법」에만 존재하는 규정은 「개인정보 보호법」 내 특례를 신설하여 이관하였다. 「정보통신망법」상 개인정보 동의, 민감정보 및 주민등록번호 처리, 개인정보 처리 위탁, 안전조치 의무, 개인정보 보호책임자 지정, 개인정보보호 인증, 손해배상, 금지 행위 등의 규정은 삭제되었다(강달천, 2020). 구체적인 내용은 〈표 4-4〉에 제시된 바와 같다.

셋째, 데이터 이용 활성화 차원에서 개정 데이터 3법은 다른 정보와 쉽게 결합하여 개인을 알아볼 수 있는 특정 개인의 식별 가능 여부에 대한 기준(다른 정보의 입수 가능성 등)을 제시하며 개인정보 판단 기준을 구체화하였다. 이에 더해 개인 식별 여부를 기준으로 개인정보와 관련된 개념 체계를 개인정보, 가명정보, 익명정보로 구분하고, 「개인정보 보호법」 제58조의2에서 그 자체로 또는 다른 정보와 결합해서도 더 이상 개인을 알아볼 수 없는 정보인 익명정보에 대해서는 「개인정보 보호법」의 적용 대상에서 배제한다고 규정하였다.

<표 4-4> 「정보통신망법」과의 통합에 따른 법령 일원화

흡수·통합	기존 규정 개정	특례 이관
동의 받는 방법 민감 정보의 처리 개인정보 처리 위탁 영업의 양도·양수 개인정보 보호책임자 인증 열람·정정·삭제 요구 손해배상 법정 손해배상 금지 행위 고발	개인정보 제공 목적 외 이용 / 제공 제한	수집·이용 유출통지 및 신고 개인정보 유효기간제 동의철회 이용내역 통지 손해배상 보험 노출 개인정보 삭제·차단 국내대리인 국외 이전 상호주의 과징금 방송사업자 준용

출처 : 개인정보보호위원회·한국인터넷진흥원 (2019). 개인정보 보호의 의미와 법 주요 개정 사항, 23쪽.

<표 4-5> 「개인정보 보호법」 상 개인정보 개념

제2조(정의)
1. "개인정보"란 살아있는 개인에 관한 정보로서 다음 각 목의 어느 하나에 해당하는 정보를 말한다.
가. 성명, 주민등록번호 및 영상 등을 통하여 개인을 알아볼 수 있는 정보
나. 해당 정보만으로는 특정 개인을 알아볼 수 없더라도 다른 정보와 쉽게 결합하여 알아볼 수 있는 정보
다. 가목 또는 나목을 제1호의2에 따라 가명처리함으로써 원래의 상태로 복원하기 위한 추가 정보의 사용·결합 없이는 특정 개인을 알아볼 수 없는 정보(이하 "가명정보"라 한다)
1의2. "가명처리"란 개인정보의 일부를 삭제하거나 일부 또는 전부를 대체하는 등의 방법으로 추가 정보가 없이는 특정 개인을 알아볼 수 없도록 처리하는 것을 말한다.

제58조의2(적용 제외) 이 법은 시간·비용·기술 등을 합리적으로 고려할 때 다른 정보를 사용하여도 더 이상 개인을 알아볼 수 없는 정보에는 적용하지 아니한다.

넷째, 개정 「개인정보 보호법」은 기존 개인정보의 이용·제공 범위를 '수집목적 범위 내'에서 '수집목적과 합리적으로 관련된 범위 내'로 확대함으로써 개인정보 이용·제공 범위 역시 확대하였다. 개인정보 최초 수집 시 정해진 목적 등이 변경되는 경우 정보주체의 동의를 추가로 받아야 하는 번거로운 절차를 생략하고 당초 수집 목적과의 합리적으로 관련된 범위에 해당하는지 여부, 정보주체에 대한 불이익 발생 여부, 암호화 등 안전성 확보 조치 적용 여부 등을 고려하여 정보주체의 동의 없이도 개인정보의 이용·제공이 가능하도록 규정하였다. 또한 가명정보의 이용·제공 범위 역시 확대되었는데, 가명정보의 경우 정보주체의 동의 없이도 통계작성, 과학적 연구, 공익적 기록 보존 등의 목적으로 처리될 수 있도록 규정하였다. 이때 기존에는 불가능했던 산업적, 상업적 목적의 개인정보 이용을 포함시켜 과학적 연구에는 신기술·제품·서비스 개발 등의 산업적 목적을, 통계작성에는 시장조사나 상업 목적의 통계작성을 포함시켰다.

(3) EU GDPR과의 비교

유럽 GDPR(General Data Protection Regulation) 역시 가명처리(Pseudonymisation)를 명시하고 있으나, 이는 국내 개정 「개인정보 보호법」과 비교했을 때 규정상 취지 및 내용이 상이하다. 국내 「개인정보 보호법」은 데이터 이용 활성화를 위해 개인정보 최초 수집 목적과는 다른 목적을 위한 개인정보 처리에 더 많은 재량을 부여하는 차원에서 가명정보 개념을 도입하였다. 하지만 GDPR은 가명처리를 개인정보 처리 시 정보주체에게 미칠 수 있는 위험을 감소시키고 컨트롤러(controller)와 프로세서(processor)의 의무를 충족시키는 보호조치 중 하나로 간주한다. 이에 따라 GDPR 제25조(Data protection by design and default)는 개인정보 관리 방법을 결정한 시점 및 처리가 이루어지는 시점에 가명처리 등의 기술 및 관리적 안전 조치를 취하도록 규정[5]하고 있고, 전문 제29항은 일반적인 개인정보 분석을 허용하면서도 특정 정보주체의 개인정보와 연결되는 추가 정보를 별도 보관할 수 있는 기술적·관리적 조치를 취할 때 가명처리를 통한 인센티브를 고려할 수 있다고 명시[6]하고 있다.

또한 국내 개정 「개인정보 보호법」이 산업, 상업 목적의 과학적 연구나 통계작성 시 가명처리된 개인정보를 활용할 수 있도록 명시하고 있는 것과 달리 GDPR의 전문 제50항[7] 및 제156항은 공익을 위한 기

---

5 GDPR Article 25 Data protection by design and by default 1. Taking into account the state of the art, the cost of implementation and the nature, scope, context and purposes of processing as well as the risks of varying likelihood and severity for rights and freedoms of natural persons posed by the processing, the controller shall, both at the time of the determination of the means for processing and at the time of the processing itself, implement appropriate technical and organisational measures, such as pseudonymisation, which are designed to implement data-protection principles, such as data minimisation, in an effective manner and to integrate the necessary safeguards into the processing in order to meet the requirements of this Regulation and protect the rights of data subjects.

6 Recital 29 Pseudonymisation at the Same Controller In order to create incentives to apply pseudonymisation when processing personal data, measures of pseudonymisation should, whilst allowing general analysis, be possible within the same controller when that controller has taken technical and organisational measures necessary to ensure, for the processing concerned, that this Regulation is implemented, and that additional information for attributing the personal data to a specific data subject is kept separately. The controller processing the personal data should indicate the authorised persons within the same controller.

록 보존의 목적, 과학이나 역사적 연구의 목적, 또는 통계 목적인 경우의 정보처리는 당초 목적과 양립 가능성이 있는 것으로 본다. GDPR 제6조 제4항에 개인정보의 목적 외 처리가 당초 수집 목적과 양립되는지 여부를 판단할 수 있는 기준 등 양립 가능성 관련 규정이 명시되어 있다. 또한 WP29(Article 29 Data Protection Working Party)(2013.4.2)의 목적 제한에 대한 의견(Opinion 03/2013 on purpose limitation)은 양립 가능성(Assessment of compatibility)에 대한 판단 기준을 제시하고 있다.

마지막으로 데이터 결합에 대한 명시적인 법적 근거가 부재하다는 비판에 따라 가명정보의 처리에 관한 특례를 신설하여 가명정보의 데이터 결합을 위한 법적 근거가 마련되었다. 개정 「개인정보 보호법」은 서로 다른 개인정보 처리자 간 가명정보 결합의 경우 보호위원회 또는 관계 중앙행정기관 등이 지정한 보안시설을 갖춘 전문기관 내에서 수행하도록 명시하고 있다(개인정보 보호법 제28조의3 제1항). 이때 결합 전

---

7 Recital 50 Further Processing of Personal Data The processing of personal data for purposes other than those for which the personal data were initially collected should be allowed only where the processing is compatible with the purposes for which the personal data were initially collected. In such a case, no legal basis separate from that which allowed the collection of the personal data is required. (⋯) In order to ascertain whether a purpose of further processing is compatible with the purpose for which the personal data are initially collected, the controller, after having met all the requirements for the lawfulness of the original processing, should take into account, inter alia: any link between those purposes and the purposes of the intended further processing; the context in which the personal data have been collected, in particular the reasonable expectations of data subjects based on their relationship with the controller as to their further use; the nature of the personal data; the consequences of the intended further processing for data subjects; and the existence of appropriate safeguards in both the original and intended further processing operations.

〈표 4-6〉 양립가능성 판단 기준

양립 가능한 것이 명백한 경우	매주 야채박스를 배달해주는 업체와 계약을 체결한 고객 주소와 결제 정보를 최초 수집한 뒤 해당 정보를 그 다음 주 야채박스 배송 및 결제를 위해 활용한 경우 : 양립 가능한 (compatible) 추가 처리에 해당함
양립 가능한 것인 명백하지는 않으나, 추가적인 분석이 필요한 경우	(i) 위 업체가 고객 이메일 주소, 구매 이력을 기반으로 야채가 아닌 자사의 다른 식료품에 대한 개인 추천 서비스 또는 할인 쿠폰을 제공하는 경우, (ii) 고객 이름, 이메일 주소, 전화번호, 구매 내역 등의 정보를 해당 업체와 계약 관계에 있는 타 업체에 제공하려는 경우 : 개인정보의 추가 처리는 양립 가능하다고 단정하기 어려우며, 개인정보 목적외 이용에 해당하는지 또는 개인정보의 제3자 제공에 해당하는지 여부에 따라 다른 결과가 나올 가능성이 있으므로 추가적인 분석이 필요함 이 경우 개인정보 추가 처리는 당초 수집 목적과 관련은 있지만 완전히 일치하지 않으므로(the purposes are related but not fully matching), 개인정보 처리 목적 변경에 관해 고객에게 고지하거나 명시적인 옵션(explicit option)을 제공하는지 여부 등 안전장치(safeguards)의 유무가 고려될 수 있음
양립 불가능한 것이 명백한 경우	해당 업체가 고객에게 알리지 않고 고객 PC에 프로그램을 설치하여 그 운영체제가 무엇인지를 판별해 Windows 이용자에게 더 큰 할인을 제공하는 경우 : 추가 정보의 불공정한 수집이며, 이는 당초 수집 목적과 양립되지 않는(incompatible) 추가 처리에 해당함

출처 : WP29 (2013. 4. 2.), Opinion 03/2013 on purpose limitation, pp. 22~23 재구성.

문기관은 결합된 정보 반출을 위해 반출심사위원회를 구성해야 하며, 결합 목적과 반출 정보 간 관련성, 특정 개인에 대한 식별 가능성, 반출 정보에 대한 안전조치 계획 여부 등의 기준이 충족되는 것으로 판단되는 경우 결합정보의 반출이 가능하다(개인정보 보호법 시행령 제29조의3 제4항). 보다 구체적인 내용은 가명정보의 결합 및 반출 등에 관한 고시에서 명시하고 있다.

2. 「개인정보 보호법」 제2차 개정 관련 논의

(1) 「개인정보 보호법」 제2차 개정 추진 배경 및 경과

2020년 8월 5일 데이터 3법 시행 이후 개인정보 보호 기능을 전담하는 종합 컨트롤타워로 개인정보보호위원회가 공식 출범함에 따라 안전한 데이터 활용 및 데이터 경제 활성화를 위한 초석이 마련되었다는 평가를 받았다. 동시에 EU GDPR 적정성 결정의 필수요건인 감독기구를 구축함으로써 수범자의 혼란 방지에 기여하는 동시에 가명정보 제도 도입을 통해 이종 산업 및 기관 간 데이터 결합을 촉진시켜 데이터 이용 활성화를 획기적으로 제고할 수 있을 것으로 기대되었다.

실제 개인정보보호위원회는 초기 목표에 따른 체계적 정책 추진을 위해 데이터 3법 개정 내용과 통합된 개인정보위원회의 향후 추진전략 등의 내용을 담은 〈개인정보 보호 기본계획(2021~2023)〉(2020. 11. 24.)을 수립하여 발표하였으며, 일원화된 독립적 감독기구로서 국민이 신뢰하는 데이터 활용 지원을 약속하는 '정책 비전 선포식'(2020. 11. 27.)을 개최한 바 있다(개인정보보호위원회·한국인터넷진흥원, 2021). 또한 개인정보보호위원회 등 관계부처는 2021년 7월 27일 '가명정보 활용성과 및 확산 방안'을 발표하며, 전문기관 역할 강화 및 지정 확대, 효율적이고 안전한 결합절차 마련 등을 포함한 6개 추진 과제를 제시하였다(관계부처 합동, 2021. 7. 28.a).

2021년 9월 28일 국회에 제출된 「개인정보 보호법」 제2차 개정안(이하 '2차 개정안')은 다양한 정부 노력에도 불구하고 데이터 3법 개정 당시 지적되었던 정보주체의 권리 강화, 불합리한 규제 해소 등에 대한

[그림 4-3] 안전한 가명정보 활성화 방안

비전	데이터 경제를 선도하는 가명정보
목표	안전하고 편리한 가명정보 제도 확산
추진전략	① 현장의 의견을 반영한 규제혁신　② 어디서나 활용가능한 맞춤형 지원

추진과제	
규제혁신	맞춤형 지원
1. 전문기관 역할강화 및 지정 확대 2. 효율적이고 안전한 결합절차 마련 3. 가명정보 안전성 강화	4. 가명정보 활용 온오프 통합지원체계 정립 5. 가명정보 활용 전문역량 강화 6. 가명정보 활성화 인센티브 확대

출처 : 관계부처 합동 (2021. 7. 28.b). 가명정보 활용성과 및 확산 방안, 2쪽.

필요성이 여전히 존재한다는 지적이 제기됨에 따라 추진되었다. AI, 빅데이터 등 데이터 활용을 전제로 하는 ICT 기술 중심의 디지털경제 시대에 약화될 우려가 있는 국민의 정보주권 강화가 차기 입법 과제로 유보되는 등 여전히 현실과 괴리된 불합리한 규제가 존재한다는 것이다. 이러한 법 개정의 필요성에 따라 개인정보보호위원회는 2020년 8월부터 「개인정보 보호법」 개정 수요를 발굴하기 위해 정보주체 권리 강화, 특례 규정 정비, 제재 규정 정비 등을 담당할 내부 T/F를 구성, 운영하기 시작하였다(개인정보보호위원회, 2020. 12. 24.).

이후에도 개인정보보호위원회는 「개인정보 보호법」 개정 관련 전문가 간담회를 여러 차례 개최하여 정보통신서비스 특례(2020년 9월 24일), 정보주체 권리(2020년 10월 6일), 동의제도(2020년 10월 15일), 국외 이전(2020년 10월 21일), 제재규정(2020년 10월 23일) 등을 논의하였다. 2020년 11월 16일 출범된 개인정보 보호법 개정연구위원회(학계·법조계) 논의와 개인정보호보위원회 전체 회의 보고(2020년 12월 9일) 등 수많은 논의를 거쳐 관계부처 협의(2020년 12월 31일 ~ 2021년 1월 18일)를 통해 마련된 2차 개정안은 2021년 1월 6일부터 약 한달 간의 입법예고 후 산업계(2021년 1월 15일) 및 시민단체(2021년 1월 25일) 의견 청취 절차를 거쳤으며, 9월 28일 국회에 최종 제출되었다(개인정보보호위원회, 2021. 2. 1.).

(2) 「개인정보 보호법」 제2차 개정안 주요 내용[8]

2차 개정안의 주요 내용은 크게 정보주체의 권리 보장 강화와 개인정보 규제 및 제재 합리화, 개인정보 보호 거버넌스 강화 등으로 구분하여 살펴볼 수 있다. 가장 먼저 정보주체의 권리 보장 강화와 관련하여 개인정보 전송요구권(이동권) 도입, 자동화 의사결정에의 대응권 도입, 개인정보 분쟁조정제도 실질화 등을 시도하였다.

개인정보 전송요구권(이동권)은 개인정보의 수집 및 유통이 대량으로 이루어지는 데이터 경제 시대가 본격화됨에 따라 금융·공공 등 일부 분야에서 정보주체의 자기주도적 개인정보 유통 및 활용이 가능한 기반 조성을 위해 마련되었다(〈표 4-7〉 참조). 본인 정보를 본인 또는 제3자에게 전송 요구할 수 있도록 하여 이용자가 원하면 언제든지, 원하는 곳으로의 개인정보 이동을 보장함으로써 정보주체의 개인정보

---

8 개인정보보호위원회가 2020년 12월 24일 발표한 보도자료 '국민이 신뢰하는 데이터 시대, 「개인정보 보호법」 2차 개정으로 선도한다' 및 2021년 9월 28일 발표한 보도자료 '디지털 시대 「개인정보 보호법」 개정안 국회제출'을 중심으로 작성함.

통제권을 강화하는 동시에 전 분야로의 마이데이터 확산 효과를 창출할 수 있을 것으로 기대된다.

〈표 4-7〉 개인정보 이동권 관련 국내외 규정

구분	GDPR(제20조)	신용정보법 (제33조의2)	보호법 개정안
주체	개인정보주체	개인인 신용정보주체	정보주체
상대방	컨트롤러	신용정보 제공·이용자 등	개인정보처리자
주요 내용	• 자신의 개인정보를 체계적 형식으로 제공받거나, 다른 처리자에게 이전할 것을 요구할 수 있는 권리	• 개인신용정보를 본인 또는 본인신용정보관리회사 등에 전송 요구할 수 있는 권리	• 자신의 개인정보를 자신, 다른 개인정보처리자 또는 개인정보관리 전문기관에 전송 요구할 수 있는 권리
정보 범위	• 정보주체의 동의 또는 계약의 이행을 위한 경우 • 자동화된 수단에 의한 경우 ※처리자가 생성·파생한 정보 제외	• 신용정보주체로부터 수집한 정보 • 신용정보주체가 제공한 정보 • 권리·의무관계에서 생성한 정보 ※신용정보 제공·이용자등이 별도 생성하거나 가공한 신용정보 제외	• 동의 또는 계약에 따라 처리되는 경우 • 컴퓨터가 인식할 수 있고 자동화된 방법으로 처리
권리제한	• 다른 개인의 권리와 자유 침해 불가	• 신용정보주체의 본인 여부가 확인되지 않는 경우 등 배제	• 법률에 특별한 규정이 있는 경우 등 적용 배제 • 타인의 권리와 정당한 이익 침해 불가

출처 : 개인정보보호위원회 (2020. 12. 24.). 국민이 신뢰하는 데이터 시대, 「개인정보 보호법」 2차 개정으로 선도한다. 보도자료, 5쪽.

자동화 의사결정에의 대응권의 경우 AI 등을 통해 SNS 맞춤형 광고, 신용등급 결정, 인사채용 등에서 자동화된 의사결정이 발생하는 경우가 증가하면서 개인 의사에 반한 자동화된 결정으로 정보주체의 기본권이 침해되는 것을 방지하기 위한 최소한의 대응책을 마련하는 차원에서 논의되기 시작하였다.

2차 개정안은 특정인에 대한 감시·편견 등 새로운 프라이버시 우려를 최소화하기 위해 산업적 효용과 정보주체 권리를 균형 있게 고려하여 자동화된 결정에 대한 거부, 설명 요구 등의 권리를 신설하고 있다(〈표 4-8〉 참조). 또한 자동화된 의사결정이 정보주체에게 법적 효력 또는 생명·신체·정신·재산에 중대한 영향을 미치는 경우 등으로 자동화 의사결정에의 대응권 적용 범위를 명확화하였다.

그 외에도 정보주체의 권리 보장 강화 차원에서 개인정보 분쟁조정 제도의 실질화 역시 개정된 2차 개정안의 주요 내용으로 다뤄졌다. 구체적으로 신속하고 적극적인 분쟁조정을 위해 분쟁조정 요청 시 의무적으로 응해야 하는 대상이 기존 공공기관에서 모든 개인정보 처리자로 확대되었고, 사실 확인을 위한 조사권을 보유하고 있지 않던 개인정보 분쟁조정위원회에 사실조사권을 부여하는 방향으로 관련 규정의 개정을 시도하고 있다.

둘째, 개인정보 규제 및 제재 합리화와 관련해서는 동의제도 개선, 이원화된 규제 일원화, 경제제재 중심으로의 전환, 개인정보 침해 조사 및 제재 기능 강화, 개인정보 국외 이전 방식의 다양화 등이 마련되었다. 동의제도와 관련해서는 사전동의 제도에 과도하게 의존하고 있는 기존 개인정보 동의 체계를 정비하여 정보주체의 실질적 동의권을 보장하고자 하였다. 서비스 계약 체결·이행에 필수적인 개인정보에

구분	GDPR(제20조)	신용정보법 (제33조의2)	보호법 개정안
주체	개인정보주체	개인인 신용정보주체	정보주체
상대방	컨트롤러	신용정보 제공· 이용자 등	개인정보처리자
주요 내용	• 프로파일링 등 본인에 관한 법적효력을 초래하는 자동화된 처리에만 의존하는 결정의 적용 금지	• 자동화평가 여부와 그 결과에 대한 설명 및 이의제기 권리 보장	• 자동화된 개인정보 처리에만 의존하여 정보주체에 법적 효력 등을 미치는 경우 대응권 보장
정보 범위	• ① 계약 체결 또는 이행에 필요한 경우, ② EU 또는 회원국 법률이 허용하는 경우, ③ 개인정보주체의 명백한 동의에 근거하는 경우 적용 배제	• 법률에 특별한 규정이 있거나, 신용정보주체 요구에 따를 시 상거래관계 설정 및 유지가 곤란한 경우 적용 배제	• 동의 또는 법률상 특별한 규정이 있는 경우에는 거부권 불인정
권리제한	• 컨트롤러의 인적 개입 확보, 본인의 관점 피력, 이의제기 권리	• 기초정보 정정·삭제 요구, 자동화평가 결과를 다시 산출할 것을 요구	• 개인정보 처리에 대한 배제, 재처리, 설명 등 요구

출처 : 개인정보보호위원회 (2020. 12. 24.). 국민이 신뢰하는 데이터 시대, 「개인정보 보호법」 2차 개정으로 선도한다. 보도자료, 5쪽.

대해서는 기존 '불가피하게' 요건을 삭제하는 등 동의만을 적법 요건으로 규정하고 있는 국내 「개인정보 보호법」 상 동의 규정을 개정하여 형식적 동의, 동의 강제 혹은 동의 만능주의 관행을 개선하는 것을 주목적으로 한다.

이처럼 2차 개정안은 동의 외의 개인정보 적법 처리 요건을 활성화시켜 개인정보 처리자의 합리적인 수집·활용을 지원함으로써 개인정보 처리 방침에 대한 실체적 통제가 미흡하다는 우려 등을 일부 해소할 수 있을 것으로 보고 있다.

또한 2차 개정안은 데이터 3법 개정 당시 「개인정보 보호법」으로 단순 이전·병합된 「정보통신망법」의 정보통신서비스 제공자 대상 개인정보 보호 관련 특례 규정을 일반 규정으로 일원화하였다. 온·오프라인으로 이원화되어 있던 온라인 규제(특례 규정)와 일반 규정(오프라인 규제)을 일반 규정으로 통합·정비하여 모든 개인정보 처리자에 대해 '동일 행위, 동일 규제' 원칙을 적용함으로써 개인정보 처리자의 법 적용 혼선 및 이중 부담을 예방하고자 하였다.

이때 개인정보 수집·이용 동의, 14세 미만 개인정보 수집, 개인정보 유출 시 통지·신고 등 일반 규정과 유사하거나 중복되는 특례 규정은 일반 규정으로 통합되며, 특례 규정에만 존재하는 손해배상 보장, 국내 대리인 지정, 개인정보 이용 내역 통지 등은 일반 규정으로 전환되어 모든 분야로 확대 적용된다(〈표 4-9〉 참조).

2차 개정안은 개인에 대한 형벌 중심으로 적용되고 있는 기존 개인정보 침해 책임 규정을 기업에 대한 경제 제재로 전환함으로써 개인정보 보호에 대한 기업의 노력을 장려하는 동시에 개인정보 업무 담당자의 과중한 부담 및 업무 회피를 최소화하고자 하는 내용도 담고 있다. 구체적으로 형사처벌의 대상을 '자기 또는 제3자의 이익을 목적'의 위반 행위로 제한하고, 정보통신서비스 특례 정비에 따라 과도한 형벌 규정을 과징금으로 전환하였다. 정보통신서비스 제공자 등에 적용되는 과징금 관련 규정 역시 적용 범위를 개인정보 처리자로 확대하고 부과 기준을 기존 '위반 행위 관련 매출액'에서 '전체 매출액'의 3% 이하로 상향하였다.

개인정보 침해 조사 및 제재 기능 역시 강화하였는데, 2차 개정안은

<표 4-9> 정보통신서비스 특례 규정 정비

흡수·통합	개정 방향
개인정보 수집·이용 동의(제39조의3 ①, ②)	5조에 통합
만 14세 미만 아동 대상 개인정보 수집 (제39조의3 ③~⑤)	제22조의2로 신설
유출 통지·신고제도(제39조의4)	제34조에 통합
보호조치에 대한 특례(제39조의5)	제28조에 통합
유효기간제(제39조의6)	삭제
동의철회권 규정(제39조의7)	제37조에 통합
이용내역 통지제(제39조의8)	제20조의2 신설
손해배상책임의 보장(제39조의9)	제39조의16 신설
노출된 개인정보 삭제(제39조의10)	제34조의3 신설
국내대리인 지정(제39조의11)	제31조의2 신설
개인정보 국외 이전(제39조의12)	제28조의8 내지 제28조의10 신설
상호주의(제39조의13)	제28조의11 신설
방송사업자 등 특례(제39조의14)	삭제(방송사업자 등도 개인정보처리자에 포섭)
과징금 특례(제39조의15)	제64조의2 신설

출처 : 개인정보보호위원회 (2020. 12. 24.). 국민이 신뢰하는 데이터 시대, 「개인정보 보호법」 2차 개정으로 선도한다. 보도자료, 7쪽.

개인정보 취급자가 "업무상 알게 된 개인정보를 사적 목적으로 이용 시" 처벌할 수 있는 규정을 마련하는 등 지나치게 경직적인 시정명령 부과 요건의 합리적인 개선을 시도하고 있다. 동시에 수탁자에 대한 제재 근거가 부재하다는 지적을 반영하여 현행법 상 과태료·과징금·형벌 등 제재 대상에서 제외되어 있는 개인정보처리 수탁자도 제재 대상에 명시적으로 포함시켰다.

개인정보 국외 이전 방식의 다양화 경우에는 최근 디지털경제 활성화로 국경을 오가는 전자상거래가 빠르게 활성화되고 있는 상황을 고려하여 안전한 개인정보 국외 이전을 위한 동의 외 요건을 다양화하고 보호조치를 강화한다는 내용을 담고 있다. 개인정보 보호가 적정 수준에서 이루어지고 있다고 개인정보보호위원회가 인정하는 국가 또는 기업에 대해서는 정보주체의 동의 없는 국외 이전을 허용하는 것이다.

이는 EU 국민이 해외 상품을 구매할 때 GDPR 적정성 결정 등에 따라 동의 없이 개인정보를 이전할 수 있도록 규정한 글로벌 규제와의 정합성을 제고하는 차원에서 마련되었다. 이때 2차 개정안은 관련법을 위반하여 개인정보를 국외 이전하거나 적정 수준의 개인정보 보호가 이루어지지 않는 것으로 판단될 경우에는 중지 명령할 수 있는 권리도 신설하였다.

마지막으로 2차 개정안에는 개인정보 보호 거버넌스 강화 차원에서 개인정보 자율보호 활성화, 이동형 영상정보처리기기 운영 기준 마련, 안전한 가명정보 처리 환경 마련, 적용의 일부 제외 규정 정비 등이 시도되었다. 관련하여 2차 개정안은 개인정보 자율보호 활성화를 위한 행정적, 기술적, 재정적 지원 근거를 마련하고 있다. 대규모 개인정보 축적 및 활용이 동시 요구되어 정부 주도 규제만으로는 긴밀하게 대응하는데 한계가 존재하는 데이터 경제 시대에는 분야별 특성을 반영한 기업 및 기관 차원의 자율규제가 요구되기 때문이다.

구체적으로 민간 자율규제 단체의 자율보호 활동 총괄 지원, 정부와의 소통창구 기능 등을 담당하는 '자율규제단체 연합회' 설립 근거와 자율규약을 제정·실행한 자율규제 단체에 대한 행정적, 정책적 지원 근거 등이 마련되었다.

또한 이동형 영상정보처리기기 운영 기준 역시 드론, 자율주행차 등 향후 빠르게 보급, 확산될 것으로 전망되는 이동형 영상정보처리기기기의 특성에 맞는 유연한 규정도 마련하였다. 2차 개정안 역시 공개된 장소 등에서 업무 목적으로 이동형 영상정보처리기기를 이용하여 개인 영상정보를 촬영하는 행위는 원칙적으로 제한하고 있다. 다만 정보주체의 동의가 있거나 촬영 사실을 표시했을 시에 거부 의사를 밝히지 않는 경우 등에 대해서는 예외적으로 허용함으로써 정보주체의 개별적 동의를 형식적으로 요구하는 과정에서 우려되는 연관 산업의 저해 가능성을 최소화하고자 하였다.

그 외에도 2차 개정안은 가명정보 처리 특례 규정[9]의 일부 개정과 가명정보 결합 관련 업무 수행 시 비밀유지 의무 신설 등을 통해 안전한 가명정보 처리 환경을 마련하고자 하였으며, 통계법에 따른 개인정보 처리를 일부 제외 대상에서 삭제하거나 공중위생 목적의 개인정보 처리 항목을 수집·이용 근거로 이관하는 등 적용의 일부 제외 규정을 정비하고자 하였다.

3. 우리나라 「개인정보 보호법」이 나아가야 할 방향

디지털 사회로의 대전환, 디지털경제의 가속화 등 급변하는 환경을 고려한 개인정보의 보호 및 안전한 활용을 지원하는 개인정보 보호의 법제화 과정이 순탄치 않은 점은 우리나라 규제 정책적 환경에 기인

---

9 「개인정보 보호법」 제28조의2 제1항이 가명정보 처리뿐 아니라 개인정보의 가명처리를 포함한다는 사실을 규정, 법 제28조의7의 가명정보에 대한 적용 제외 대상에서 제21조(개인정보의 파기) 삭제.

한다. 과거 국내 법제화 과정을 살펴보면 특정 산업 혹은 영역에 대한 규제 근거를 마련하는 초기 법제화 단계에서부터 사전적으로 예상되는 부작용에 대한 지나친 우려가 반영되어 왔다. 그 결과 과도한 제약이 법 제·개정안에 포함된 이후에도 발생하는 환경적 변화에 긴밀하게 대응하기보다는 기존 정책을 변경하는데 지나치게 소극적인 모습을 보이고 있다.

이러한 경향은 사전에 우려된 부작용의 발생 가능성을 최소화하는 데는 효과적이었으나 제도와 현실의 괴리로 인한 문제점을 극복하지 못하고 시장 혁신 등 사회 변화를 촉진하는 데는 성공적이지 못했다는 평가를 받고 있다(이호선, 2019). 법제화 초기 단계에서 지나친 우려가 반영되어 관계 법령에 과도한 제약이 가해지게 된 것은 국내 개인정보 보호 관련 법제화 과정에도 동일하게 적용된다. 특히 관련 논의가 개인정보 활용보다 보호에 방점을 두고 진행된 탓에 개인정보 보호를 위한 보다 엄격한 규제가 마련된 측면이 존재한다.

하지만 개인정보 보호 관련 논의는 개인정보의 성격을 어떻게 파악하느냐에 따라 법제도 수립의 방향성이 달라질 수 있다. 일반적으로 개인정보는 인격적 가치와 재산적 가치 모두를 포함하는 개념으로 간주된다. 개인정보의 인격적 가치에 주목할 경우 개인정보 보호가 강하게 부각되며, 재산적 가치에 주목할 경우 개인정보의 활용 내지 이용이 부각되는 것이다. 관련하여 현재의 개인정보 보호법제는 2011년 제정 당시부터 EU에서 촉발된 개인정보 보호 가치를 강하게 수용함으로써 변화하는 환경은 고려하지 않았다는 지적도 제기되고 있다(권향원, 2016; 황성기, 2013; 한경 오피니언, 2017. 5. 1).

디지털 사회로의 본격적인 진입에 따라 이용자 편익 증진을 위한 개인정보의 이용·제공·활용이 불가피한 상황에 이르렀음에도 개인정보의 활용 필요성이나 당위성에 대한 주장은 지속해서 평가절하 되고 있는 상황이다. 현 시점에서는 각종 ICT 보급에 따른 디지털 서비스 확산을 장려하고 시장 혁신을 촉진하기 위한 개인정보의 안전한 활용이 필수라는 의견이 더욱 힘을 얻고 있다.

이때 개인정보 보호와 관련한 법제 마련에 있어서도 법익 균형성의 고려, 즉 이익형량이 더욱 중요하게 고려되어야 한다. 이용자에 의해 제공된 개인정보가 원래의 목적 및 대상을 벗어나서 악용되는 가능성을 예방하면서도 연관 서비스의 확산과 산업의 발전을 제한하지 않는 적절한 균형점을 찾아야 하는 것이다. 실제 그동안의 논의를 살펴보면 개인정보 보호라는 한 측면만을 엄격하게 다루는 대신 비용(사생활 침해)과 편익(네트워크화) 간 균형을 찾아 개인정보 보호와 활용을 시키는 것이 디지털 사회 혹은 디지털경제 발전 측면에서 훨씬 바람직한 것으로 평가되고 있다(김상광, 2020; 이인호 외, 2020; 한국인터넷법학회, 2009. 9. 3). 전체 사회와 각 분야별 특성을 종합적으로 고려하여 정보주체의 자기주도적인 개인정보 유통과 활용이 가능한 기반이 마련되었을 때야 말로 디지털 산업 발전을 긍정적으로 전망할 수 있다. 디지털 대전환 시대를 본격적으로 맞이한 지금이야 말로 보호와 활용이라는 상충되는 두 가지 가치를 어떻게 조화시킬 것인지에 대해 고민이 크게 강조되어야 할 시점이라 할 것이다.

앞서 살펴본 바와 같이 국내 개인정보 보호법제는 지난 10여 년 간 데이터 3법 개정, 「개인정보 보호법」 제2차 개정 시도 등을 통해 꾸준히 개인정보의 보호와 활용 간 조화를 시도해왔다. 그 결과 2021년 12월 17일에는 EU가 한국에 대한 GDPR 적정성 결정이 채택되는 등 글로벌 기준을 충족하는 것으로 평가받기도 했다(개인정보보호위원회, 2021. 12. 18). 그럼에도 「개인정보 보호법」의 근간에 해당하는 동의제도의 개편이나 개인정보의 가치 및 성격을 확립함에 있어서는 추가 고민이 필요한 부분으로 지적되고 있다. 우선 동의제도와 관련하여서는 정보주체의 동의는 정보주체가 가지는 개인정보자기결정권에 포섭되지 않는 별개의 개념으로 봐야 한다는 최근의 입장이다. 개인정보자기결정권을 개인정보 그 자체에 직접 대응하여 볼 수 없기 때문에 개인정보의 처리에 대한 결정권 혹은 통제권을 보호하는 장치가 마련될 필요가 있다는 것이다.

정보주체의 실질적 권리를 강화하려는 최근의 논의 흐름을 봤을 때에도 정보주체가 결정한 사항에 반하는 개인정보의 처리를 보호하기 위해 개인정보의 오·남용을 통제한다는 관점이 적용될 필요가 있다. 일각에서는 유럽의 개인정보 보호체계 또한 국내와 동일한 엄격한 사전 동의제도를 전제하고 있다는 점에서 국내 개인정보 보호 수준이 적정한 것으로 평가하기도 한다. 하지만 EU GDPR은 법체계 상 정보주체의 동의를 개인정보 처리의 적법성의 요건 중 하나로 규정하며 개인정보의 목적 외 처리가 당초 목적과 양립되는지를 확인하기 위해 '관련 요건들을 특별히(inter alia)' 고려하도록 하고 있다(제6조제4항). 이는 개인정보 이용·제공을 위해서는 법상 제시된 요건을 모두 충족해야 한다고 규정하고 있는 우리나라 「개인정보 보호법」과는 분명 상이하다(오길영, 2020).

이에 더해 개인정보가 기본적으로 가지고 있는 데이터의 속성에도 주목할 필요가 있다. 개인정보 역시 '21세기의 원유'로 비유되는 데이터와 마찬가지로 디지털경제 시대 고부가가치를 창출하는 제4의 자원으로서 계약 등 거래의 대상이 된다. 데이터 자원의 핵심으로서 실제 시장에서 재산적 가치를 전제로 상품이나 서비스처럼 거래되고 있는 것이다. 이와 같은 현실을 전혀 고려하지 않은 채 개인정보를 인격권으로만 바라볼 경우 오롯이 보호의 대상으로 간주되어 과도하게 엄격한 규제가 적용될 수밖에 없다. 데이터 활용이 도외시되는 것은 물론이다. 그럴 경우 개인정보를 둘러싼 환경 변화를 반영하지 못한 현실과 동떨어진 규제가 될 수 있다. 이것이 바로 개인정보의 인격권적 요소를 지나치게 강조하여 국가가 후견주의적 관점에서 과도하게 개입하는 것을 지양하는 동시에 개인정보의 재산권적 성격을 인정하고 개인의 사적자치의 영역으로 일정 부분 포섭시켜야 하는 이유이다.

개인정보를 '재산적 가치도 있는 인격권'이라고 한다면 헌법상 허용되는 제약의 범위가 다소 넓어질 여지가 있다. 개인정보자기결정권을 통해 보호할 수 있는 영역 역시 사생활 등 개인 인격적인 정보의 오·남용부터 개인정보가 가진 재산적 정보의 오·남용까지 확대될 수 있다. 하지만 개인정보를 단지 인격권으로 파악할 경우 정보주체가 받은 경제적 손실을 회복하는 것이 어려워진다. 이처럼 개인정보의 활용과 관련하여 이견 대립이 끊임없이 발생하는 것은 데이터 경제의 가용 자원 역할을 하는 개인정보의 활용 가능성을 열어두면서도 정보주체의 피해나 손실 보상 등에 대한 논의가 이루어지지 않았기 때문이라 할 수 있다. 이에 데이터의 근간이 되는 개인정보가 바람직하고 투명하게 쓰이기 위해서는 재산권적 요소 등에 대한 사회적 논의와 합의가 이뤄져야 할 것이다.

| 참고문헌 |

4차산업혁명위원회. 2018. 2 .5. 4차산업혁명 제2차 규제·제도혁신 해커톤 개최 결과. 보도자료.

4차산업혁명위원회. 2018. 4. 6. 제3차 규제·제도혁신 해커톤 개최 결과. 보도자료.

강달천. 2020. 데이터 3법 개정의 주요 내용과 전망. 2020 KISA REPORT. 2월호. 14-19.

개인정보보호위원회. 2020. 12. 24. 국민이 신뢰하는 데이터 시대, 개인정보 보호법 2차 개정으로 선도한다. 보도자료.

개인정보보호위원회. 2021. 2. 1. 신뢰 기반 디지털 사회 구현을 위한「개인 정보 보호법」개정안.

개인정보보호위원회. 2021. 9. 28. 디지털 시대「개인정보 보호법」개정안 국회제출. 보도자료.

개인정보보호위원회. 2021. 12. 18. 한국, EU「개인정보보호 적정성 결정」 최종 통과. 보도자료.

개인정보보호위원회·한국인터넷진흥원. 2021. 2021 개인정보보호 7대 이슈.

관계부처 합동. 2021. 7. 28.a. 김 총리, 원하는 데이터를 '어디서나, 편리하고, 안전하게' 활용. 보도자료.

관계부처 합동. 2021. 7. 28.b. 가명정보 활용성과 및 확산 방안, 2쪽.

국회 4차산업혁명 특별위원회. 2019. 6. 국회 4차 산업혁명 특별위원회 결과보고서.

권향원. 2016. 규제개혁 사례연구 및 네거티브 규제체계 도입을 위한 타당성 검토 : 개인정보는 보호의 대상인가 활용의 대상인가?. 한국개발 연구원.

김상광. 2020. 개인정보 규제요인과 빅데이터 활용간의 관계에서가명정보 결합의 매개효과 및 조절효과. 정보화정책, 제27권 제3호, 82-111.

김일환. 2011. 개인정보 보호법의 제정과정과 추진체계. 한국정보법학회 세미나, 1-15.

김송옥. 2019. 유럽연합 GDPR의 동의제고 분석 및 우리 개인정보 보호법제에 주는 시사점. 아주법학, 13권 3호, 157-192.

김현경. 2020. 통합 개인정보 보호법의 의의 및 개선 방향 : 개인정보 보호법의 체계 정합성 확보를 중심으로. NAVER Privacy White Paper.

오길영. 2020. 개정 개인정보 보호법에 대한 검토와 비판. 민주법학. 제73호, 79-116.

이인호 외. 2020. 데이터경제 활성화를 위한 데이터 활용과 개인정보보호의 균형발전 방안 연구. KAIST 한국4차산업혁명정책센터.

이호선. 2019. 빅데이터와 개인정보: 규제변화의 필요성. 한국정보통신학회 논문지, 23권 12호, 1565-1570.

정부혁신지방분권위원회. 2003. 8. 14. 참여정부의 전자정부 로드맵.

정준화. 2018. 12. 13. 4차 산업혁명 대응 현황과 향후 과제. 국회입법조사처.

한경 오피니언. 2017. 5. 1. [사설] 보호도, 활용도 안 되는 개인정보 정책으로 4차 산업혁명? URL : https://www.hankyung.com/opinion/article/2017050112561

한국인터넷법학회. 2009. 9. 3. 개인정보 보호와 적정 활용의 조화를 위한 제도 도입 연구. 법제처.

행정안전부. 2011. 3. 29. 개인정보보호 2.0 시대의 개막 "개인정보 보호법 제정·공포". 보도자료.

행정안전위원회. 2010. 개인정보 보호법안 심사보고서.

황성기. 2013. 개인정보 보호와 다른 헌법적 가치의 조화. 개인정보 보호법제 개선을 위한 정책연구보고서.

제5장 디지털세의 국제적 논의와 전망

박 훈 서울시립대 세무전문대학원장, 법학박사

1. 들어가며

디지털경제, 즉 디지털 기술에 기반한 경제는 우리 생활에 많은 변화를 가져오고 있다. 디지털경제와 비디지털경제의 구분이 명확하게 되는지 논란이 있기는 하다. 그렇지만 대면이 아닌 비대면으로 경제활동이 이루어지면서 종전과는 다른 변화를 가져왔고 코로나19로 인해 비대면활동이 더욱 가속화되면서 우리 사회의 디지털경제로의 전환은 중요한 화두가 되고 있다.

디지털경제는 대면활동을 대체하거나 보완하면서 긍정적 효과도 가져오지만, 대면활동 또는 비디지털경제를 전제로 한 법체계에 미비점을 드러내는 결과를 가져오기도 한다. 디지털경제는 특히 국경을 넘는 경제활동을 보다 손쉽게 하는 특징을 갖고 있다.

그 과정에서 미국 IT 다국적기업의 유럽시장 진출과 관련하여 유럽이 과세권을 제대로 행사하고 있는가가 논란이 되었다. 이는 국제적 조세회피에 대한 것이라 할 수 있다. 고정사업장이 없지만 실제로 시장진출한 국가의 소비자와 관련한 소득이 있는 경우 또는 자회사가 진출했지만 자회사가 소재한 국가가 아닌 다른 국가에 보다 많은 소득이 생기게 하는 경우 등에 이러한 상황이 나타날 수 있다. 종전 사업소 득에 대해 고정사업장이 있어야 과세권을 행사할 수 있었던 고정사업 장과세제도, 독립기업 간 거래를 전제로 정상가격에 따른 과세를 하는 이전가격세제의 한계를 드러낸 것이다.

이에 따라 다국적기업에 의한 세원 잠식과 소득이전(Base Erosion and Profit Shifting: BEPS)에 대해 종전의 국제조세체계로서 각 나라가 제대로 과세하지 못하는 문제가 지적되었다. 이를 어떻게 해결할지를 놓고 OECD와 G20에서 함께 공동의제로 2012년부터 현재까지 구체적인 논의가 계속되고 있다.

이 과정에서 디지털세의 도입 여부와 구체적 방안이 논의되었다. 2015년 10월 OECD는 15개 실행방안(Action Plan)에 관한 최종보고서를 작성하였지만, 디지털경제에 대한 실효성 있는 통일된 국제적인 합의안이 도출되지는 못하였다. 합의안 도출이 미루어지면서 유럽 여러 국가에서는 독자적인 디지털 기업에 대한 개별적인 조치를 취하기도 하였다. 영국의 우회이익세(2015년), 프랑스의 디지털서비스세 도입 (2019년) 등이 그 예이다.

한편 2015년 10월 OECD BEPS 보고서가 발행된 이후, 2016년 6월 BEPS 이행을 논의하는 회의체인 OECD/G20 포괄적 협력체계 (Inclusive Framework: IF)가 출범되었고, 디지털세의 합의를 도출하기 위한 국제적인 노력은 지속되었다. 그 결과 2021년 10월 8일 OECD/ G20 포괄적 협력체계(IF) 136개국 합의문이 발표되었고, 2021년 10월 30/31일에는 G20 정상회의에서 이를 추인하기에 이르렀다.

디지털세에 대해서는 이러한 합의문과 관련된 필라1(매출 발생국에 과세권 배분), 필라2(글로벌 최저한세 도입)에 국한하기도 하고, 이러한 디지털세 합의 전에 영국, 프랑스 등 여러 나라에서 사실상 IT 다국적기업을 대상으로 별도의 세금 신설 또는 부담을 내용으로 하는 것까지 포함하기도 한다.

이 장에서는 디지털세에 대한 국제적 합의가 도출되어 개별 국가의 디지털기업에 대한 조치를 사실상 제한하는 상황이라는 점을 고려하여 필라1, 필라2와 관련된 소득과세 중심으로 논의한다. 먼저 디지털세의 의의에 대해 살펴보고, 디지털세에 대한 그동안의 여러 논의, 그리고 2021년 10월 디지털세 합의안의 구체적 내용을 검토한 후, 디지털세의 전망에 대해 살펴본다.

2. 디지털세의 의의

(1) 디지털경제의 개념

BEPS 프로젝트 이전에도 디지털경제(Digital Economy)라는 용어가 사용된 바 있다. 1995년 디지털경제를 "모든 형태의 정보가 디지털화되는 현상을 기반으로 하여 생산활동 및 판매활동이 무형자산에 주로 의존하는 신 경제"로 표현한 것이 그 한 예이다.[1]

디지털경제를 어떻게 이해하는지에 따라 디지털 서비스 기술을 적극적으로 활용하는 새로운 디지털 서비스기업에 제한할지, 이러한 기

---

[1] Tapscott, Don(1995), The Digital Economy: Promise and Peril in the Age of Networked Intelligence, McGraw-Hill.

업만이 아니라 전통적 산업을 영위하는 기업도 포함하여 디지털 서비스 기술과 관련된 기업 전반에 확대할지가 달라질 수 있다.

유럽에서 미국 IT 다국적기업에 대한 유럽 내 과세권 확대를 논의할 때는 전자에 가까운 입장을 취하고 있다고 할 수 있다. 이에 반해 미국에서는 이러한 좁은 의미의 디지털경제에 대한 논의는 자국 IT기업에 대한 유럽 여러 나라의 과세권 확대라는 점을 의식하여 디지털 기업과 비디지털 기업의 구분에 대한 근본적인 의문을 던졌다. 이에 따라 2021년 10월 OECD 필라1의 합의에서 보듯 미국 IT 다국적기업을 포함한 100여 개 세계기업이 디지털세에 포함되었다. 연결 매출액 200억 유로(27조원) 및 이익률 10% 이상 기준을 충족하는 글로벌 다국적기업이 과세 대상이 되었고, 채굴업, 규제된 금융업 등 일부 업종은 적용에서 제외되었다.[2]

디지털경제와 관련된 국제조세 문제를 OECD 차원에서 정리한 것의 대표적인 것으로는, OECD가 2015년 최종 합의한 BEPS 프로젝트 첫 번째 주제인 〈Addressing the Tax Challenges of the Digital Economy〉 최종보고서를 들 수 있다. 여기에서는 "디지털경제는 정보통신기술(ICT)이 가져온 변혁적 프로세스의 결과로, 기술을 더 저렴하고 강력하며 광범위하게 표준화하여 비즈니스 프로세스를 개선하고 경제의 모든 부문에서 혁신을 강화했다"고 보면서 "디지털경제가 점점 더 경제 그 자체가 되고 있기 때문에 세금 목적으로 디지털경제를 나머지 경제와 분리하는 것이 불가능하지는 않더라도 어려울 것"이라

---

2 기획재정부 보도자료, "디지털세 필라 1·2 최종 합의문 공개- '23년부터 디지털세 본격 도입될 전망 -", 2021. 10. 9.

는 점을 지적한 바 있다.[3]

(2) 디지털세의 개념

위에서 논의된 디지털경제와 관련된 세금을 넓은 의미의 디지털세
라고 할 수 있다. 디지털경제는 이동성, 데이터에 대한 의존성, 네트
워크 효과, 다자 간 비즈니스 모델의 확산, 독점 또는 과점 경향 및 변
동성이라는 특징을 갖고 있고, 디지털경제와 관련된 비즈니스 모델
은 다양한 전자상거래, 앱스토어, 온라인 광고, 클라우드 컴퓨팅, 참여
형 네트워크 플랫폼, 고속 거래, 온라인 결제 서비스가 포함되어 있다.[4]
디지털경제의 이러한 특성과 비즈니스 모델과 관련된 일체의 과세를
디지털세의 범주에 넣을 수 있다.

디지털경제와 관련된 넓은 의미의 디지털세는 직접세만이 아니라
간접세까지 포함될 수 있다. 직접세와 관련해서는 종전의 고정사업장
과세제도, 이전가격세제를 어떻게 바꿀 것인지가 논의되기도 하고,[5]
간접세와 관련해서는 재화, 서비스 및 무형자산을 해외 공급업체로부

3　OECD(2015), Addressing the Tax Challenges of the Digital Economy, Action 1 - 2015
　　Final Report, OECD/G20 Base Erosion and Profit Shifting Project, OECD Publishing,
　　Paris, p. 11.

4　OECD(2015), Addressing the Tax Challenges of the Digital Economy, Action 1 - 2015
　　Final Report, OECD/G20 Base Erosion and Profit Shifting Project, OECD Publishing,
　　Paris, p. 11.

5　자세한 사항은 박훈, "디지털경제하에서의 고정사업장 개념 변경과 해외 이전소득
　　에 대한 과세제도의 도입에 관한 소고", 조세학술논집 35집 1호, 한국국제조세협회,
　　2019.2, pp. 45~71 참조.

터 취득하는 경우 부가가치세 과세에 대한 것이 논의된다. 디지털세에 대해 소득세, 법인세만이 아니라 부가가치세 개정 논의를 하는 것은 이처럼 디지털세를 넓은 의미에서 볼 때의 논의라 할 수 있다.

2021년 10월 8일 OECD/G20 포괄적 협력체계에서 합의되고 2021년 10월 30/31일 G20 정상회의에서 추인된 디지털세는 소득 과세에 초점을 맞춘 좁은 의미의 디지털세에 대한 것이라 할 수 있다. 이러한 국제적 합의와는 별개로 디지털서비스세,[6] 우회이익세,[7] 균등세[8] 등 개별 국가에서 도입한 세금[9]도 디지털경제와 관련된 것이라는 점에서 넓은 의미의 디지털세에는 포함된다고 할 수 있다. 다만

---

6 프랑스는 2019년 7월 EU 회원국 중 가장 처음으로 글로벌 매출액과 국내 매출액이 각각 7억 5,000만 유로와 2,500만 유로를 초과한 기업의 온라인에서 이루어지는 중개 수수료, 타깃 광고 및 데이터 판매에 따른 수익에 3%의 디지털서비스세(Digital Services Tax, 프랑스어로는 taxe sur les services numérique)를 도입(2020년 1월 20일 유예 발표)하였다. EU의 디지털서비스세 도입 현황에 대해서는, 강노경, "EU의 디지털 서비스세 도입과 대응", KITA Market Report, 2020. 2. 12. 참조.

7 영국은 2015년 4월부터 우회이익에 대해 통상의 법인세율(18%)보다 높은 25%의 세율을 적용하는 우회이익세(Diverted Profit Tax)를 도입하였다. 이는 다국적기업의 조세회피 문제가 정치·사회적 문제로 크게 비화된 것에 따른 정치적 대응으로서 징벌적 성격의 조세라 할 수 있다. 자세한 사항은, 허원, "디지털경제 관련 국제조세 분야의 최근 논의와 대응 동향", 세무와회계저널 제21권 제2호, 한국세무학회, 2020. 4 참조.

8 인도는 2016년 4월부터 외국 법인이 제공하는 온라인 광고·서비스 등에 대해 서비스 대가의 6%를 균등세(equalization levy)로 과세하고 있다. 이러한 제도의 도입에 대해서는, 이준봉, "균등화세의 도입을 통한 디지털경제의 과세에 관한 연구", 조세법연구 제26권 제1호, 한국세법학회, 2020. 4, pp. 323~376 참조.

9 디지털서비스세와 균형세를 디지털거래의 비중이 커지는 국제거래 환경에서 다국적 기업들이 전통적인 고정사업장을 두지 않고도 여러 나라에서 소비자에 대한 판매를 함으로써 소비지에서의 과세도 회피할 수 있는 것에 대한 대응으로써 소비세제의 관점에서 보는 견해도 있다. 오윤, "다국적기업에 대한 과세권 배분의 동향과 과제", 조세학술논집 제37집 제2호, 한국국제조세협회, 2021. 6. 참조.

위 국제적 합의안에 따르면 "필라1 시행 시 기존 디지털서비스세 및 유사 과세는 폐지하며 향후에도 도입하지 않기로 하고, 시행 전에도 '21.10.8일 합의 시점부터 필라1 다자협정의 발효 혹은 '23.12.31일 중 이른 시점 사이의 기간에 마찬가지로 새로운 디지털서비스세 및 유사 과세가 부과되지 않고, 기존에 운영 중인 제도의 철폐 방안에 대해서는 회원국들의 의견을 반영하여 적절히 조율 예정"이다.[10]

여기에서는 디지털경제와 관련되어 디지털세와 관련한 필라1, 필라2로 대표되는 소득과세와 관련하여 살펴보기로 한다.

3. 디지털세의 논의

(1) BEPS 프로젝트의 시작과 진행

BEPS(Base Erosion and Profit Shifting)는 다국적기업이 국가 간의 세법 차이, 조세조약의 미비점 등을 이용하여 경제활동 기여도가 낮은 저세율국으로 소득을 이전함으로써 과세 기반을 잠식하는 행위를 의미한다.[11] 이러한 행위에 대한 문제는 2008년 금융위기 이후부터 미국 IT 다국적기업의 조세회피와 관련하여 특히 부각되었다. 2012년부터 BEPS 문제에 대한 국제적인 공조 및 대응의 움직임이 본격화되었다. 2012년 6월 G20[12] 정상회의에서 BEPS 프로젝트 추진을 의결한

---

10 기획재정부 보도자료, 위의 자료, p. 9.
11 https://www.kipf.re.kr/beps/introduce_History.do.

바 있다. 2015년 10월 OECD는 다국적기업에 의한 세원 잠식 현상에 대응하기 위한 15개 액션플랜을 G20 재무장관회의에 보고하고 11월 G20 정상회의에 보고함으로써 이를 마무리한 바 있다. BEPS로 인한 글로벌 법인세수 감소분은 2014년 기준 매년 전 세계 법인세수의 4%~10%(1000억 달러~2400억 달러 수준)에 달하는 것으로 추정되었다.[13]

OECD[14]와 우리나라 BEPS대응지원센터[15]에서는 이러한 15개 액션플랜을 소개하고 있고, 이에 대한 최근까지의 자료를 계속하여 제공하고 있다. 15개 액션플랜을 영문과 함께 소개하면 다음과 같다.

액션1 디지털경제에서의 조세문제 해결(Address the tax challenges of the digital economy), 액션2 혼성불일치 거래 효과의 해소(Neutralise the effects of hybrid mismatch arrangements), 액션3 효과적인 CFC규정의 설계(Strengthen CFC rules), 액션4 이자비용 및 기타 금융비용 관련 세원 잠식의 제한(Limit base erosion via interest deductions and other financial payments), 액션 5 유해조세 환경에 대한 효과적 대응(Counter harmful tax practices more effectively, taking into account transparency and substance), 액션6 부적절한 상황에서 조약혜택의 부여 방지(Prevent treaty abuse),

---

12 G20(Group of 20)은 기존의 G7 참가국(미국, 일본, 영국, 프랑스, 독일, 캐나다, 이탈리아)과 각 대륙의 신흥국 및 주요국 12개국(한국, 일본, 중국 등), EU 의장국을 포함해 총 20개국이다. 국제금융시장의 안정을 위한 협의체로 시작(2008. 10, 2008년 워싱턴 G20 정상회의 첫회의)되어 별도의 사무국은 없고 의장국은 임기(1년)동안 사무국 역할을 한다. https://www.mofa.go.kr/www/wpge/m_3952/contents.do 참조.

13 기획재정부 보도자료, "OECD/G20 BEPS 프로젝트 최종 보고서 발간", 2015. 10. 6, p. 2.

14 https://www.oecd.org/tax/beps/beps-actions.

15 https://www.kipf.re.kr/beps/introduce_ActionPlans.do.

액션7 고정사업장 지위의 인위적 회피 방지(Prevent the artificial avoidance of Permanent Establishment status), 액션8~10 정상가격 산출과 가치창출의 연계(Aligning transfer pricing outcomes with value creation), 액션11 BEPS 측정과 모니터링(Measuring and monitoring BEPS), 액션12 의무보고규정(Require taxpayers to disclose their aggressive tax planning arrangements), 액션13 이전가격 문서화 및 국가별 보고서(Re-examine transfer pricing documentation), 액션14 분쟁해결 장치의 효과성 제고(Make dispute resolution mechanisms more effective), 액션15 양자간 조세조약 보완을 위한 다자간 협약 개발(Develop a multilateral instrument) 등이다.[16]

(2) 2015년 BEPS 프로젝트 상 디지털경제에 대한 조세제도

위 15개 액션플랜 중 액션1은 디지털경제가 국제 조세에 제기하는 문제를 정리하고 있다. 즉 BEPS Action 1에서는 디지털경제가 현행 국제조세규정의 적용에 있어 발생시키는 어려움을 파악하고 총체적 접근법으로 직접세 및 간접세를 모두 고려한 구체적인 개선 방안을 검토하였다.

BEPS Action 1에 나타난 디지털경제와 관련된 주요한 내용은 다음과 같다.[17] 디지털경제는 정보통신기술이 가져온 변화의 산물이며, 점

---

16 이들 액션에 대한 당시 주요 대응 조치에 대해서는, 기획재정부 보도자료, 위의 자료, p. 4 참조.

차 경제 그 자체가 되어가므로 디지털경제를 경제의 나머지 부분과 세무 상 구분하는 것은 불가능하다. 디지털경제는 계속적으로 진화하고 있는 중이고 과세제도에 대한 영향을 평가하기 위해서는 예측 가능한 미래의 개발 상황이 모니터링될 필요가 있다. 디지털경제와 이와 관련된 사업 모델은 세무 상 관점에서 잠재적으로 유의한 특징을 보이고 있다. 이러한 특징은 (무형자산, 사용자, 사업기능에 관한) 이동성, 데이터 의존성, 네트워크 효과, 다측면 사업 모델의 확산, 독과점 경향, 그리고 낮은 시장 진입장벽으로 인한 변동성과 빠른 기술 진보를 포함한다.

디지털경제는 글로벌 가치사슬의 확산을 촉진하였고, 다국적기업은 그 가치사슬에서 국제화된 사업활동을 통합하였다. 디지털경제는 독자적인 BEPS 문제를 발생시키지는 않았으나, 디지털경제의 일부 중요한 특성은 BEPS 위험을 확대하였다. 이러한 BEPS 위험은 BEPS 프로젝트 차원에서 대응되고 있고, 이는 과세제도를 경제활동과 가치창출 상황과 맞추게 할 것이다.

위 액션1에 대한 최종보고서는 디지털경제를 나머지 경제와 분리된 것으로 볼 수 없다고 결론지었고, 디지털경제에는 고유한 BEPS 문제가 없다는 결론도 내렸다. 다만 디지털경제와 관련하여 고정사업장 과세제도와 이전가격세제와 관련된 액션플랜(액션3, 7, 8-10)에서 일부 변화를 가져왔다.

---

17 OECD(2015), Addressing the Tax Challenges of the Digital Economy, Action 1 – 2015 Final Report, OECD/G20 Base Erosion and Profit Shifting Project, OECD Publishing, Paris 참조.

(3) Post BEPS 프로젝트 상 디지털경제에 대한 조세제도

OECD는 2015년 10월 15개 액션플랜 발표 이후에도 BEPS 프로젝트의 이행 지원 및 미결 쟁점을 완료하기 위한 후속 조치를 진행하였다. 가장 큰 변화는 Post BEPS로서 포괄적 협력체계(Inclusive Framework)를 구축 및 진행한 것이다.

G20은 모든 이해관계자들이 OECD 및 G20 국가들과 동등한 자격으로 BEPS 프로젝트의 다음 단계에 참여할 수 있는 포괄적 협력체계를 구축할 것을 OECD에 요구하였고, 이에 따라 OECD는 2016년 1월 모든 관심 국가들이 참여할 수 있는 포괄적 협력체계 구축안에 대해 논의하고 합의안을 도출하였다. 포괄적 협력체계에서 수행할 과제는 BEPS 액션플랜에서 필요로 하는 나머지 기준 설정, BEPS 최소이행기준의 이행 여부 검토, 다른 BEPS 조치들에 대한 모니터링과 영향 분석, BEPS 조치를 이행하는 국가들을 지원하고 개도국에 대한 실무 지원 등이다. 2021년 11월 현재 141개국이 참여하고 있다. 여기에는 OECD 국가에는 포함되어 있지 않은 중국, 인도 등도 포함되어 있다.[18] 전반적으로 원천지국과세를 강조하고 있는 중국, 인도의 포함도 중요한 의미를 갖는다.

Post-BEPS의 경과를 2016년 6월부터 2021년 12월까지의 것을 시간순서대로 주요내용을 중심으로 정리하면 〈표 5-1〉과 같다.[19]

---

18 https://www.oecd.org/tax/beps/inclusive-framework-on-beps-composition.pdf (2022. 1. 13. 접속).

19 박훈, "디지털경제 확대에 따른 국제조세 체계 변화", 한국국제경영관리학회 학술대회 발표자료, 2021. 10. 30 ; 한국공인회계사회, 「디지털경제에 따른 조세현안과 과

〈표 5-1〉 Post-BEPS의 경과

날짜	내용
2016. 6	2015년 OECD BEPS 보고서 발행 이후, 그 결과의 충실한 실행을 위하여 2016년 6월 OECD/G20 포괄적 협력체계(Inclusive Framework)가 출범되었다.
2017. 1	2017년 1월 디지털경제T/F(Task Force on Digital Economy: TFDE)의 추가 과제가 합의되었다.
2017. 3. 7	2017년 3월 G20은 TFDE에 중간보고서를 2018 IMF/World Bank 춘계 미팅에 제출할 것으로 요청하였고, 이러한 요청은 2017년 7월 함부르크 G20 정상회의에서 재확인되었다.
2017. 9	중간보고서 작성을 위해 2017년 9월 디지털경제의 과세 문제에 대한 의견 수렴 절차를 진행하였다. 이때 학계, 기업 및 전문가 단체 등으로부터 50여개의 의견이 제출하였다.
2017. 11. 1	2017년 11월 1일 캘리포니아에서 공개 토론회가 개최되었다.
2018. 3	이러한 배경하에서 준비된 OECD/G20의 2018년 3월 후속 중간보고서(Tax Challenges Arising from Digitalisation　Interim Report 2018-Inclusive Framework on BEPS, March 16, 2018)는 디지털경제T/F가 추가로 수행한 분석 내용과 2018년 초까지 전개된 디지털경제 관련 각 국가의 조치사항, 이와 관련된 과세 문제 그리고 향후 과제에 대한 내용을 다루었다.
2019. 1. 23	2020년까지 최종보고서를 만들기 위한 노력의 일환으로서 디지털경제 T/F(TFDE) 정책보고서(Addressing the Tax Challenges of the Digitalisation of the Economy　Policy Note, 2019. 1. 23)를 발표하여 디지털경제에 따른 조세문제에 대한 접근방식을 제시하였다. 사용자 참여, 마케팅 무형자산 개념 등에 기반한 이익배분 및 연계거점 규칙을 수정하여 과세권을 배분하는 방안(Pillar 1) 및 그 이후에도 여전히 남아있는 BEPS 문제를 해결하기 위한 방안(Pillar 2)에 대하여 검토할 것을 합의하였다.

제」, 2019. 10. 31 등 참조.

날짜	내용
2019. 1	OECD의 포괄적 협력체계(Inclusive Framework)는 2019년 1월에 발표된 공개협의문(consultation document)의 제1과제(Pillar1) '이익배분 및 연계거점(nexus) 규칙'에서 디지털 시대의 국경 간 활동에서 발생하는 이익에 대한 과세권을 관할 국가 간에 어떻게 배분할지에 대해 '사용자 참여(user participation)' 제안, '마케팅 무형자산(marketing intangibles)' 제안 및 '중요한 경제적 실재(significant economic presence)' 제안을 제시하였다.
2019. 3	포괄적 협력체계는 2019년 3월 디지털경제에서의 조세문제에 대한 공개협의서(Public Consultation Document, Addressing the tax challenges of the digitalisation of the economy, 2019)를 제공하여 각계각층의 다양한 의견을 청취하였다.
2019. 5	OECD/G20의 2019년 5월 합의안 도출을 위한 보고서(Programme of Work to Develop a Consensus Solution to the Tax Challenges Arising from the Digitalisation of the Economy, 2019)가 발표되었다.
2019. 10	OECD 사무국은 2019년 10월, 기존에 제출된 세 가지 대안을 기초로 한 제1쟁점에 대한 논의를 종합적으로 검토하여 새로운 공개협의 문서(Public consultation document - Secretariat Proposal for a 'Unified Approach' under Pillar One, 2019년 10월 공개협의 문서)를 공개하였다. 세 가지 대안들이 가진 공통점을 기초로 하되, 실행가능성이 높은 대안을 제시함으로써 포괄이행체제 구성원들의 합의를 보다 현실적으로 이끌어내기 위한 방안으로서 단일접근법(통합접근법)을 제안하였다.
2020. 1	2020년 1월 개최된 포괄적 이행체제 총회에서 OECD 사무국이 제안한 단일접근법(통합접근법)의 기본 골격에 대한 합의가 이루어졌다. 2020.1.31 성명서를 발표하였다. 여기서 디지털경제 하에서의 조세문제 해결을 위해 'Two-Pillar Approach'를 채택하였다. 전반부에서는 'Pillar One: 통합접근법(단일접근법, Unified Approach)'을 통해 디지털경제 하에서 새로운 과세권 배분원칙을 설명하였다. 후반부에서는 'Pillar Two: 글로벌 최저한세(Global Minimum Tax)'에 대한 논의 경과를 정리하였다.
2020. 2	2020년 2월 이러한 합의 내용을 담은 OECD 사무총장 보고서(OECD Secretary-General Tax Report to G20 Finance Ministers and Central Bank Governors, 2020년 2월 보고서)가 사우디아라비아 리야드에서 개최된 G20 재무장관 중앙은행 총재 회의에 제출하였다.

날짜	내용
2020. 3	2020년 3월 11일 WHO가 COVID-19를 세계적인 팬데믹(pandemic)으로 선포하면서 OECD의 이러한 논의도 영향을 받게 되어 회의 일정이 연기 및 온라인으로 대체되었다.
2020. 10	2020년 10월 12일 OECD는 디지털세 논의에 대한 국가별 합의안을 도출하기 위한 Pillar 1, 2 Blueprint를 공개하였다.[20] 이 보고서는 2019년 10월 및 11월에 공개된 Pillar 1, 2의 내용을 발전시키고 개정한 것이다. OECD는 해당 문서에 대한 이해관계자들의 의견을 2020년 12월 14일까지 수렴하여 2021년 1월 중순 공청회를 개최 예정이었으나, OECD/G20은 코로나19 확산의 영향을 고려하여 최종 합의를 2021년도 중반으로 연장할 것으로 발표하였다.
2021. 6	2021년 6월 4~5일 G7 재무장관 중앙은행 총재 회의 시 합의안이 제시되었다. Pillar 1은 업종과 상관없이 매출액과 이익률 기준 상위 다국적기업(the largest and most profitable multinational enterprises)의 초과이익(=글로벌 매출액의 10%를 상회하는 이익)에 대해 20% 이상 과세할 권리(Amount A)를 매출이 발생한 시장 소재국에 배분한다는 내용을 담았다. Pillar 2는 글로벌 최저한세율을 최소 15% 이상으로 하는 내용을 담았다.
2021. 7	2021년 7월 1일 OECD/G20 IF 제12차 총회에서 130개국이 합의하였다. Pillar 1은 적용대상기업, 과세연계점, 배분량, 매출귀속 기준, 사업 구분, 조세확실성, 일방주의적 조치, 이행 계획의 구체화 등을 제시하였다. Pillar 2는 기본 체계, 적용대상기업, Pillar 2의 지위, 이행, GloBE 규칙(소득산입규칙과 비용공제부인규칙), 원천지국 과세규칙, 실효세율 계산, 최저한세율, 적용 예외, 단순화 등을 제시하였다.
2021. 8	2021년 10월 8일 OECD/G20 포괄적 이행체계(IF)는 제13차 총회(영상)를 개최하여 필라 1·2 최종합의문 및 시행계획을 논의하였고, IF 140개국 중 136개국의 지지를 얻고 대외 공개를 하였다.
2021. 10	G20 재무장관회의(10.13, 워싱턴 D.C.)에 위 합의안을 보고하였고, G20 정상회의(10.30~31, 로마)에서 이를 추인하였다.
2021. 12	2021년 12월 20일 OECD/G20 포괄적 이행체계(IF)는 디지털세 필라2 글로벌 최저한세(글로벌 세원잠식 방지(Global anti-Base Erosion) 규칙) 모델 규정을 서면 합의 절차 이후 대외 공개하였다.[21]

20 http://www.oecd.org/tax/beps/international-community-renews-commitment-to-address-tax-challenges-from-digitalisation-of-the-economy.htm

4. 2021년 10월 G20 정상회의에서
추인된 디지털세의 구체적 내용

위에서 보듯 디지털경제와 관련하여 디지털세를 어떠한 방식으로 도입할지에 대해서는 국제적 합의를 이끄는데 상당한 시간이 걸렸다. 이러한 국제적 합의도 실제 우리나라에서 입법화하는 과정에서 계속 유지될지, 그리고 국제적 합의가 되었다고 하지만 세부 사항을 어떻게 정하여야 하는지는 여전히 논란이 남아 있다.

그렇지만 2021년 10월 8일 OECD/G20 포괄적 이행체계(IF)가 제 13차 총회(영상)를 개최하여 필라 1·2 최종합의문 및 시행계획을 논의하고 IF 140개국 중 136개국의 지지를 얻어 이를 대외 공개한 것은 국제적 합의의 모습을 구체적으로 볼 수 있는 획기적인 성과라 할 수 있다. 2021년 7월 1일 필라 1·2 합의문이 공개되기는 했지만, 이때 결정되지 않은 주요 쟁점사항이 10월 결정되고 최종 합의문이 채택된 것이다. 필라1 초과이익 배분비율(25%) 및 필라2 최저한세율(15%) 등 국가간 이견이 큰 정치적 쟁점 사항이 모두 합의에 도달했다.[22] 합의안의 주요 내용을 정리하면 다음과 같다.

디지털세 필라1은 일정 규모 이상인 다국적기업이 얻은 글로벌 초

---

21 기획재정부 보도참고자료, "디지털세 필라2 모델 규정 공개- 글로벌 최저한세 도입을 위한 입법 지침 합의 -", 2021. 12. 20; OECD(2021), Tax Challenges Arising from the Digitalisation of the Economy – Global Anti-Base Erosion Model Rules(Pillar Two), OECD Publishing, Paris 참조.

22 기획재정부 보도자료, "디지털세 필라 1·2 최종 합의문 공개- '23년부터 디지털세 본격 도입될 전망-", 2021. 10. 9.

과이익의 일정 부분에 대해 시장소재국에 과세권을 배분하는 것이다. 적용 대상은 연결매출액 200억 유로(27조 원) 및 이익률 10% 이상 기준을 충족하는 글로벌 다국적기업이고, 일부 업종(채굴업, 규제된 금융업)은 적용 제외되었다. 이때 매출액 기준은 실제 집행 경험 등을 고려하여 시행 7년 후 100억 유로로 축소될 예정이다. 해당 관할권 내 매출액이 100만 유로 이상일 경우 과세연계점이 형성(GDP가 400억 유로 이하인 국가의 경우 25만 유로 이상)된다. 글로벌 이익 중 통상이익률 10%를 넘는 초과이익에 배분율(시장기여분) 25%를 적용하여 시장소재국에 과세권 배분된다. 기업이 시장소재국에 배분하는 초과이익 부분에 대해 해당 국가에 이미 납세하고 있는 경우 세이프하버 규칙을 통해 그 국가에 배분될 과세권 규모(Amount A)를 제한한다. 시행과 관련하여 관련 다자협정에 2022년 서명한 후 2023년 발효 목표이다.

디지털세 필라2는 다국적기업의 소득에 대해 특정 국가에서 최저한세율보다 낮은 세율을 적용(실효세율〈최저한세율)시 다른 국가에 추가과세권을 부여하는 것이다. 필라2는 글로벌 최저한세 도입을 의미하는데, 세부 유형에는 자회사 소득 저율과세 시 추가세액을 모회사에 부과하는 소득산입규칙(자회사가 저율과세되는 경우 최종모회사가 해당 미달세액만큼 최종모회사 소재지국 과세당국에 납부하는 방식), 소득산입규칙이 적용되지 않는 경우 추가세액을 자회사들에 배분하는 비용공제부인규칙(최종모회사가 저율과세되는 경우 반대로 해외 자회사들이 미달세액만큼을 자회사 소재지국 과세당국에 납부하는 방식)이 있다. 적용 대상은 연결매출액 7.5억 유로(1조 원) 이상 다국적기업[23]이고, 정부기관, 국제기구, 비영리기구,

23 우리나라의 경우 2019년 국가별보고서 제출기업(연결매출액 1조 원 이상)은 245개

최종모회사인 연금펀드·투자기구 등은 적용 제외되었다.

소득산입규칙의 경우 각국은 7.5억 유로 미만 다국적기업에 대해서도 적용가능하다. 해외 진출 초기 단계의 다국적기업은 비용공제부인규칙 적용을 제외하며, 이러한 제외는 5년 간 적용된다. 국가별로 계산한 실효세율(=대상조세/필라2 과세표준)을 기준으로 최저한세율에 미달하는 만큼 추가세액이 부과되고, 최저세율은 15%이다. 한 관할국에서 매출액 1천만 유로 미만 및 이익 1백만 유로 미만 다국적기업의 경우 그 관할국에서 적용이 제외된다. 각국은 반드시 필라2를 도입해야 하는 것은 아니나, 도입할 경우에는 IF에서 합의된 방식을 준수할 의무가 있고 다른 국가가 필라2를 적용하는 것을 수용할 의무가 있다. 시행과 관련하여 2022년까지 각국 법제화 후 2023년부터 시행 목표이다. 비용공제부인규칙은 2024년부터 시행 예정이다.

5. 디지털세의 전망

(1) 국제적 합의에 따른 디지털세를 위한 국내 세법 및 조세조약 개정 논의

위에서 보았듯 2021년 두 차례에 걸친 OECD/G20 포괄적 이행체계(IF) 총회에서 디지털세 필라1·2 최종합의문을 채택했다. 현재 기술

(최종모기업 기준)이다. 기획재정부 보도참고자료, "디지털세 필라2 모델 규정 공개- 글로벌 최저한세 도입을 위한 입법 지침 합의 -", 2021. 12. 20, p. 4 참조

적 세부 사항이 논의 중에 있고, 이를 바탕으로 다자협정 체결 및 법제화 과정을 거쳐 2023년부터 시행될 예정이다.[24]

필라1과 필라2 도입에 따른 다자협정 조약 체결 및 국내 법제화가 필요하다. 구체적으로는 법인세법, 국제조세조정에 관한 법률, 조세조약 개정 논의가 필요하다. 이러한 개정에는 고정사업장세제,[25] 이전가격세제, CFC세제, 중재조항, 다자간조약의 효과[26] 등에 대한 검토가 필요하다.

국내세법이 사전에 미리 개정된 부분도 있다. 2020년 12월 22일 「국제조세조정에 관한 법률」 전부개정 시 상호합의에 따른 중재 조항이 신설된 바 있다(국제조세조정에 관한 법률 제43조). 조세조약 상 중재 도입[27]을 위한 세법 상 근거 마련 및 상호합의 상 중재의 절차적 규정이 신설된 것이다.[28] 또한 2021년 12월 21일 「국제조세조정에 관한 법률」 시 유보소득 배당간주제도가 적용되는 외국법인을 판단하는 기준 중 외국법인 설립국에서의 부담세율과 관련하여 종전에는 실제부담

---

24   최용환·홍욱선, "디지털경제의 국제조세 과세원칙 개정 논의와 향후 과제-미국 바이든 세제개혁 및 OECD 2 필라 IF 합의를 중심으로-", 조세학술논집 제37집 3호, 한국국제조세협회, 2021. 9; 예상준·오태현, "최근 디지털세 논의 동향과 시사점", KIEP 오늘의 세계경제, 대외경제정책연구원, 2021. 7. 9. 등 디지털세 필라1, 필라2에 따른 국내 영향에 대해서 여러 논의가 이루어지고 있다.

25   디지털경제에서 고정사업장 개념 변경에 대해서는, 박훈, "디지털경제하에서의 고정사업장 개념 변경과 해외이전소득에 대한 과세제도의 도입에 관한 소고", 조세학술논집 제35집 제1호, 한국국제조세협회, 2019. 2. 참조.

26   다자간 조세협약에 대해서는, 김정홍, "BEPS 이행 다자협약의 현황과 전망", 조세학술논집 제34집 제1호, 한국국제조세협회, 2018. 2. 참조.

27   김선영·백새봄, "국제조세 분쟁에 관한 중재제도의 운영방안에 대한 연구", 조세학술논집 제37집 제1호, 한국국제조세협회, 2021. 3. 참조.

28   국세청, 2021 개정세법해설, 2021. 3, p. 27.

세액이 실제발생소득의 15%이하로 하던 것을 국내 세율과 연계하여 「법인세법」 상 최고세율의 70% 이하로 변경하였다(국제조세조정에 관한 법률 제27조).[29] 이는 특정외국법인(Controlled Foreign Company: CFC)을 통한 조세회피에 대한 관리 강화를 의미한다.

국내 과세권만을 확대하기 위한 국내세법 개정은 자칫 조약무효화가 될 수 있기 때문에 조약개정과 연계되어 개정될 필요가 있다. 양자간 조세조약 개정의 어려움을 다자간 조세조약을 통해 보완할 수도 있지만, 이 역시 국내세법, 양자간 조세조약, 다자간 조세조약간 관계를 제대로 정립하지 않으면 과세 여부 및 과세되는 세액에 대한 혼란을 가져올 수도 있다. 한편 제때 국내세법이 개정되지 않으면 국제적 합의에 따라 우리나라가 과세할 수 있는 권한을 놓칠 수 있기 때문에 개정의 시기를 놓쳐서는 또 안 될 것이다.

(2) 과세의 불확실성을 제거하기 위한 노력

국제적 합의가 이루어졌다고는 하지만, 각국은 자신의 과세권을 확대하기 위한 입법적 조치 및 과세권 행사를 할 가능성이 높기 때문에 국제적 조세회피에 따른 국제적 이중비과세 및 과세권 행사의 미비가 아닌 국제적 이중과세라는 또 다른 국제조세 분야의 문제를 가져올 가능성도 높다.

국내 진출 외국 기업에 대한 과세권의 행사 여부 및 세액의 명확한

---

29 http://likms.assembly.go.kr/bill/billDetail.do?billId=ARC_X2N1L0S9S0R2W1Q7F3B1Q3N5Q7J8C5.

계산은 국내세법 및 조세조약 개정 시 해당 쟁점에 대한 명확한 입장을 정리함으로써 비교적 우리나라 차원에서 과세의 불확실성을 제거할 수 있다. 해외 진출 국내 기업에 대해서는 해외소득 국외납부세액에 대해 국내 세법 상 어떻게 인정해 줄 것인지 명확하게 하는 것이 필요하다. 디지털세를 통해 우리나라의 과세권을 제대로 확보하는 것 못지 않게 과세에 대한 불확실성을 제거하는 것 역시 우리나라의 조세경쟁력을 높이는 방안이 될 수 있다.

특히 디지털세 필라1의 경우 Amount A와 관련된 모든 이슈는 의무적·강제적인 분쟁 해결 절차로 조정된다는 점에서 이에 대한 대비책이 필요하다. 분쟁 대응역량이 낮은(BEPS action 14상 유예 판정을 받고, 상호합의 건수가 없거나 적은 경우) 개도국에 대해서는 강제적 분쟁 해결 절차 적용을 선택할 수 있도록 특례를 부여하고, 주기적 재심사를 진행하기로 하였는데, 이러한 국가와의 국제조세 분쟁이 있는 경우에는 또 다른 접근이 필요하다.

(3) 우리나라만의 세수 확보만을 위한 별도 입법조치의 신중

디지털세 필라1의 합의사항 중 "필라1 시행 시 기존 디지털서비스세 및 유사 과세는 폐지하며 향후에도 도입하지 않기로 하고, 시행 전에도 '21. 10. 8.일 합의 시점부터 필라1 다자협정의 발효 혹은 '23. 12. 31일 중 이른 시점 사이의 기간에 마찬가지로 새로운 디지털서비스세 및 유사 과세가 부과되지 않고, 기존에 운영 중인 제도의 철폐 방안에 대해서는 회원국들의 의견을 반영하여 적절히 조율 예정"이 포함되어 있다.[30] 프랑스 디지털서비스세, 영국 우회이익세 등과 같은 디지털세의 국내 도입에 대해서는 이러한 디지털세 합의에 따라 국내 도입은 사실상 어렵다고 할 것이다.

조세조약의 개정 없이 국내 세법만의 개정을 통해 과세권을 확대하는 것도 조약 무효화, 위 디지털세에 대한 국제적 합의 위배 등이 될 수 있다는 점을 유의할 필요가 있다.

6. 마치며

위에서 보듯 디지털세는 오랜 기간의 국제적 논의 끝에 국제적 합의가 어느 정도 도달하였다고 할 수 있다. 이는 IT 다국적기업에 대한 국제적 조세회피에 대한 국제적 협력이라 할 수 있다. 이러한 합의는 디지털거래 시 디지털 소비자의 거주지국의 과세권 확대를 가져온 것이라 할 수도 있다. 그리고 국제조세 분야의 원천지국과세와 거주지국과세의 과세권 배분과 관련하여 원천지국의 과세권 강화를 가져온 것이라 볼 수도 있다. 디지털세 필라1, 필라2에 대한 국제적 합의에 대한 평가는 합의국들의 국내 세법 및 조세조약 등 개정을 통해 2023년부터 시행되면서 실제 평가가 이루어질 것이다.

그런데 디지털경제에 따라 국제적인 과세권의 배분에 대한 국제적 합의가 이루어지는 과정에서 우리나라 과세권을 조금 더 확보하는 것 못지 않게 우리나라 조세제도의 국가경쟁력을 높이는 하나의 계기로

---

30 기획재정부 보도자료, 위의 자료, p. 9

삼는 것도 중요하다. 조세제도도 국가경쟁력 중 하나의 요소이기 때문이다. 미국조세재단(US Tax Foundation)이 2020년 10월 발표한 〈국제조세경쟁력 보고서(International Tax Competitiveness Index Report)〉에 따르면 우리나라 조세경쟁력은 OECD 36개국 중 24위이다. 미국 조세재단이 OECD 36개국을 대상으로 41개 세부 변수들을 이용하여 2014년부터 2020년까지의 연간 법인세, 소득세, 소비세, 재산세, 국제조세 경쟁력 및 종합 조세경쟁력 점수와 OECD 순위를 산출하여 발표한 것인데, 국제조세 분야(9개 세부 변수)는 33위로 세부 분야에서는 전체 24위보다 더 떨어져 있다. 다행히 디지털세 필라1, 필라2에 대한 국제적 합의 시 합의 136개국[31]에 우리나라가 포함되어 있었고, 합의 과정에서도 적극적으로 참여하였다는 점은 고무적이라 할 수 있다. 다만 디지털세 필라1의 경우 우리나라 기업 2개, 필라2의 경우에는 245개가 관련성을 갖는 것으로 예상되는 점을 볼 때 미국의 IT기업에만 국한된 논의가 아님을 알 수 있다.

합의 시 주도권을 잡기 위해 영국, 프랑스처럼 국내 세법 개정을 통해 미국 IT 기업에 대해 보다 많은 세금을 내게 하거나, 기존 세법하에서도 세무조사를 강화하는 것도 하나의 방법일 수는 있다. 그렇지만 이러한 개별 국가의 조치가 미국과 프랑스의 무역분쟁을 가져왔던 바와 같이 조세의 문제로 또 다른 국가의 불이익을 가져올 수 있다는 점은 우리나라가 조세제도를 정비할 때 시사하는 바가 크다.

우리나라가 조세회피처로서 외국 기업을 유치하는 것을 국가적 전

---

31 2021. 11. 4. 기준으로는 137개국이다. https://www.oecd.org/tax/beps/(2022. 1. 13. 접속) 참조.

략으로 선택하기 어려운 상황이라면, 조세제도의 불확실성을 줄이고 국고주의적인 과세권 행사를 하는 나라로서 악명을 불식하면서 합리적으로 제시된 조세제도를 받아들이는 선진국으로서의 면모를 국제적으로 보일 필요가 있다. 국내 세법 및 조세조약을 개정하는 과정에서 이를 보여줄 필요가 있다.

국내에 진출한 외국 기업에 대한 우리의 입장은 해외 진출한 국내 기업에 대해 다른 나라 과세권자에게 국제적인 기준을 제시하고 우리나라 기업을 보호하는 강력한 논리적 무기가 될 수 있다.

또한 디지털세는 국제적 논의라는 점에서 단순히 국내 조세 문제에 국한하는 것이 아니고 국가의 역량을 보여주는 것이라는 점에서 종전의 기획재정부 세제실의 제한된 인원만으로 대응하는 것은 한계가 있다는 점을 자각해야 한다. 조세 분야의 외교적인 역량 제고, 국내 기업 및 국내 진출한 외국 기업과 합리적 소통 마련 등을 위한 기획재정부 자체의 역량강화를 위한 다양한 방안을 모색해야 한다. 디지털세에 대한 2023년 시행과 관련하여 국제적인 협의만이 아니라 국가 간 경쟁도 이미 시작되었기 때문이다.

| 참고문헌 |

강노경. 2021. 3. "EU의 디지털 서비스세 도입과 대응". 『KITA Market Report』. 2020. 2. 12.

김선영·백새봄. 2021. 3. "국제조세 분쟁에 관한 중재제도의 운영방안에 대한 연구". 『조세학술논집』 제37집 제1호. 한국국제조세협회.

김정홍. 2018. 2. "BEPS 이행 다자협약의 현황과 전망". 『조세학술논집』 제34집 제1호. 한국국제조세협회.

박   훈. 2019. 2. "디지털경제 하에서의 고정사업장 개념 변경과 해외이전소득에 대한 과세제도의 도입에 관한 소고". 『조세학술논집』 35집 1호. 한국국제조세협회.

_____. 2021. 10. 30. "디지털경제 확대에 따른 국제조세 체계 변화". 『한국국제경영관리학회 학술대회 발표자료』.

예상준·오태현. 2021. 7. 9. "최근 디지털세 논의 동향과 시사점". 『KIEP 오늘의 세계경제』. 대외경제정책연구원.

오   윤. 2021. 6. "다국적기업에 대한 과세권 배분의 동향과 과제". 『조세학술논집』 제37집 제2호. 한국국제조세협회.

이준봉. 2020. 4. "균등화세의 도입을 통한 디지털경제의 과세에 관한 연구". 『조세법연구』 제26권 제1호. 한국세법학회.

최용환·홍욱선. 2021. 9. "디지털경제의 국제조세 과세원칙 개정논의와 향후 과제– 미국 바이든 세제개혁 및 OECD 2 필라 IF 합의를 중심으로". 『조세학술논집』 제37집 3호. 한국국제조세협회.

한국공인회계사회. 2019. 10. 31. 『디지털경제에 따른 조세현안과 과제』.

허원. 2020. 4. "디지털경제 관련 국제조세 분야의 최근 논의와 대응 동향". 『세무와 회계저널』 제21권 제2호. 한국세무학회.

국세청. 2021.『개정세법해설』.

기획재정부. 2015. 10. 6. "OECD/G20 BEPS 프로젝트 최종 보고서 발간". 보도자료.

_____. 2021. 10. 9. "디지털세 필라 1·2 최종 합의문 공개- '23년부터 디지털세 본격 도입될 전망". 보도자료.

_____. 2021. 12. 20. "디지털세 필라2 모델 규정 공개- 글로벌 최저한 세 도입을 위한 입법 지침 합의". 보도참고자료.

OECD. 2015. Addressing the Tax Challenges of the Digital Economy, Action 1-2015 Final Report, OECD/G20 Base Erosion and Profit Shifting Project. OECD Publishing. Paris.

OECD. 2021. Tax Challenges Arising from the Digitalisation of the Economy Global Anti-Base Erosion Model Rules (Pillar Two), OECD Publishing. Paris

Tapscott, Don. 1995. 『The Digital Economy: Promise and Peril in the Age of Networked Intelligence』. McGraw-Hill.

US Tax Foundation. 2020. 『International Tax Competitiveness Index Report』.

http://likms.assembly.go.kr

https://www.kipf.re.kr

https://www.mofa.go.kr

https://www.oecd.org/tax/beps/beps-actions

제6장 시장지배적 온라인 플랫폼 사업자에 대한 해외 입법 동향과 시사점

김윤정 대통령직속 정책기획위원회 국민성장분과 위원,
한국법제연구원 연구위원, 법학박사

1. 서론: 온라인 플랫폼 사업자에 대한
규제의 필요성

통계청에 따르면 인터넷과 모바일을 통한 온라인쇼핑 거래액은 2019년 135조 2,640억 원, 2020년 161조 1,234억 원을 기록하였으며, 매년 대략 20% 정도의 증가율을 보이고 있다.

오픈마켓, 배달앱, 숙박앱, 앱마켓, 승차중개앱, 가격비교사이트, 부동산·중고차 등 정보제공서비스, 검색광고서비스 등으로 대표되는 온라인 플랫폼[1]은 인터넷·모바일을 통해 소상공인이 소비자와 거래를 할 수 있도록 중개기능을 수행하고 있는데, 자체적인 플랫폼이 없는 소상공인들은 이와 같은 온라인 플랫폼에 더욱 의존할 수밖에 없는 상황이다.

---

[1] 공정위 시장감시국 시장감시총괄과, "공정위, 「온라인플랫폼 공정화법」 제정안 입법예고", 공정거래위원회 보도자료, 2020. 9. 28., 1면.

온라인 플랫폼은 더 많은 이용자들이 이용할수록 이용자의 효용을 더 높이는 '네트워크 효과'와 더 많이 이용할수록 비용이 절감되는 '규모의 경제' 때문에 독과점화 될 수밖에 없는 시장이다.

소비자가 많이 이용하는 온라인 플랫폼은 소상공인인 입점업체가 소비자에게 접근하는 데 있어서 필수불가결한 통로로 작용하고 있으므로,[2] 입점업체의 정보(공급 측면의 정보)를 다량으로 수집할 수 있게 된다. 또한 온라인 플랫폼은 다량의 거래를 동시다발적으로 매개함으로써 소비자의 선호정보(가격 및 상품에 대한 선호)와 수요 패턴을 빅데이터 수준으로 집적할 수 있다는 특징이 있다.[3] 그리하여 온라인 플랫폼은 양면시장의 매개자로서 입점업체 정보(공급 측면의 정보)와 소비자 정보(수요 측면의 정보) 둘 다 보유하고 있으므로, 온라인 플랫폼의 이와 같은 정보 독점 현상은 온라인 플랫폼의 시장지배력 또는 우월적 지위를 강화하고 있다.[4]

이와 같이 온라인 플랫폼의 영향력이 급속히 증가하고, 소상공인의 온라인 플랫폼 이용이 증가함에 따라 온라인 플랫폼의 우월적 지위를 이용한 불공정거래행위에 대한 우려도 커지고 있다. 온라인 플랫폼은 자신의 플랫폼에서 잘 팔리는 소상공인 상품들을 인지하여 직접 판매하고(Private Brand 창출)[5] 가격정보를 이용해 더 저렴하게 판매하는 방

---

2 OECD, *Implications of E-commerce for Competition Policy - Background Note*, DAF/ COMP(2018)3, 2019. 2. 21., p. 46, para. 192.

3 김윤정, "온라인플랫폼 중개거래질서 공정화를 통한 소상공인 보호", 『경쟁저널(제205호)』, 한국공정경쟁연합회, 2020. 11., 25면.

4 經濟産業省·公正取引委員會·總務省, 『取引環境の透明性·公正性確保に向けたルール整備の在り方に關するオプション』, デジタル·プラットフォーマ を巡る取引環境整備に關する檢討會, 2019. 5. 21., 2-3면.

식으로 소상공인을 경쟁에서 퇴출시킬 수 있다.[6] 또한 자사 판매 제품을 소상공인 제품보다 검색 랭킹의 상위에 노출시키거나 소상공인 제품이 제대로 검색되지 않도록 불리하게 취급할 수 있다.[7]

2019년 한국법제연구원 설문조사 결과에 따르면, 대규모 온라인 쇼핑몰 입점 시 판매자들이 경험한 불공정거래행위는 '광고비 등 비용 및 판매수수료 과다'라는 응답이 35.4%로 가장 높았고, 다음으로 '일방적 책임 전가'(22.8%), '할인쿠폰, 수수료 등 기준 불분명, 부당한 차별적 취급'(20.3%), '일방적 정산절차'(19.0%) 순으로 응답하였다.[8]

그러나 현행 「독점규제 및 공정거래에 관한 법률」(이하 '공정거래법')에는 계약서 작성 및 교부 등과 같은 분쟁 예방을 위한 절차가 존재하지 않고 분쟁이 발생한 경우에도 신속한 분쟁 해결을 위한 수단이 마련되어 있지 않으므로, 현행 공정거래법 규정만으로는 온라인 플랫폼과 입점 판매자인 중소상공인 간 힘의 불균형에 따른 불공정거래 환경을 개선하기 쉽지 않은 실정이다. 또한 「가맹사업거래의 공정화에 관한 법률」(이하 '가맹사업법'), 「대규모 유통업에서의 거래 공정화에 관한 법률」(이하 '대규모유통업법'), 「대리점거래의 공정화에 관한 법률」(이하 '대리점법')로 보호되는 오프라인 유통 분야의 소상공인 업체(대략 63만 개)에 비해 주요 거대 온라인 플랫폼에 입점한 소상공인 업체(대략 180만)의 수는 약 3배에 달하고 있지만, 이들을 보호하기 위한 특별법은 없

---

5   OECD(2019), ibid. p. 36, para. 136.

6   OECD(2019), ibid. p. 36, para. 132.

7   OECD(2019), ibid. p. 36, para. 136.

8   김윤정, 『전자상거래 소비자피해 및 불공정거래행위 관련 설문조사 결과보고서(판매자)』, 한국법제연구원, 2019. 9. 25., 2-3면.

는 상황이다.

그러므로 이 글에서는 EU, 독일, 미국 등 해외 주요국에서는 온라인 플랫폼 사업자에 대해 어떠한 방식으로 규제함으로써 온라인 플랫폼 시장의 공정화를 도모하고 소상공인들을 보호하고 있는지를 고찰함으로써 우리나라의 정책 방향에 대한 시사점을 얻고자 한다.

2. EU의 투명성·공정성 규칙(2019)과 디지털시장법(안)(2021)

(1) 온라인중개서비스의 투명성과 공정성 확보 규칙(2019)

1) 입법 목적과 적용 대상

EU는 온라인중개서비스와 온라인검색엔진을 이용하여 비즈니스를 하는 온라인 플랫폼 이용 사업자를 보호하기 위해 2019년 6월에 「온라인중개서비스의 사업상 이용자를 위한 투명성과 공정성 확보 규칙(Regulation on promoting fairness and transparency for business users of online intermediation services)」[9](EU 2019/1150), 약칭 「온라인중개시비스의 투명성 및 공정성 확보 규칙」)을 제정하였다.

---

9 Regulation (EU) 2019/1150 of the European Parliament and of the Council of 20 June 2019 on promoting fairness and transparency for business users of online intermediation services, OJ 2019, L 186/57.

이 규칙의 입법 목적은 "온라인중개서비스의 사업상 이용자와 검색엔진과 관련해 자신의 기업적 웹사이트 이용자에게 적절한 투명성, 공정성 및 효과적인 구제 가능성을 제공하는 규정을 마련하여 역내시장의 적절한 기능을 제고하는 것"이다(제1조제1항).

이 규칙의 적용 대상은 1) 온라인중개서비스의 사업상 이용자와 2) 검색엔진이다. 이 경우 사업상 이용자 및 기업적 웹사이트 이용자의 영업체나 주소는 유럽연합 내에 소재해야 하고 이 온라인중개서비스나 온라인검색엔진을 통해 상품이나 서비스를 유럽연합 내에 소재하는 소비자에게 제공하는 경우여야 한다(제1조제2항). 이 규칙은 온라인 지불서비스나 온라인 광고수단 또는 온라인 광고경매에는 적용되지 않는다(제1조제3항).

온라인중개서비스 제공 사업자라면 누구나 소규모 기업이 아닌 한 이 규칙의 모든 규정을 준수해야 한다.[10] 소규모 기업인 경우에는 이 규칙 제11조(내부 불만처리 시스템) 제5항에 의해 불만처리 시스템 구축 의무가 면제되고 제12조(중재) 제7항에 의해 이용약관에 중재인을 지정할 의무가 면제된다.

2) 규칙의 주요 내용

규칙 제3조는 온라인중개서비스 사업자의 '약관 기재사항'과 '약관 변경 시 통지의무'를 규정하고 있다.[11]

---

10 European Commission, Questions and Answers Establishing a Fair, Trusted and Innovation Driven Ecosystem in the Online Platform Economy, 2020. 7. 9., p. 9.

11 본 규칙 제3조제1항은 온라인중개서비스 사업자의 '약관 기재사항'으로서 (a) 명확성의 원칙, (b) 예비이용사업자에 대한 약관 제공의무, (c) 서비스 중지·종료·제한

규칙 제4조는 온라인중개서비스의 제한과 중지 및 중단이 발생하는 경우 온라인중개서비스 사업자의 '사전통보의무'와 '내부 분쟁해결 절차에서의 발언 기회 제공의무 및 원상회복의무'를 규정하고 있다.[12]

기준 제공의무, (d) 추가적 유통망과 제휴프로그램 정보 제공의무, (e) 지적재산권의 소유 및 관리 정보 제공의무를 규정하고 있다(제3조제1항). 그리고, 이러한 정보 제공의무 위반 시 해당 약관은 제3항에 따라 무효이다(제3조제3항). 본 규칙 제3조 제2항은 온라인중개서비스 사업자의 '약관변경 시 통지의무'를 규정하고 있다. 온라 인중개서비스 사업자는 해당 사업상 이용자에게 약관의 변경안을 통지해야 하며, 통지 후 최소 15일이 지난 후에야 약관의 효력은 발생된다. 통지를 받은 사업상 이용자 는 통지기간이 도과하기 전에 온라인중개서비스 사업자와의 계약을 해지할 수 있다. 통지기간 동안 온라인중개서비스에 새로운 상품이나 서비스를 제공하는 것은 명백 하고 적극적인 통지기간 포기의 의사로 본다(제3조제2항). 그리고 이러한 약관변경 통지의무 위반 시 해당 약관변경은 제3항에 따라 무효이다(제3조제3항). 본 규칙 제 3조제5항은 온라인중개서비스 사업자의 '사업상 이용자 신원 표시 의무'를 규정하 고 있다. 온라인중개서비스 사업자는 온라인중개서비스를 통해 상품이나 서비스를 제공하는 사업상 이용자의 신원이 분명하게 표시되도록 하여야 한다(제3조제5항).

12 본 규칙 제4조제1항은 온라인중개서비스 사업자의 '중개서비스 제한 또는 중지 시 사전통보의무'를 규정하고 있다. 온라인중개서비스 사업자가 온라인중개서비스를 제한하거나 중지하기로 결정하는 경우 효력발생 전 또는 효력발생 시 이러한 결정 의 이유를 지속가능한 매체를 통해 알려야 한다(제4조제1항). 본 규칙 제4조제2항은 온라인중개서비스 사업자의 '중개서비스 중단 시 사전통보의무'를 규정하고 있다. 온라인중개서비스 사업자가 온라인중개서비스를 중단하기로 결정하는 경우 효력발 생 전 30일 전에 이러한 결정의 이유를 지속가능한 매체를 통해 알려야 한다(제4조 제2항). 그러나 '통지기간의 예외'로서 다음의 경우에는 중개서비스 중단이 있더라 도 반드시 30일 전에 이유를 통지할 필요는 없으며, 다만 부당한 지체 없이 그 이유 를 통지하여야 한다(제4조제4항).
    (a) 온라인중개서비스 사업자가 법적인 또는 행정적 의무 때문에 서비스를 이용하 던 사업상 이용자에게 온라인중개서비스의 전체 이용을 중단시키고 통지기간을 지킬 수 없는 경우
    (b) 온라인중개서비스 사업자가 유럽연합 법률과 합치되는 회원국의 법률에서 정하 는 강행적 이유 때문에 서비스 제공을 중단한 경우
    (c) 관련 사업상 이용자가 반복적으로 이용약관을 위반하여, 온라인중개서비스 전 체에 대한 중단이 필요하다고 생각되는 사정을 온라인중개서비스 사업자가 증 명한 경우

규칙 제5조는 온라인중개서비스 사업자와 검색엔진 사업자로 하여금 순위를 결정함에 있어서 중요한 요소와 그 이유를 이용사업자에게 설명하도록 '순위결정 요소 설명의무'와 '비용지급을 통한 순위변경 가능성 설명의무' 등을 부과하고 있다.[13]

본 규칙 제4조제3항은 온라인중개서비스 사업자의 이용사업자에 대한 '내부 분쟁해결 절차에서의 발언기회 제공의무 및 원상회복의무'를 규정하고 있다. 서비스 제한, 중지, 중단의 경우 온라인중개서비스 사업자는 내부 분쟁해결 절차에서 사실과 상황을 설명할 기회를 사업상 이용자에게 제공해야 한다(제4조제3항제1문). 온라인중개서비스 사업자가 서비스 제한, 중지, 중단을 철회하는 경우, 서비스 제한, 중지, 중단이 행해지기 전에 만들어진 개인정보나 기타 정보, 또는 양자에 대한 접근을 사업상 이용자에게 제공하여 사업상 이용자의 지위를 즉시 복귀시켜야 한다(제4조제3항제2문).

13 본 규칙 제5조제1항과 제2항은 온라인중개서비스 사업자와 검색엔진 사업자의 '순위결정 요소 설명의무'를 규정하고 있다. 온라인중개서비스 사업자는 순위를 결정함에 있어서 중요한 요소와 이러한 중요 요소가 다른 요소에 비하여 상대적으로 중요한 이유를 자신의 약관에서 설명하여야 한다(제5조제1항). 또한 온라인검색엔진 사업자는 순위를 결정함에 있어서 가장 중요한 개별적 또는 집합적 요소와 이러한 중요 요소의 상대적 중요성을 자신의 온라인검색엔진에서 간단하고 공개적인 설명을 통해 고지해야 하며, 이 고지는 용이하고 이해하기 쉬운 언어로 작성되어야 한다. 온라인검색엔진 사업자는 이러한 고지를 최신 상태로 유지하여야 한다(제5조제2항). 본 규칙 제5조제3항과 제5항은 온라인중개서비스 사업자와 검색엔진 사업자의 '비용지급을 통한 순위변경 가능성 설명의무'를 규정하고 있다. 사업상 이용자나 기업적 웹사이트 이용자가 직접적 또는 간접적으로 비용을 지급하여 순위에 영향을 미칠 수 있는 가능성이 있다면, 온라인중개서비스 사업자 또는 온라인검색엔진 사업자는 이러한 가능성에 대한 설명과 비용지급이 순위에 미치는 영향을 표시해야 한다(제5조제3항). 이때 사업상 이용자나 기업적 웹사이트 이용자에게 순위결정 방법을 설명함에 있어서 다음과 같은 요소들을 고려하는지, 고려하는 경우 어떻게 고려하는지, 그리고 얼마나 고려하는지에 대한 적절한 이해를 제공해야 한다(제5조제5항).
   (a) 온라인중개서비스 또는 온라인검색엔진을 통해 소비자에게 제공되는 상품 및 서비스의 특징
   (b) 소비자에게 이러한 상품 및 서비스 특징이 갖는 중요성
   (c) 온라인 검색서비스의 경우, 기업적 웹사이트 이용자가 적용하고 있는 웹사이트의 디자인 특성
   본 규칙 제5조제4항은 제3자의 신고에 따른 순위변경 또는 삭제 시 검색엔진 사업

규칙 제6조는 온라인중개서비스 사업자에게 '부수적 상품 및 서비스 제공 시의 설명의무'를 부과하고 있다.[14]

규칙 제7조는 온라인중개서비스 사업자와 온라인검색엔진 사업자에게 '차별적 취급 가능성' 관련 의무를 부과하고 있다.[15]

자의 기업적 웹사이트 이용자에 대한 '신고 내용 확인기회 제공의무'를 규정하고 있다. 온라인검색엔진 사업자가 제3자의 신고에 따라 개별사건에서 그 순위를 변경하거나 특정한 웹사이트를 목록에서 삭제하였다면, 온라인검색엔진 사업자는 기업적 웹사이트 이용자에게 그 신고의 내용을 확인할 수 있는 기회를 제공해야 한다(제5조제4항). 본 규칙 제5조제6항은 온라인중개서비스 사업자와 검색엔진 사업자의 '알고리즘이나 정보의 비공개 사유'를 규정하고 있다. 온라인중개서비스 사업자와 온라인검색엔진 사업자는 검색결과의 조작을 통해 소비자에게 기만 또는 손해를 야기할 것이 합리적으로 확실시되는 알고리즘이나 정보에 대해서는 공개할 의무가 없다(제5조제6항).

14 온라인중개서비스 사업자는 소비자에게 제공되는 부수적 상품 및 서비스의 종류, 사업상 이용자의 부수적 상품 및 서비스의 제공 가능성 여부 및 제공 허용조건을 약관에서 설명해야 한다(제6조).

15 본 규칙 제7조제1항과 제2항은 온라인중개서비스 사업자와 온라인검색엔진 사업자의 '차별적 취급 가능성 사전통지의무'를 규정하고 있다. 온라인중개서비스 사업자는 자신이 소비자에게 제공하거나 자신이 지배하고 있는 사업상 이용자가 소비자에게 제공하거나 또는 다른 사업상 이용자가 제공하는 상품 또는 서비스에 대하여 차별할 가능성과 그러한 차별의 원인이 되는 경제적, 상업적, 법률적 근거를 약관에서 설명해야 한다(제7조제1항). 온라인검색엔진 사업자는 자신이 소비자에게 제공하거나 자신이 지배하고 있는 기업적 웹사이트 이용자가 소비자에게 제공하거나 또는 다른 기업적 웹사이트 이용자가 제공하는 상품 또는 서비스에 대하여 차별할 가능성을 약관에서 설명하여야 한다(제7조제2항). 본 규칙 제7조제3항은 온라인중개서비스 사업자와 온라인검색엔진 사업자의 '차별적 취급 가능성에 대한 설명사항'을 규정하고 있다. 온라인중개서비스 사업자나 온라인검색엔진 사업자는 다음과 같은 사항을 차별적 취급하는 것을 설명해야 한다(제7조제3항).

(a) 사업상 이용자, 기업적 웹사이트 이용자, 소비자가 온라인중개서비스 또는 온라인검색엔진을 이용하기 위해 제공하였거나 서비스 제공 과정에서 생성된 개인정보 또는 기타 정보에 대해, 사업자 자신, 사업상 이용자, 사업자가 지배하는 기업적 웹사이트 이용자가 접근할 수 있는 권한

(b) 사업상 이용자가 온라인중개서비스를 통해 제공하거나 기업적 웹사이트 이용자

규칙 제8조는 온라인중개서비스 사업자에게 '약관의 소급변경 금지의무', '해지사유 표시의무', '계약종료 후의 정보접근권한 표시의무'를 부과하고 있다.[16]

규칙 제9조는 온라인중개서비스 사업자에게 '사업상 이용자의 데이터 접근권 및 사용권에 대한 설명의무'를 부과하고 있다.[17]

가 검색엔진을 통해 제공하는 상품이나 서비스에 대한 소비자 접근에 영향을 주는 순위 또는 기타 설정

(c) 해당 온라인중개서비스 또는 온라인검색엔진을 이용하기 위하여 지불해야 하는 직·간접 비용

(d) 사업상 이용자나 기업적 웹사이트 이용자에게 중요할 뿐 아니라 해당 온라인중개서비스나 온라인검색엔진의 이용에 직접적으로 관련이 있거나 보조적으로 도움을 주는 서비스, 기능, 기술적 인터페이스를 이용하기 위해 지불해야 하는 조건이나 직·간접 비용

16 온라인중개서비스 사업자는 법적인 또는 행정적인 의무를 준수해야 하거나 소급적 변경이 사업상 이용자에게 유리한 경우가 아니라면 약관을 소급하여 변경해서는 안 된다(제8조(a)). 사업상 이용자가 온라인중개서비스 사업자와의 계약을 해지할 수 있는 조건에 관한 정보가 약관에 분명히 포함되어야 한다(제8조(b)). 사업상 이용자에 의하여 제공되거나 생산되고, 온라인중개서비스 사업자와 사업상 이용자 간의 계약관계가 종료된 후에도 유지되는, 정보에 대한 기술적 또는 계약적 접근권한이 있는지 여부가 약관에 표시되어야 한다(제8조(c)).

17 온라인중개서비스 사업자는 사업상 이용자 또는 소비자의 개인정보나 기타 정보에 대한 사업상 이용자의 기술적이고 법률적인 접근 가능성에 대하여 약관에서 설명해야 한다(제9조제1항). 제1항에 의하여 설명할 때, 온라인중개서비스 사업자는 사업상 이용자에게 최소한 다음의 사항을 적정한 방법으로 안내하여야 한다(제9조제2항).

(a) 사업상 이용자 또는 소비자의 개인정보나 기타 정보에 대한 '온라인중개서비스 사업자'의 접근 가능성 여부 및 접근조건

(b) 사업상 이용자가 제공하였거나 그의 소비자에게 중개서비스가 제공되면서 생성된, 개인정보나 기타 정보에 대한 '사업상 이용자'의 접근 가능성 여부 및 접근조건

(c) 제(b)호에 더하여, 모든 사업상 이용자와 그의 소비자가 온라인중개서비스를 이용하는 과정에서 제공하였거나 생성된, 개인정보 또는 기타 정보 또는 양자 모두에 대한 정보 또는 집적된 형태의 정보에 대한 '사업상 이용자'의 접근 가능성 여부 및 접근조건

(d) 제(a)호의 정보가 제3자에게 제공되는지 여부, 이러한 정보제공의 목적을 구체

규칙 제10조는 온라인중개서비스 사업자에게 사업상 이용자의 '다른 유통방법 이용 제한에 관한 설명의무'를 부과하고 있다.[18]

규칙 제11조는 온라인중개서비스 사업자로 하여금 내부 불만처리 시스템을 설치하도록 의무를 부과하고 있다.

규칙 제14조는 사업상 이용자 또는 기업적 웹사이트 이용자를 대표할 정당한 이익을 가진 단체나 협회 및 공익단체가 이 규칙 상의 관련 규정을 위반한 온라인중개서비스 사업자 또는 온라인 검색엔진 제공자를 대상으로 그 위반행위를 중단하거나 금지하기 위해 소를 제기할 수 있음을 규정하고 있다.

(2) 디지털시장법(안)(2020)

1) 법안 발의 배경과 적용 대상

2020년 12월 EU 집행위원회는 디지털 시장의 게이트키퍼(Gate Keeper) 역할을 하고 있는 GAFA(Google, Apple, Facebook, Amazon) 등에 대해 사전적으로 의무를 부과하는 디지털시장법(Dagital Market Act)(안)을 EU 의회와 EU 이사회에 제안하였다.

화하는 정보, 그리고 이러한 정보의 제3자 제공이 온라인중개서비스의 정상적인 작동에 필수적인 것이 아니라면 사업상 이용자에게 이러한 정보제공을 거절할 수 있는 방법이 있는지 여부

18 온라인중개서비스 사업자가 사업상 이용자로 하여금 다른 유통방법을 통해 다른 조건으로 상품 및 서비스를 제공하지 못하도록 제한하는 경우, 약관에서 이러한 거래 제한의 경제적 이유, 영업상 이유, 법률적 이유를 설명하고 이러한 이유들을 대중이 알기 쉽게 표시하여야 한다(제10조제1항). 제1항의 의무를 이행한다 할지라도 온라인중개서비스 사업자는 유럽연합법 또는 회원국 국내법에 따른 금지나 규제를 적용받을 수 있다(제10조제2항).

EU 집행위원회는 지금까지 디지털 시장에서의 공정경쟁 환경 조성을 위해 구글 등 빅테크 기업에 대한 경쟁법 집행을 강화해 왔지만, 사후적인 경쟁법 집행의 속성 상 위법성 해소에 장기간의 시간이 소요되는 한계를 인식하고 시장지배력을 보유한 제한된 수의 대형 온라인 플랫폼에 대해 사전규제 방식을 도입한 것이다.[19]

이 법안의 전문(recital)(10)에서는 법안의 제안 목적을 다음과 같이 기술하고 있다.

> 이 법의 규제는 시장에서 왜곡 없는 경쟁의 보호를 보장하는 기존 경쟁법 상 목표를 보완하기 위한 것이지만 그것과는 차별화된다. 이 법의 규제는 게이트키퍼가 존재하는 시장에서 경쟁과 공정성이 보장될 수 있도록 시장을 유지시키는 것에 목적이 있으며 이는 현재의 게이트키퍼가 실제로 경쟁제한적 행위를 하거나 또는 그럴 가능성이 있는지와 무관하게 적용된다. 그러므로 이 규제는 기존 경쟁법과는 별개의 법적 목적을 추구하는 것이며, 기존 경쟁법의 적용에 영향을 주지 않는다.[20]

이 법안의 적용 대상은 EU 역내의 사업 상 이용자 또는 최종이용자에게 제공하는 핵심(Core) 플랫폼 서비스를 제공하는 게이트키퍼이며,

---

19 OECD (Competition Committee), *Ex ante regulation in digital markets Background Note*, DAF/COMP(2021)15, 2021. 11. 19.

20 European Commission, Proposal for a Regulation of the European Parliament and of the Council on contestable and fair markets in the digital sector (Digital Markets Act), COM(2020) 842 final, 2020. 12. 15., p. 10, Recital (10).

게이트키퍼의 설립지 또는 사무소 소재지와는 무관하게 적용된다. EU 집행위원회는 게이트키퍼 요건 충족 여부를 평가하여 신고를 받은 날 부터 60일 이내에 해당 기업을 게이트키퍼로 지정한다.

2021년 6월에는 27개 EU 회원국 경쟁당국 대표들이 회원국 경쟁 당국에게 디지털 시장법(DMA)의 집행권한 일부를 부여하도록 법안 수 정을 요구하는 내용의 공동성명서를 발표하였다. 그리하여 EU 이사회 는 수정 의견을 반영한 일반합의(general approach)를 2021년 11월 25 일 채택하였다. 이와 같은 이사회 수정안에 대해 EU 의회 상임위는 추 가 수정안을 제출하였으며 2021년 12월 15일 EU 의회 본회의에서는 수정된 의회안을 의결하였다.

2) 법안의 주요 내용

2020년 12월 처음 제출된 EU 집행위원회안의 경우, 게이트키퍼의 지정요건과 게이트키퍼가 스스로 이행해야 하는 의무사항 등을 규정 하였다.

집행위원회안의 게이트키퍼 지정 요건으로서, 온라인 중개, 검색, SNS, 비디오 공유 플랫폼, 개인 간 커뮤니케이션, 운영시스템, 클라우 드 컴퓨팅, 광고 등 총 8개 분야의 EU 시장에 상당한 영향을 미치는 플랫폼 사업자는, 상업적 사용자(business user)가 최종 소비자(end user) 에 도달하기 위한 중요한 게이트웨이 역할을 수행하고, 현재 견고하고 지속가능한 지위를 확보하고 있거나 가까운 미래에 그러한 지위를 획 득할 것으로 예상되는 경우에는 반증이 없는 한 게이트키퍼로 추정된 다. 플랫폼 사업자가 EU 내 연간매출액 65억 유로 이상(약 8.7조 원), 시 가총액 650억 유로 이상(약 87조 원)인 경우에는 그 외 요건을 충족할 때 게이트키퍼로 지정될 수 있다. 집행위원회는 최소한 2년마다 게이트키퍼가 그 지정 요건을 충족하는지 검토해야 한다.

집행위원회안에서는 게이트키퍼가 스스로 이행해야 하는 의무사항으로서, 핵심(Core) 플랫폼 서비스에서 수집된 개인정보와 다른 수단을 통해 수집된 개인정보를 결합하지 말 것, 상업적 사용자가 게이트키퍼 플랫폼에서 판매하는 조건과 다른 조건으로 제3의 플랫폼 서비스에서 동일한 상품을 판매할 수 있도록 허용할 것 등이 있다.

집행위원회안에서는 EU 집행위원회와 게이트키퍼 간 협의가 필요할 수 있는 의무사항으로서, 상업적 사용자가 제공하였거나 상업적 사용자의 활동을 통해 얻어진 데이터를 상업적 사용자와 경쟁하는데 사용하지 말 것, 게이트키퍼의 상품 또는 서비스를 제3자가 제공하는 상품 또는 서비스에 비해 노출 순서에서 우대하지 말 것(소위 '자사우대행위 금지'), 최종 소비자가 게이트키퍼의 운영시스템을 사용해서 접근될 수 있는 소프트웨어 애플리케이션 및 서비스들 간에 이동(switch)하지 못하도록 제한하거나 여러 개의 애플리케이션 및 서비스들에 동시에 가입하지 못하도록 제한하지 말 것(소위 '멀티호밍제한 금지') 등이 있다.

그리하여 집행위원회안에서는 이러한 의무를 위반한 게이트키퍼에게 최근 5년 내 3회 위반 시 연매출액 최대 10% 이내에서 과징금을 부과할 수 있도록 하였으며, 행태적 시정조치 외에 구조적 시정조치(structural remedies)까지도 부과할 수 있도록 하였다.

다음으로, EU 회원국 경쟁당국들의 수정 의견 제의를 받아들여 2021년 11월 25일 합의에 도달한 EU 이사회 수정안의 경우, 집행위원회가 제안한 게이트키퍼의 의무인 자사우대행위 금지 및 멀티호밍제한 금지 등 외에도 최종사용자가 서비스 사용을 중단할 권리를 추가하였으며, 또한 게이트키퍼가 의무이행에 대해 집행위원회에 대화(dialogue)를 요청할 경우 집행위원회에게 대화 개시에 대한 재량권을 부여하였다. 그리고 회원국 경쟁당국에게 직권조사 권한을 부여하고 유럽경쟁네트워크(ECN)을 통한 집행위원회와의 협력의무 등을 규정하였다.

마지막으로, EU 이사회 수정안에 대한 유럽의회 상임위의 수정 의견을 반영해 2021년 12월 15일 수정 의결된 EU 의회안의 경우, 집행위원회가 제안한 게이트키퍼의 지정 요건을 강화하는 한편 게이트키퍼의 의무도 추가하였다.

EU 의회 수정안의 경우 게이트키퍼의 범위와 관련하여 집행위원회안에서 제안한 8개 분야 외에도 웹브라우저, 가상 비서, 스마트 TV 등 3개 분야를 추가하였다. 그리고 집행위원회안에서 제시한 게이트키퍼의 지정 요건보다 강화하여 EU 내 연간매출액 80억 유로 이상(약 10조 원), 시가총액 800억 유로 이상(약 100조 원)의 요건을 충족해야만 게이트키퍼로 지정될 수 있도록 하였다.

의회 수정안에서 게이트키퍼는 집행위원회안에서 제시된 의무 외에도 추가적 의무를 부담한다. 게이트키퍼는 입점업체가 게이트키퍼의 플랫폼에 판매하고 있는 조건과 다른 조건으로 자체 사이트에서 상품 서비스를 판매할 수 있도록 해야 하고, 이용자의 명시적인 동의 없이 맞춤형 광고에 활용할 목적으로 개인정보를 결합하는 행위를 할 수 없으며, 게이트키퍼의 메신저, SNS와 타사 서비스 간 상호운용을 허용해야 한다. 한편 게이트키퍼 이용자에게는 플랫폼 서비스를 최초로 사용하는 시점부터 기본 설정값(default settings)을 변경할 수 있는 권한을 부여하였다.

〈표 6-1〉 EU 집행위원회안, 이사회수정안, 의회수정안의 비교

구분		집행위안	이사회 수정안	의회 수정안
게이트 키퍼 지정 요건	적용 영역	온라인 중개, 검색, SNS, 광고 등 총 8개	-	웹 브라우저, 가상 비서, 스마트 TV 등 3개 추가
	연간 매출액 (EU 내)	65억 유로 이상 (약 8.7조 원)	-	80억 유로 이상 (약 10조 원)
	시가 총액	650억 유로 이상 (약 87조 원)	-	800억 유로 이상 (약 100조 원)
주요 의무사항		자사우-대행위 및 멀티호밍제한 금지 등	(추가) 이용자의 서비스 사용 중단 허용의무 등	(추가) 이용자 동의 없는 맞춤형광고 금지, 모든 기업결합 사전신고 의무 등
금전적 제재	기준	최근 5년 내 3회 위반 시	-	최근 10년 내 2회 위반 시
	규모	연매출액 최대 10% 이내	-	연매출액의 최소 4% 이상 최대 20% 이내
시정조치		행태적, 구조적 시정조치 가능	-	행태적, 구조적 시정조치 가능
회원국 경쟁당국 역할		-	회원국 경쟁당국에 게 직권조사 권한 부여, 유럽경쟁네트 워크(ECN)를 통한 집행위와 협력	전문가 그룹을 통한 집행위와의 협력, 집행위 조사지원 및 정보공유 등

또한 게이트키퍼에게 산업 분야에 관계없이 모든 기업결합에 대해 사전 신고의무를 부과하였으며, 게이트키퍼의 반복적인 법위반행위 발생 시 일정 기간 기업결합을 금지하는 조치를 부과할 수 있다.

그 외 의회 수정안에서는 과징금의 최소 부과 규모를 설정하는 동시에 과징금의 최대 부과한도를 집행위원회안(연매출액 최대 10% 이내)

보다 2배 상향하여 연매출액의 최소 4% 이상 최대 20% 이내에서 최근 10년 내 2회 위반 시 과징금을 부과할 수 있도록 하였으며, 집행위원회안과 마찬가지로 행태적 시정조치 외에 구조적 시정조치(structural remedies)도 부과할 수 있도록 하였다.

2022년 상반기에는 EU 이사회 순회의장국을 맡는 프랑스가 이사회 일반합의 내용을 토대로 집행위원회 및 의회와 '3자 협의(trilogues)'를 진행할 예정이므로, EU 디지털시장법(DMA)(안)은 3자 협의 이후 최종 확정될 예정이다.

3. 독일의 「경쟁제한방지법」 제10차 개정(2021)

(1) 입법 목적과 적용 대상

2021년 1월 18일 독일 의회는 압도적 시장지배력을 보유한 대규모 디지털 플랫폼의 시장지배적 지위 남용행위를 특별히 규제하고 독일 경쟁당국인 연방카르텔청(Bundeskartellamt)의 규제 권한을 강화하기 위해 제10차 「경쟁제한방지법(Gesetz gegen Wettbewerbsbeschrnkungen: GWB)」 개정안을 통과시켰으며, 이 법률은 2021년 1월 19일부터 시행되고 있다.

이번 개정으로 신설된 「경쟁제한방지법(GWB)」 제19a조의 입법 목적은 경쟁에 있어서 압도적이면서도 시장 간 경계를 넘는 중요성을 갖는 대규모 디지털 플랫폼 사업자에 대하여 효과적 통제가 가능하도록 연방카르텔청에게 강력한 권한을 부여하기 위한 것이다.[21] 이로써 개별적인 플랫폼이나 네트워크 시장에서 지배적 지위를 점하는 사업자 외에도 제3자의 사업활동에 중대한 영향을 미칠 수 있거나 자신의 사업활동을 언제든지 새로운 시장이나 분야로 확장할 수 있는 자원과 전략적 지위를 보유한 사업자에 대해서도 「경쟁제한방지법」을 적용할 수 있게 되었다.[22]

「경쟁제한방지법」 제19a조의 적용 대상은 경쟁에 있어서 압도적이면서도 시장 간 경계를 뛰어넘는 중요성을 갖는 시장지배적 사업자이다. 이러한 사업자에 대해 사전적으로 의무를 부과하는 제19a조는 기존 「경쟁제한방지법」 상 시장지배적 지위 남용 규정의 한계를 보충하는 의미를 지닌다.[23]

(2) 법률의 주요 내용

「경쟁제한방지법(GWB)」 제19a조는 "경쟁에 있어서 압도적이면서 시장 간 경계를 넘는 중요성을 가진 사업자의 남용행위"를 특별히 규제한다. 연방카르텔청은 제18조제3a항[24]의 의미 내에 해당하는 시장

---

21 BMWi, RefE der 10. GWB-Novelle, S. 75-76; 유영국, "독일 경쟁제한방지법 제10차 개정(안)의 주요 내용과 독점규제법상 시사점", 『경쟁법연구(제42권)』, 한국경쟁법학회, 2020. 11., 232면에서 재인용.

22 BMWi, RefE der 10. GWB-Novelle, S. 75-76; 유영국, 위의 논문, 232면에서 재인용.

23 Thomas Weck, "Germany's Legislative Reform for Competition in Digital Markets: GWB Digitalisierungsgesetz", 서울대 인공지능정책 이니셔티브(SAPI) 웨비나, 2021. 3. 11., 7면.

24 독일 경쟁제한방지법 제18조(시장지배력)
   (3a) 다면시장과 네트워크에서 사업자의 시장 지위를 평가할 때 다음 사항을 고려한다.

에서 상당한 규모로 사업을 수행하는 사업자가 경쟁에 있어서 압도적이면서도 시장 간 경계를 뛰어넘는 중요성을 갖는다고 확인하는 처분을 할 수 있는데(제19a조제1항제1문), 이를 '수범자 지정' 절차라 한다.

이러한 확인을 함에 있어서는 다음 사항을 고려해야 한다(제19a조제1항제2문).

1. 하나 이상의 시장에서의 시장지배적 지위
2. 자금력 또는 다른 자원에 대한 접근
3. 수직적 통합 및 기타 관련 시장에서의 활동
4. 경쟁 관련 데이터에 대한 접근
5. 공급 및 판매시장에 대한 제3자의 접근에 있어서 해당 사업자 활동의 중요성과 제3자의 사업활동에 미치는 영향

제1문에 따른 처분의 존속력은 5년으로 제한된다(제19a조제1항제3문).

제19a조제1항의 기준에 해당하는 경우, 연방카르텔청은 다음과 같은 행위를 금지할 수 있다(제19a조제2항).

1. 공급 및 판매시장에 대한 접근을 중개함에 있어서 자사 상품을 경쟁 사업자의 상품보다 유리하도록 취급하는 행위

1. 직접적 및 간접적 네트워크 효과
2. 여러 서비스의 동시 이용 및 이용자의 전환비용
3. 네트워크 효과와 관련하여 발생하는 사업자의 규모의 경제
4. 경쟁 관련 데이터에 대한 사업자의 접근
5. 혁신에 따른 경쟁 압력

2. 사업자의 활동이 시장접근에 있어서 중요성을 가지는 구매시장 또는 판매시장에서 다른 사업자의 사업활동을 방해하는 조치를 취하는 행위

3. 해당 사업자가 현재 시장지배적 지위에 있지는 않지만 빠르게 그 지위를 확장할 수 있는 시장에서 경쟁사업자를 직접적 또는 간접적으로 방해하는 행위

4. 사업자가 수집한, 경쟁에 있어서 중요한 데이터 처리를 통해 시장 진입장벽을 형성하거나 현저히 상승시키거나 기타 방법으로 다른 사업자를 방해하는 행위, 또는 그러한 데이터 처리를 허용하도록 거래조건을 요구하는 행위

5. 상품 또는 서비스의 상호운용성 및 데이터 이동성을 거부하거나 어렵게 하여 경쟁을 방해하는 행위

6. 다른 사업자에게 제공되거나 위임된 서비스의 범위, 품질 또는 성과에 대해 정보를 불충분하게 제공하거나 기타의 방식을 통해 다른 사업자로 하여금 그 서비스의 가치 평가를 어렵게 하는 행위

7. 다른 사업자의 상품을 처리함에 있어 요구의 이유에 비례하지 않는 부적절한 이익을 요구하는 행위

다만, 해당 행위가 객관적으로 정당화되는 경우에는 적용되지 않으며 이에 대한 제시 및 입증의 책임은 기업에게 있다(GWB 제19a조제2항). 제19a조제1항과 제2항에 따른 처분은 원칙적으로 독립적으로 이루어지는 것이어서 이의신청도 각 처분에 대해 가능하지만, 제1항의 수범자 지정이 사업자의 경쟁제한적 행위에 대한 구체적 우려나 혐의 없이 예비적으로 이루어지는 것은 아니므로, 연방카르텔청은 제2항의

위반 여부를 판단함에 있어서 제1항에 따른 지위 인정 여부를 동시에 결정할 수 있다.[25]

한편 「경쟁제한방지법」 제19a조는 제19조(시장지배력을 가진 사업자의 금지행위)와 제20조(상대적 또는 우월적 시장지배력을 갖는 사업자의 금지행위)에 영향을 미치지 않는다(GWB 제19a조제3항). 그러므로 어떤 사업자에 대해 제19a조가 적용되는 경우에 기존 경쟁법 규정인 제19조 또는 제20조 역시 적용될 수 있다.

4. 미국의 플랫폼 반독점 5개 패키지 법안(2021)

(1) 법안 발의 배경과 적용 대상

미국 하원 법제사법위원회 산하 반독점·상사·행정법소위원회(이하 '반독점소위')는 디지털 시장의 거대 플랫폼 사업자들(Amazon, Apple, Facebook, Google 등)의 영업 행태 및 이들이 경쟁에 미치는 영향 등에 대한 민주당·공화당 합동조사를 2019년 6월부터 개시하여 2020년 10월까지 약 16개월 동안 조사를 실시하였다. 그 결과로 하원 법사위 반독점소위는 디지털경제에서의 경쟁회복·반독점법 강화·법집행 활성화 등의 권고사항을 제시하는 내용의 『디지털 시장 경쟁에 관한 조

---

25 BT-Drs. 19/25868, S.121; 유영국, "GAFA 등 디지털 콘체른에 대한 독일 경쟁제한방지법 상 남용감독 강화와 그 시사점", 『상사판례연구(제34권제3호)』, 2021. 9. 30., pp. 304~305에서 재인용.

사보고서(Investigation of Competition in Digital Markets)』를 2020년 10월 6일에 발표하였다.

조사보고서는 진입장벽과 시장집중도가 매우 높은 디지털 시장의 특성 상 게이트키퍼(Gatekeeper) 역할을 하는 거대 플랫폼 사업자들이 지배력을 남용하여 혁신을 저해하고 소비자의 선택권을 제한하며 언론의 기능을 훼손하는 등 사회적 비용을 증가시킨다고 분석하였다.[26] 또한 거대 플랫폼 사업자들이 각각 소셜네트워크·검색광고·전자상거래·앱마켓 시장 등에서의 지배력을 바탕으로 경쟁제한적 기업결합, 자사우대행위 등을 통해 경쟁을 제한하고 지배력을 유지·강화한다고 분석하였다.[27]

민주당과 공화당 의원들은 이 조사보고서의 후속 조치로서 「더 강한 온라인 경제: 기회, 혁신, 선택(A Stronger Online Economy: Opportunity, Innovation, Choice)」이라는 입법 의제를 마련하고 온라인 플랫폼 기업을 규제하기 위한 플랫폼 반독점 5개 패키지 법안을 2021년 6월 11일에 양당 공동으로 발의하였다. 이 5개 패키지 법안은 6월 23일과 24일에 걸쳐 하원 법제사법위원회를 통과한 상황이다.

① 온라인에서의 선택과 혁신법(American Choice and Innovation Online Act)(안)

② 플랫폼 경쟁과 기회법(Platform Competition and Opportunity Act)(안)

---

26 Subcommittee on Antitrust, Commercial and Administrative Law of the Committee on the Judiciary, *Investigation of Competition in Digital Markets - Majority Staff Report and Recommendations*, U.S. House of Representatives, 2020.

27 *Ibid.*

③ 플랫폼 독점 종식법(Ending Platform Monopolies Act)(안)

④ 서비스 전환 지원을 통한 호환성과 경쟁 촉진법

(Augmenting Compatibility and Competition by Enabling Service

Switching (ACCESS) Act)(안)

⑤ 기업결합 신고 수수료 현대화법(Merger Filing Fee Modernization Act)

(안)

각 법안의 적용 대상은 공통적으로 대상플랫폼(Covered Platform)이다. '대상플랫폼'이란, 1) 이용자(users)가 월 5천만 명 이상이거나, 사업상 이용자(business users)가 월 10만 명 이상이면서, 2) 연매출액 또는 시가총액이 6천억 달러 이상인 경우로서, 3) 미 경쟁당국인 법무부(DOJ) 또는 연방거래위원회(FTC)가 문서로 '지정'하고 공개한 온라인 플랫폼을 일컫는다. 현재 위 '대상플랫폼' 요건을 모두 충족하는 사업자는 구글·아마존·페이스북·애플 등 이른바 GAFA로 불리는 '4대 빅테크 기업'이다. 법무부 또는 연방거래위원회가 그 지정을 해지하지 않는 한 대상플랫폼에 대한 지배 또는 소유권의 변화 여부와 상관없이 지정의 효과는 10년 동안 적용된다.

(2) 주요 내용

① 「온라인에서의 선택과 혁신법(American Choice and Innovation Online Act)」(안)

이 법안은 대상플랫폼 사업자가 플랫폼을 이용하여 자사 제품에 특혜를 제공하거나 사업 상 이용자들을 차별하는 행위를 금지한다.

금지행위로서, 1) 자사 제품에 혜택을 제공하거나, 2) 제3자의 제품을 배제하거나 자사 제품에 비해 불이익을 제공하는 행위, 또는 3) 유사한 위치에 있는 사업 상 이용자들 간에 차별 취급하는 행위를 위법으로 규정하고(제2조제a항), 구체적으로 금지되는 행위 유형을 규정한다(제2조제b항).[28] 그러나 대상플랫폼 사업자가 금지행위에 대해 경쟁제

---

28 「온라인에서의 선택과 혁신법(American Choice and Innovation Online Act)」(안) 제2조제b항

1) 대상플랫폼 사업자의 재화·용역에서 사용할 수 있는 플랫폼, 운영체제, 기기 및 소프트웨어 기능에 사업상 이용자가 접근하거나 호환할 수 있는 가능성을 제한하거나 방해하는 행위(제2조제b항제1호)

2) 대상플랫폼 사업자가 자신의 재화·용역의 구매 또는 사용을 조건으로 대상플랫폼에 대한 접근 또는 대상플랫폼에서 선호되는 상태나 위치를 제공하는 행위(제2조제b항제2호)

3) 사업상 이용자의 재화·용역을 통해 플랫폼에서 획득하거나 생성된 사업상 이용자와 그 고객의 비공개 데이터를 대상플랫폼 사업자가 자신의 재화·용역을 제공하거나 지원하기 위해 사용하는 행위(제2조제b항제3호)

4) 사업상 이용자가 자신의 재화·용역을 통해 플랫폼에서 획득하거나 생성된 사업상 이용자와 그 고객의 비공개 데이터에 대해 사업상 이용자의 접근을 제한하거나 방해(예: 사업상 이용자가 다른 시스템·앱으로 데이터를 이동하는 것을 계약상 또는 기술적으로 제한)하는 행위(제2조제b항제4호)

5) 이용자가 대상플랫폼에 선탑재된 앱을 삭제하지 못하도록 하거나 대상플랫폼 사업자가 제공하는 재화·용역으로 이용자를 유인하기 위한 기본 설정을 변경하는 것을 제한하거나 방해하는 행위(제2조제b항제5호)

6) 사업상 이용자가 대상플랫폼에서 이용자에게 정보를 제공하거나 링크를 제공하는 것을 제한하거나 방해하는 행위(제2조제b항제6호)

7) 대상플랫폼에서 제공하는 검색결과 또는 순위에서, 대상플랫폼 사업자의 재화·용역을 다른 사업상 이용자보다 우대하는 행위(제2조제b항제7호)

8) 사업상 이용자의 재화·용역에 대한 가격 책정을 방해하거나 제한하는 행위(제2조제b항제8호)

9) 사업상 이용자 또는 그 고객이 다른 재화·용역과 연결하거나 호환하는 것을 제한하거나 방해하는 행위(제2조제b항제9호)

10) 연방법 또는 주(州)법에 실질적·잠재적으로 위반되는 행위에 대해 법 집행기관에 문제를 제기하는 사업상 이용자 또는 이용자에 대해 보복하는 행위(제2조제b항제9호)

한 효과가 없거나 개인정보 보호 등 정당화 사유가 있음을 명백하고 확실한 증거를 통해 입증한 경우에는 예외적으로 이러한 행위들이 허용되는데(제2조제c항), 이는 입증 책임을 대상플랫폼 사업자에게 전환한 것이다.

구조적 시정조치로서, 대상플랫폼 사업자가 자신의 사업부문과 경쟁관계에 있는 사업자와의 이해충돌(conflict of interest)로 인해 금지행위를 한 경우에 법원은 '사업부문 매각(divestiture)'을 명할 수 있다(제2조제f항).

비상조치로서, 대상플랫폼 사업자의 법 위반행위가 충분히 의심되고 경쟁 사업자가 피해를 입을 가능성이 입증되는 경우 연방거래위원회(FTC)·법무부 반독점차관보·주(州) 법무부 장관 등은 법원에 최대 120일 동안 '임시중지명령(temporary injunction)'을 청구할 수 있다(제2조제i항).

법 집행 담당부서로서, 법 시행일로부터 180일 내에 법 집행을 담당하기 위해 연방거래위원회 내 디지털시장국(Bureau of Digital Markets)을 신설한다(제4조).

② 「플랫폼 경쟁과 기회법(Platform Competition and Opportunity Act)」(안)

이 법안은 대상플랫폼 사업자가 인수합병 시 경쟁 제한성이 없음을 스스로 입증하도록 하여 잠재적 경쟁사업자에 대한 인수합병을 제한한다.

금지행위로서, 대상플랫폼 사업자가 거래 또는 거래에 영향을 미치는 활동에 종사하는 사업자의 주식, 자본 또는 자산의 전부 또는 일부를 직·간접적으로 취득·인수하는 행위를 위법으로 규정하고(제2조제

a항), 다만 대상플랫폼 사업자가 인수합병이 경쟁 제한성 없음을 명백하고 확실한 증거를 통해 입증한 경우에는 예외적으로 허용된다(제2조제b항). 이 역시 대상플랫폼 사업자에게로 입증 책임을 전환한 것으로, 대상플랫폼 사업자는 1) 피인수자가 재화·용역의 공급·판매[29]와 관련하여 자신과 실제적·잠재적으로 경쟁관계에 있지 않거나, 2) 해당 인수합병으로 인해 재화·용역의 공급·판매와 관련하여 대상플랫폼의 시장지배력이 유지·강화되지 않음을 입증해야 한다.

③「플랫폼 독점 종식법(Ending Platform Monopolies Act)」(안)

이 법안은 대상플랫폼 사업자가 대상플랫폼 외의 사업 부문에서 수혜적 이익을 소유(own), 지배(control) 또는 보유(have)하는 것을 위법으로 규정한다.

금지되는 수혜적 이익(beneficial interest)으로서, 1) 대상플랫폼 사업자가 재화·용역의 공급·판매를 위해 대상플랫폼을 활용하는 것, 2) 대상플랫폼 사업자가 사업 상 이용자에게 자신의 재화·용역의 구매 또는 사용을 조건으로 대상플랫폼에 대한 접근 또는 대상플랫폼에서 선호되는 상태 또는 위치를 제공하는 것, 3) 대상플랫폼 사업자가 이해상충을 일으키는 것을 규정하고 있다(제2조제a항). 법안은 구체적인 이해상충(conflict of interest) 유형으로 대상플랫폼 사업자가 1) 플랫폼 외에 다른 영업 부문을 소유 또는 지배[30]하면서, 2) 이를 통해 자사 상품

---

29 「플랫폼 경쟁과 기회법(Platform Competition and Opportunity Act)」(안)에 따르면, '재화·용역의 공급·판매에 관한 경쟁'에는 이용자의 관심을 끌기 위한 경쟁도 포함하며(제2조제c항), 대상플랫폼 사업자로 하여금 더 많은 데이터에 접근할 수 있게 하는 인수합병은 대상플랫폼의 시장지배력을 유지·강화한다고 본다(제2조제d항).

을 경쟁사업자보다 우대하거나 경쟁사업자를 배제하거나 불이익을 제공하는 등 이와 같은 행위를 할 수 있는 동기와 능력을 갖게 되는 경우를 규정하고 있다(제2조제b항). 이 법을 위반하는 경우 연방거래위원회법(FTC법) 제5조의 불공정한 경쟁방식에 해당하는 것으로 본다(제3조).

대상플랫폼 사업자의 임직원은 종전 관계사의 임직원을 겸할 수 없으며, 만약 임직원 겸직 금지에 해당하는 경우 대상플랫폼 지정일로부터 60일이 경과하면 신속하게 그 직무를 중단하여야 한다(제4조).

④「서비스 전환 지원을 통한 호환성과 경쟁 촉진법(Augmenting Compatibility and Competition by Enabling Service Switching (ACCESS) Act)」(안)

이 법안은 플랫폼 이용자가 자신의 데이터를 다른 플랫폼으로 쉽게 이동하고 호환될 수 있도록 보장한다. 이 법에 따라 FTC가 정한 표준을 위반한 경우 연방거래위원회법(FTC법) 제5조의 불공정한 경쟁방식에 해당하는 것으로 본다(제2조).

'데이터 이동성 보장 의무'로서, 대상플랫폼 사업자는 FTC가 정한 표준에 따라 이용자가 직접, 또는 이용자의 동의하에 사업 상 이용자가 데이터를 안전하게 이동할 수 있도록 제3자가 접근할 수 있는 투명한 인터페이스(상호작용기능, API 포함)를 유지하여야 한다(제3조).

'데이터 호환성 보장 의무'로서, 대상플랫폼 사업자는 FTC가 정한 표준에 따라 ① (잠재적) 경쟁사업자와 호환성을 촉진·유지할 수 있도

---

30 「플랫폼 독점 종식법(Ending Platform Monopolies Act)」(안)에 따르면, 대상플랫폼 사업자가 플랫폼 외에 다른 사업부문을 지배(control)한다고 판단하기 위해서는 주식·자산 등의 지분이 25% 이상이어야 한다(제5조제4항).

록 제3자가 접근할 수 있는 투명한 인터페이스를 제공하여야 하며(제4조제c항),[31] ② (잠재적) 경쟁사업자의 데이터 접근 과정에서 발생할 수 있는 위험에 대비하기 위해 개인정보 보호 및 보안 기준을 마련하여야 한다(제4조제d항).

'데이터 수집 최소화 의무'로서 대상플랫폼 사업자는 사업상 이용자가 획득한 이용자의 데이터를 호환성 인터페이스를 통해 수집·활용·공유하여서는 안 되고, 사업 상 이용자도 대상플랫폼에서 이용자의 데이터를 수집·활용·공유하는 것이 금지된다(제4조제f항). 다만, 개인정보 보호 및 데이터 보안·호환성 유지를 위한 경우에는 예외적으로 허용된다.

자문기구로서, 법 시행일로부터 180일 내에 법 집행을 보조하기 위한 자문기구로 연방거래위원회에 기술위원회(Technical Committee)를 신설한다(제7조).

비상조치로서, 대상플랫폼 사업자의 법 위반행위가 충분히 의심되고 경쟁사업자가 피해를 입을 가능성이 입증되는 경우 FTC는 법원에 최대 120일 동안 임시중지명령(temporary injunction)을 청구할 수 있다(제9조제b항(1)).

---

31 「서비스 전환 지원을 통한 호환성과 경쟁 촉진법(Augmenting Compatibility and Competition by Enabling Service Switching(ACCESS) Act)」(안)에 따르면, 대상플랫폼이 호환성에 영향을 주는 인터페이스를 변경하려면, 개인정보 보호 및 보안에 관한 취약점 보완을 위한 경우를 제외하고 반드시 FTC의 승인을 받아야 하며, (잠재적) 경쟁사업자에게 고지하여야 한다(제4조제e항).

⑤「기업결합 신고 수수료 현대화법(Merger Filing Fee Modernization Act)」(안)

이 법안은 반독점법 집행을 촉진하고 경쟁을 보호하며 반독점법 집행 예산을 확보하기 위해 대상플랫폼 사업자가 기업결합 신고 시 내야 하는 심사 수수료를 조정한다.

이 법안에 따르면, 기업결합 규모가 10억 달러 미만인 경우 심사수수료를 인하하되(최고 25만 달러), 10억 달러 이상인 경우 최고 225만 달러를 부과한다(제2조). 미국의 경쟁당국인 법무부(DOJ) 반독점국 및 연방거래위원회의 2022년 예산을 전년보다 상향하여 각각 252백만 달러(약 2,800억 원) 및 418백만 달러(약 4,700억 원)로 책정한다(제3조).

5. 해외 사례의 시사점과 정책 제언

현재 우리 국회에는 온라인 플랫폼 거래의 공정화를 도모하고 입점 소상공인의 거래 환경을 개선하기 위해 온라인 플랫폼 공정화법(안)이 정무위원회[32]에 발의되어 있는 상황이다.

온라인 플랫폼 공정화법(안)의 세부 내용은 개별 법안별로 서로 차이가 있지만 크게 두 가지 주요 부분으로 구성되어 있는데, 1) 필수기재사항을 명시한 계약서 교부의무[33]와 2) 불공정거래행위 금지규정이

---

32 송갑석 의원안(2020. 7. 13.), 김병욱 의원안(2021. 1. 25.), 민형배 의원안(2021. 1. 27.), 정부안(2021. 1. 28.), 배진교 의원안(2021. 3. 8.), 성일종 의원안(2021. 3. 15.), 민병덕 의원안(2021. 4. 20.)

33 개별 법안별로 필수기재사항 내용과 개수에는 다소 차이가 있지만, 정부안을 기준으로 할 때 최소 6개의 필수기재사항을 기재할 필요가 있다. 1) 중개거래계약의 기간,

바로 그것이다.[34] 그 중 필수기재사항을 명시한 계약서 교부의무의 경우 공정거래법으로는 규율할 수 없는 것으로서 온라인 플랫폼 공정화법(안)을 비롯한 하도급법, 가맹사업법, 대규모유통업법, 대리점법으로 대표되는 소위 '거래 공정화법'의 특징적인 내용이라 할 수 있다.

그 외 온라인 플랫폼 공정화법 정부안을 비롯한 의원 발의의 모든 법안에서 공통적으로 규정하고 있는 '계약 내용 변경 등 사전통지 의무'의 경우에도 공정거래법으로는 규율할 수 없는 내용이다. 이러한 내용들은 입점사업자인 소상공인 보호를 위한 필수 규정들로서 온라인 플랫폼 공정화법(안)이 반드시 통과되어야 할 이유라고 할 수 있다.

그런데 온라인 플랫폼 공정화법(안)의 불공정거래행위 금지규정은 일정 매출액 이상의 규모를 갖춘 플랫폼의 우월적 지위 남용행위(소위 '갑질행위') 규제에 초점이 맞추어져 있고 플랫폼 분야의 혁신을 저해하지 않기 위해 규제 수준을 상당히 약화시켜 놓았기 때문에,[35] 입점사업

변경, 갱신 및 해지 등에 관한 사항 2) 온라인 플랫폼 중개서비스의 내용, 기간 및 대가 등에 관한 사항 3) 온라인 플랫폼 중개서비스의 개시, 제한, 중지 및 변경 등에 관한 사항 4) 거래되는 재화 또는 용역의 반품, 교환 및 환불 등에 관한 사항 5) 거래되는 재화 또는 용역이 온라인 플랫폼에 노출되는 순서, 형태 및 기준 등에 관한 사항 6) 거래과정상 발생한 손해의 분담 기준에 관한 사항 7) 그밖에 중개거래계약 당사자의 권리·의무에 관한 사항으로서 공정거래위원회가 정하여 고시하는 사항.

34 그 외 모든 법안이 소상공인 입점사업자에 대한 기습적 약관변경 방지를 위해 '계약 내용 변경 등 사전통지 의무'를 규정하고 있다.

35 정부가 2021년 1월 28일에 제출한 「온라인 플랫폼 공정화법(안)」은 여타의 '갑을관계법'인 「하도급거래 공정화에 관한 법률」, 「가맹사업거래의 공정화에 관한 법률」, 「대규모유통업에서의 거래 공정화에 관한 법률」, 「대리점거래의 공정화에 관한 법률」 규정보다 훨씬 범위가 좁은 최소한의 수준으로 형벌규정을 두고 있으며(금지행위 중 가벌성이 높은 보복조치 행위, 시정명령 불이행 등에 대해서만 형벌을 부과), 플랫폼 사업자가 불공정한 거래내용 등의 자발적 해소, 온라인 플랫폼 이용사업자의 피해구제 또는 거래질서의 개선 등을 약속하는 경우 위법성 인정 없이 사건을 종결

자인 소상공인을 직접적으로 보호할 수 있는 매우 효과적인 법안임에도 경쟁촉진이라는 측면에서만 보면 시장에서 지배적 지위를 갖는 소수의 대규모 온라인 플랫폼 사업자를 보다 신속하고 강력하게 규제할 수 있는 법안은 아니다.

앞에서 살펴본 바와 같이, EU에서 2019년 「온라인중개서비스의 투명성 및 공정성 확보 규칙」(이하 '투명성·공정성 규칙')을 제정한 이후 연이어 2020년에 디지털시장법(안)을 제출한 이유는, 온라인 플랫폼의 약관 규제에 불과한 투명성·공정성 규칙의 한계를 인식하고 대규모 시장지배적 플랫폼 사업자에 대해서는 신속하고도 강력한 규제를 적용하기 위해서이다. EU 디지털시장법(안)은 이미 언급한 것처럼 사후적 경쟁법 집행에 장기간의 시간이 소요되는 한계를 극복하기 위해 발의된 것이기 때문이다.[36]

더욱이 독일 경쟁당국은 EU가 디지털시장법(안)을 통해 대규모 플랫폼에 대한 강력한 규제 도입을 준비하고 있는 동안 2021년 1월 선제적으로 「경쟁제한방지법(GWB)」을 개정하여 대규모 시장지배적 플랫폼을 효과적으로 규제할 수 있는 새로운 규정(제19a조)을 신설하였다. 독일은 이 규정을 통해 '경쟁에 있어서 압도적이면서 시장 간 경계를 넘는 중요성을 가진 사업자'를 지정하고 이러한 사업자의 차별적 취급, 데이터를 통한 시장 진입장벽 형성, 데이터 이동성 제한 등과 같은 위법한 금지행위를 사전적이면서도 구체적으로 열거함으로써 입증책임을 사업자에게 전환하고 있다.

시킬 수 있는 동의의결제도를 도입하고 있다.

36 OECD (Competition Committee)(2021), op. cit.

미국도 2021년 6월에 민주당과 공화당이 협력하여 플랫폼 반독점 5개 패키지 법안을 발의하였는데, 이 법안의 규제는 EU 디지털시장법(안)과 독일 「경쟁제한방지법」 제10차 개정과 비교할 때 가장 강력한 수준이라 할 수 있다. 이 법안에서는 미국 경쟁당국으로 하여금 시장에서의 경쟁을 제한할 가능성을 항시 보유하고 있는 대규모 시장지배적 플랫폼 사업자에 대해 입증 책임 전환이나 위법한 행위의 세부 유형을 사전적으로 열거하는 방식으로 신속하게 시장에 개입할 수 있도록 하였다.

미국이 대규모 시장지배적 플랫폼 사업자에 대해 이렇게 강력한 규제 방식의 5개 법안을 패키지로 발의한 배경에는 거대 플랫폼 기업의 등장으로 인해 시장의 경쟁이 사라지고 이로 인해 입점사업자인 소상공인이 더욱 열악한 지위에 처하게 될 수 있다는 우려가 존재한다. 이와 같은 맥락에서 미국의 민주당 대통령 후보 중 한 명이었던 엘리자베스 워런(Elizabeth Warren) 상원의원은 "모든 구매자와 모든 판매자에 대한 정보를 수집하는 플랫폼을 만들고, 그것을 이용해 다른 사람은 접근할 수 없는 정보를 가지고 우위를 점한 채, 시장에 첫발을 내딛는 소상공인과 경쟁해서는 안 된다"고 경고한 바 있다.[37]

그러나 우리나라에서는 대규모 시장지배적 플랫폼 사업자에 대해 EU, 독일, 미국 등에서 이미 도입하였거나 도입하려고 하고 있는 신속하고도 강력한 규제체계를 도입하는 것에 대한 공식적인 논의조차 제

---

[37] MJ Lee, Lydia DePillis and Gregory Krieg, "Elizabeth Warren's new plan: Break up Amazon, Google and Facebook", CNN, 2019. 3. 8. https://edition.cnn.com/2019/03/08/politics/elizabeth-warren-amazon-google-facebook/index.html (2022년 1월 8일 최종 접속).

대로 시작하지 못하고 있는 실정이다. 플랫폼 시장에서 경쟁이 침해된 경우 경쟁당국이 신속하게 개입하지 않는다면 급변하는 플랫폼 시장의 특수성 상 추후 원상회복은 불가능하게 될 것이기 때문에 지금까지 살펴본 해외 사례를 참고하여 우리나라에서도 EU와 유사하게 이원적 접근방식을 취할 필요가 있다.

우선 우리 온라인 플랫폼 공정화법(안)은 EU의 투명성·공정성 규칙과 유사하게 계약서의 필수기재사항 등과 같은 최소한의 투명성 강화 장치를 마련하여 입점업체를 보호한다는 측면에서 그 의의가 있다. 그러나 소수의 대규모 시장지배적 플랫폼 사업자의 시장 독점에 효과적으로 대응하기 위해서는 온라인 플랫폼 공정화법(안)과는 별개로 EU의 디지털시장법(DMA)(안), 미국의 플랫폼 반독점 5개 패키지 법안과 같이 경쟁 침해에 대한 강력한 규제를 추가적으로 도입할 필요가 있다고 생각된다.

특히 이러한 규제는 독일 「경쟁제한방지법」 제10차 개정과 마찬가지로 「공정거래법」 개정을 통해 기존의 시장지배적 지위 남용 규정을 정비하는 방식으로 도입되거나 「공정거래법」에 추가적인 규정을 신설하는 방식으로 이루어질 필요가 있다. 산업구조가 점진적으로 플랫폼 사업자 중심으로 개편되고 있는 상황에서 경쟁법의 기본법이라 할 수 있는 「공정거래법」이야말로 시장지배적 플랫폼 사업자를 경쟁법적 틀 안에서 규율할 수 있는 법률이라 할 수 있을 것이며 이를 통해 경쟁법의 체계와 법리는 플랫폼 산업의 특수성에 맞게 변모될 수 있을 것이기 때문이다.

| 참고문헌 |

공정위 시장감시국 시장감시총괄과. 2020. 9. 28. "공정위, 「온라인플랫폼 공정화법」 제정안 입법예고". 공정거래위원회 보도자료.

김윤정. 2020. 11. "온라인플랫폼 중개거래질서 공정화를 통한 소상공인 보호". 『경쟁저널』 제205호. 한국공정경쟁연합회.

김윤정. 2019. 9. 25. 『전자상거래 소비자피해 및 불공정거래행위 관련 설문조사 결과보고서(판매자)』. 한국법제연구원.

유영국. 2020. 11. "독일 경쟁제한방지법 제10차 개정(안)의 주요 내용과 독점규제법상 시사점". 『경쟁법연구』 제42권. 한국경쟁법학회.

_____. 2021. 9. 30. "GAFA 등 디지털 콘체른에 대한 독일 경쟁제한방지법상 남용감독 강화와 그 시사점". 『상사판례연구』. 제34권 제3호.

BMWi, RefE der 10. GWB-Novelle.

European Commission. 2020. 7. 9. Questions and Answers Establishing a Fair, Trusted and Innovation Driven Ecosystem in the Online Platform Economy.

MJ Lee, Lydia DePillis and Gregory Krieg. 2019.3.8. "Elizabeth Warren's new plan: Break up Amazon, Google and Facebook", CNN, https://edition.cnn.com/2019/03/08/politics/elizabeth-warren-amazon-google-facebook/index.html (2022. 1. 8. 최종접속).

OECD. 2021. 11. 19. (Competition Committee), Ex ante regulation in digital markets Background Note, DAF/COMP(2021)15.

OECD. 2019. 2. 21. Implications of E-commerce for Competition Policy - Background Note, DAF/ COMP(2018)3.

Subcommittee on Antitrust. 2020. Commercial and Administrative Law of the Committee on the Judiciary, Investigation of Competition in Digital Markets - Majority Staff Report and Recommendations, U.S. House of Representatives.

Thomas Weck. 2021. 3. 11. "Germany's Legislative Reform for Competition in Digital Markets: GWB Digitalisierungsgesetz". 서울대 인공지능정책 이니셔티브(SAPI) 웨비나.

経済産業省·公正取引委員會·總務省. 2019. 5. 21. 『取引環境の透明性·公正性確保に向けたル　ル整備の在り方に關するオプション』, デジタル·プラットフォ　マ を巡る取引環境整備に關する檢討會.

[법령, 법안]

Regulation (EU) 2019/1150 of the European Parliament and of the Council of 20 June 2019 on promoting fairness and transparency for business users of online intermediation services, OJ 2019, L 186/57.

European Commission, Proposal for a Regulation of the European Parliament and of the Council on contestable and fair markets in the digital sector (Digital Markets Act), COM(2020) 842 final, 2020. 12. 15.

디지털시대의 표준 정책과
통상전략의 정립

제7장 미·중 데이터 정책의 쟁점과 글로벌 협상방안

곽주영 대통령직속 정책기획위원회 국민성장분과 위원,
연세대학교 경영학과 교수, 기술경제학 및 정책학 박사

1. 데이터의 국경 간 이동이란

데이터의 국경 간 이동은 디지털 무역으로부터 시작하여 다양한 형태의 데이터의 국경 간 이전으로 그 개념이 확장되었다. 데이터의 국경 간 이전이 주요 현안으로 떠오르면서 데이터 현지화 여부가 디지털 통상의 핵심으로 부상되었다.

(1) 디지털 무역의 주요 유형

디지털 무역은 전자상거래로 출발하였다. 따라서 디지털 무역의 가장 전통적 형태로는 (전자상거래) 의류 판매 등 물리적 상품을 온라인 쇼핑몰을 통해 거래하는 형태이다. 현재 아마존(Amazon), 이베이(Ebey), 알리바바(Alibaba) 등 해외 인터넷 쇼핑몰을 통해 상품을 구매하는 형태가 이에 해당한다.

현재 디지털 무역의 범위는 상품을 해외 인터넷 사이트에서 구매

하는 행위에서 서비스를 해외 인터넷 사이트에서 구매하는 영역으로 확대되었다. 인터넷으로 전송, 판매가 가능한 시청각 스트리밍(영화, 음원 등) 등이 여기에 해당한다. 유튜브(Youtube), 넷플릭스(Netflex), 훌루(Hulu) 등 많은 OTT(Over The Top) 기업들이 설립되고 있는 것은 디지털 무역이 서비스의 영역으로 적극적으로 확장됨을 제시하고 있다.

이러한 디지털 무역이 이루어지기 위한 필수요소는 데이터의 국경 간 이동이다. 따라서 상품과 서비스의 글로벌 거래가 증가하면서 데이터 국경 간 이동과 관련한 비즈니스 서비스가 생겨났다. 예를 들면 페이스북(Facebook), 트위터(Twitter) 등의 소셜네트워크서비스(Social Network Service: SNS)나 아이클라우드(icloud) 등의 클라우드컴퓨팅이 중요해졌다. 이러한 서비스는 전통적인 거래의 형태, 즉 디지털 재화와 서비스에 있어서 구매자–상인의 구도로 접근되지는 않지만, 비즈니스나 기타 행위를 통해 수집된 데이터가 클라우드컴퓨팅 서비스, 소셜미디어(SNS), 인터넷 포털 등을 통해 국경 간 이동하는데 필요한 디지털 서비스를 제공한다.

(2) 데이터 국경 간 이전 및 데이터 현지화

디지털 재화와 서비스를 둘러싸고 국경을 넘나드는 거래가 늘어나면서 국가 간 데이터의 자유로운 이동 여부가 디지털 무역에 매우 중요해졌다. 따라서 모바일 사용과 디지털 사회 변환이 촉진되면서 데이터 이동은 기업의 경제 활동에도 핵심적 요소가 되었고 이에 따라 정부의 활동도 데이터 이동을 주목하고 있다.

기업은 해외에 지사를 운영할 때 현지에서 얻는 데이터를 본국으로 이전하고 싶어한다. 정부기관 역시 금융 감독, 의약품 허가, 법 집행, 대테러 활동 등을 전개하기 위해 기업의 자유 국경 간 데이터 이동이 필요한 상황이다. 그러나 국가들은 자신의 이해관계와 국내 제도에 차이가 있으며 이에 따라 상이한 입장을 보이고 있다. 기본적으로 국가 간 자유로운 데이터 이동에 제약이 생기면 거래상대방 양측의 국가에 대한 경제적 이익 실현과 법 집행, 국가 안보 및 규제 문제에 대한 정부 협력에 위험 요소로 작용하게 될 것이다.

데이터 국경 간 이전 및 데이터 현지화 이슈의 핵심은 기업과 개인의 정보의 보호성 여부이다. 특히 미국, EU 및 중국은 개인정보의 보호에 대하여 매우 다른 입장을 취하고 있다. 미국의 경우 자유로운 데이터의 이동을 통하여 글로벌 디지털 산업에 우위를 점하려는 입장이다. 이는 미국의 산업 및 기술 정책의 전반적 입장과 같은 맥락이다.

반면 EU는 GDPR(General Data Protection Regulation)을 제정하여 데이터 주권과 인권보호에 방점을 두고 있다. EU는 여러 국가들의 연합이라는 특이한 제도적 배경이 있기 때문에 개인정보를 보호하되, 데이터는 EU 안에서는 자유롭게 이동하자는 입장을 지지한다. 사회주의 헌법에 기반한 중국은 당연히 법적 기반이 상이한 미국이나 EU와 개인정보 보호정책이 다르다. 즉 개인정보 보호법 등의 디지털 법 제정을 통하여 데이터 폐쇄주의 입장을 취하고 있으며 이를 통하여 자국 산업을 보호하고자 한다.

2. 주요국의 입장 및 종합정책

디지털 통상 정책의 핵심 요소는 데이터이기 때문에 데이터의 국경 간 이동은 국가의 디지털 통상 정책의 근간이 된다. 따라서 위에 짧게 언급된 각국 데이터 국경 간 이동에 관한 주요국의 입장을 자세히 알아볼 필요가 있다. EU에서도 여러 국가가 있고 일본이나 영국 등 우리나라의 디지털 통상 파트너로서 그 중요성이 큰 국가들이 있으나, 여기에서는 미국과 EU, 중국에 한정하기로 한다.

(1) 미국

미국의 입장은 기술 정책 일반과 유사하게 시장의 기능을 중시하고 규제는 최소화하되 자유로운 인터넷 시장에서의 환경보안기준으로 법제화하겠다는 것이다. 이는 미국의 기술정책이나 특정 산업을 제외한 일반적 산업정책의 입장이다. 국가의 개입을 최소화하고, 시장에 맡겨 승자의 기술이 사실상 표준이 되는 기술표준 정책처럼 디지털 통상 정책 역시 디지털 접근 및 프라이버시의 설정은 전자상거래를 포함한 디지털 비즈니스를 활성화하는 방향으로 결정된다. 하지만 동시에 소비자(개인) 보호도 필요하기 때문에 이 둘을 공존시키는 방향으로 법제 조치를 유지한다. 따라서 통합되고 독립적인 데이터 보호 법률은 존재하지 않는다.

미 무역대표부(United States Trade Representative)가 매년 의회에 제출하는 〈무역장벽 보고서〉(National Trade Estimate Report on Foreign Trade Barriers)에 의하면 미국은 데이터 산업의 규제에 대하여 확실하게 반

대를 표방하고 있으며 디지털세 역시 반대하고 있다. Google, Apple, Facebook, Amazon(GAFA)으로 상징되는 미국의 데이터 서비스 기업들은 글로벌 리더이며 당연히 이들은 자기들의 해외 경영에 있어서 규제를 반대하며 미국 정부는 이들의 경영성과에 대하여 현지 정부에 세금을 내는 것을 반대하고 있다.[1]

결국 미국의 디지털 정책 및 디지털 통상정책의 핵심은 개방성의 보장이다. 부문에 따라 개방성도 다르기 때문에 획일적인 규제를 만들지 않고 부문별 접근(Sectoral Approach)을 하겠다, 즉 일괄처리하지 않겠다는 점이 특징이다. 예를 들어 디지털의 수요가 높은 금융, 의료, 교육, 통신의 경우 각 산업별로 규율하는 법률에 따라 그 산업의 데이터 보호와 공개 요건도 달라진다. 이는 다른 산업 부문도 마찬가지이다.

같은 논리로, 데이터의 국경 간 이동에 대해서도 규제 철폐의 입장을 견지하고 있다. 즉 온라인을 통한 국경 간 데이터 이동이 급증하고 있지만 그럼에도 어떠한 규정도 필요하지 않다는 입장이다. 따라서 미국의 디지털 관련 법의 법제 목표는 ①디지털 무관세, ②강제적 현지화 요건 금지, ③합법적 규제 내 최소한의 제한적 조치 보장으로 요약할 수 있다.

(2) 유럽

유럽의 디지털 법제로는 General Data Protection Regulation(GDPR)

---

1 이규엽, 예상준(2021).『디지털 무역 장벽에 관한 미국의 시각과 정책 시사점』오늘의 세계경제 #21-5. 대외경제정책연구원 (KIEP).

이 있다. GDPR은 EU의 개인정보보호 법령으로 이미 2018년 5월 25일부터 시행되고 있다. GDPR을 위반할 경우 과징금 등의 행정처분이 부과될 수 있으며, EU 내 사업장이 없더라도 EU를 대상으로 사업을 하는 경우 적용 대상이다. GDPR 제정 이전 「1995년 개인정보보호지침(Data Protection Directive 95/46/EC)」(이하 'Directive')이 디지털 법령의 주요 근거법이었다. 그러나 Directive는 말 그대로 지침이었고, EU 각국별 지침이 상이하기 때문에 이행에 있어서 많은 문제가 있었다. GDPR은 Directive을 통일하였고, Directive에 비하여 훨씬 더 강력한 제재를 명시하면서 전임 법령을 대체하였다.[2] 특히 EU 역내에서 유럽 시민의 개인정보를 보호하고 동시에 자유로운 개인정보의 이전을 보장하지만, 개인정보의 역외 이전에 대해서는 엄격한 제한 기준을 두고 있는 것이 특징이다. 개인정보법으로서 GDPR은 기존 Directive에 명시적으로 기재하지 않았던 온라인 식별자, 위치정보, 유전정보 등을 개인정보에 포함함으로써 개인정보의 개념을 확립하고 있다.[3]

디지털 통상 정책의 핵심인 국경 간 개인정보 이동에 대해 GDPR은 제44조에서 원칙적으로 EU 시민들의 개인정보를 역외로 이전하는 것을 금지한다. 그러나 한편 또 일정한 요건을 갖추었을 때는 개인정보의 역외 이전을 예외적으로 허용하는 등의 유연성도 보이고 있다. EU 국경 내, 즉 EU 회원국끼리는 개인정보의 이전은 가능하다.

GDPR은 위반에 대한 제재를 위하여 과징금을 부과한다. 과징금은

---

2 한국인터넷진흥원(2020). 『우리 기업을 위한 2020 EU일반개인정보 보호법(GDPR) 가이드북 』. 방송통신위원회.

3 전게서.

일반사항과 중요한 위반으로 구분하여 차등적으로 부과한다. 최대 과징금은 일반적 위반 사항이면 연간 전 세계 매출액의 2% 혹은 1천만 유로(약 125억 원) 중 높은 금액이며, 중요한 위반 사항이면 전 세계 매출액의 4% 혹은 2천만 유로(약 250억 원) 중 높은 금액이다. 과징금의 규모는 위반 행위의 성격과 심각성 및 지속 기간, 위반의 의도성 및 태만, 피해 경감조치 등을 종합적으로 감안하여 결정된다.[4]

(3) 중국

중국은 2021년 민법 내 데이터 관련 법 기본 체계를 완성하였다. 중국의 데이터 3법은 디지털만리장성벽이라고 불리는 〈네트워크안전법〉과 〈개인정보 보호법〉, 그리고 〈데이터보안법〉이다. 〈네트워크안전법〉은 네트워크 전반에 대한 보안 기준을 제시하고, 〈개인정보 보호법〉은 개인정보에 대한 법규범을 제정하였다. 그리고 정부는 〈데이터보안법〉을 통하여 데이터에 이전에 대한 법적 입장을 확정하였다.

중국의 디지털 시장 진입에는 장벽이 존재하는데, 디지털경제가 급속도로 발전함에 따라 중국 정부는 산업 발전정책을 통해 디지털 산업을 대대적으로 육성하고 있다. 여기에 진입장벽이 될 수 있는 요소들은 1) 사이버보안, 2) 국경 간 데이터 이동, 3) 서버 로컬화, 4) 인터넷 네트워크 접속, 5) 인터넷 정보서비스 등이다. 중국은 관련 법률, 법규의 제·개정을 통해 국내 규범의 재정비를 진행하고 있으나 진입장벽들이 여전히 적지않게 존재한다. 예를 들어 데이터의 서버는 반드시

---

4 전게서.

중국에 두고, 국외 이동을 매우 까다롭게 규제한다. 또 글로벌 디지털 서비스의 직접 제공은 금지하고 현지에서 클라우드 컴퓨팅 서비스를 제공하려면 중국 기업과 조인트벤처 등 동반관계를 체결해야 할 뿐 아니라 지식 재산이나 노하우 등을 파트너 기업과 공유해야 한다.

이들 항목이 구체적으로 진입장벽으로 어떻게 작용하는지에 대해서는 〈표 7-1〉에서 구체적으로 언급하였다. 중국은 정부의 검열과 인터넷 통제를 공식적으로 실시하고 있기 때문에 이러한 요소들은 중국에 진출한 외국 기업들에게도 많은 부담이 될 수 있다.

〈표 7-1〉 중국 디지털 법의 산업 내 장벽이 될 요소

항목	내용
사이버보안	사이버 보안법 제정을 통해 통제 체계를 구축하고, 네트워크 운영 및 정보보안을 강화
국경 간 데이터 이동	'경내 보관'의 원칙을 세우고, 불가피한 경외 반출의 경우 보안평가를 진행하도록 규정
서버 로컬화	클라우딩 컴퓨터, 빅데이터 및 공공정보 네트워크 서비스 제공 단위 등을 핵심정보기반시설로 규정하고, 국내에서 수집한 데이터의 해외 이전을 엄격하게 금지하고, 운영자의 안전보호책임에 관한 의무를 강화
인터넷 네트워크 접속	대체로 투자 및 운영자에 대한 규제로, 외상 투자자의 투자와 허가를 통한 운영자의 자격을 제한

3. 한국의 대응 방안 및 글로벌 협상

그렇다면 한국은 이러한 데이터 통상 정책 관련한 글로벌 움직임에 어떻게 대응해야 하는가? 한국에서도 최근 데이터 3법이 개정되는 등 많은 논의가 국내적으로 진행되고 있다. 이에 대해 간략히 소개한다.

(1) 한국의 대응 방안(데이터 3법 중심)

데이터 3법이란 「개인정보 보호법」, 「정보통신망법(정보통신망 이용촉진 및 정보보호 등에 관한 법률)」, 「신용정보법(신용정보의 이용 및 보호에 관한 법률)」 등 3가지 법률을 말한다. 인공지능(AI), 클라우드(Cloud), 사물인터넷(IoT)을 비롯한 4차 산업혁명과 관련한 신산업을 육성하는 데에는 해당 분야에 필요한 데이터의 이용을 활성화해야 한다. 데이터 3법의 개정은 이를 위한 규제 혁신과 안전한 데이터 이용을 위한 개인정보 보호 체계를 정비한다는 두 가지 큰 목적을 달성하기 위해 추진되고 있다.

법 개정을 통하여 EU GDPR 적정성 평가의 필수조건인 감독기구의 독립성 확보를 위해 행정안전부, 방송통신위원회, 금융위원회에 분산된 개인정보 감독기구를 개인정보보호위원회로 일원화하고 격상할 예정이다. 또 「개인정보 보호법」과 「정보통신망법」의 중복 규정을 「개인정보 보호법」으로 일원화할 것이다.

디지털 무역 측면에서 데이터 3법 개정의 의미는 개인정보보호위원회 출범 및 권한 강화 등으로 EU GDPR과 동등한 개인정보 보호체계를 확보한 것으로 인정받아 EU GDPR 적정성 결정 추진에 필요한 자격이 확보되었다는 것이다. 현재 적정성 초기 결정 단계인데 만약 EU GDPR 적정성 결정이 확정되면, EU로부터 GDPR 적정성 결정을 받은 국가의 기업은 개별적 행정부담 없이 EU 주민의 개인정보를 본국으로 이전 및 활용이 가능하다.

한국 수출기업이 직면한 여러 가지 디지털 무역장벽 중 데이터의 국경 간 이동제한, 개인정보 보호에 대한 엄격한 규제, 불필요한 통관 서류와 같은 데이터 규제 관련 사항 등의 문제가 한국과 EU 간 GDPR

적정성 결정에 따라 해결될 것으로 기대된다.

(2) 글로벌 협상

디지털 무역(Digital Trade)에 대한 명문화된 정의는 없으나, 디지털 무역이란 디지털 기술을 이용한 국가 간의 교역 전반을 의미한다. 오늘날 디지털 무역의 증가로 WTO에서는 전자상거래 협정문 초안 성안 작업을 진행 중이며, CPTPP, USMCA, USJDTA, DEPA 등 미국을 중심으로 지역 간 무역협정에서 디지털 무역에 대한 통상규범을 수립하고 있다. 이것이 바로 현재 디지털 통상협상 논의 배경이다.

현재 디지털 통상협상의 주요 쟁점은 여러 가지가 있으나 대표적인 것들로는 디지털세와 데이터 이동을 들 수 있다. 즉 1)전자적 전송물의 관세 부과 여부, 2) 데이터의 자유로운 이동, 3) 기존 제조업에 비해 디지털 기업은 과세비율이 상대적으로 낮은 점을 감안, 디지털세의 도입 여부 및 기타 AI 등 신기술 및 다양한 플랫폼의 등장으로 인한 새로운 무역 형태에 대한 규범 마련이다. 각국 입장은 사안별로 상이하나, 미국의 경우 규제의 취소를 주장하는 태도이며, 유럽은 시장 단일화의 필요성은 인정하나 대외적인 개방에는 소극적이며, 중국은 자체적인 국내 규제를 통해 시장을 독자적으로 운영하겠다는 것이 일반적 입장이다.

우리나라는 글로벌 기업이 제공하는 디지털 컨텐츠를 많이 소비하기 때문에 디지털세에 찬성하고 있고, 한국의 위치정보 국외 이전 제한 등 데이터의 국경 간 이전에 제약이 있다. 미 무역대표부의 보고서에는 우리나라를 디지털 무역장벽(Barriers to Digital Trade and

Electronic Commerce)의 세부 항목 중 '제한적 데이터 정책(Restrictive Data Policies)'의 관련국으로 지목하였다. 미 국무부는 〈전기통신사업법 개정안(일명 넷플릭스법)〉에 대하여 망 안정성 확보 의무와 국내 대리인 임명 요건에 대하여 자국 기업을 겨냥하였다면서 한미 FTA를 위반하였다고 항의한 바 있다.[5] 또 구글은 〈전기통신사업법개정안(입앱결제법안)〉에 대해 한미 FTA의 내국민 대우와 시장접근제한 금지의무의 위반 가능성을 포함한 의견서를 국회에 제출하였다.

현재 제한적 데이터 정책은 미국이 글로벌 시장에서 각국에 대해 가장 큰 불만 사항이다. 미국은 현재 디지털세에 대하여 통상법 301조(일명 슈퍼301조)를 발동한 상황이다. 또한 WTO의 실질적인 분쟁중재력에 회의를 표하면서 상소기구위원 임명을 미루고 있고, 다자협력 대신 자국법 슈퍼301조를 동원해가며 디지털세(디지털 서비스세)의 도입을 막고 있다.

따라서 우리나라의 대응 방향은 디지털 통상협상을 지속해서 모니터링하고, 주요 쟁점에 대해 각국별 시행 정책 등을 파악하고, 국내 경쟁법과의 관계 속에서 디지털세 등에 대해 접근할 필요가 있다. 우리나라는 전자전송물 등을 포함한 디지털 컨텐츠의 적극적 소비 국가이기도 하지만, 또 한편으로는 디지털 컨텐츠의 생산에 있어서 경쟁력이 있으므로 득실을 잘 따질 수밖에 없다.

---

5 정부통신기획평가원 기술정책단 ICT Brief 2020-36.

| 참고문헌 |

이규엽·예상준. 2021. "디지털 무역 장벽에 관한 미국의 시각과 정책 시사점". 『오늘의 세계경제』 #21-5. 대외경제정책연구원(KIEP).

정부통신기획평가원 기술정책단. 『ICT Brief』 2020-36.

한국인터넷진흥원. 2020. 『우리 기업을 위한 2020 EU 일반개인정보 보호법(GDPR) 가이드북』. 방송통신위원회.

제8장 디지털 무역규범을 통한 해외디지털 선도전략[*]
-디지털 무역협정을 중심으로-

이주형 대법원 국제심의관, 변호사, 법학박사

1. 들어가며

2021년 12월 15일 우리나라가 최초로 체결한 디지털 무역협정인 '한-싱가포르 디지털 동반자협정'이 정식으로 타결되었다.[1] 이 협정은 자유무역협정(FTA) 내의 하나의 장(Chapter)을 두고 전자상거래 조항들을 배치하였던 과거와는 달리 디지털 무역에 관한 독자적 국제조약으로 자리매김하는 추세에 우리나라도 참여하기 시작했다는 점에서 그 의미가 남다르다. 이 협정에는 인공지능(AI), 핀테크 등 최첨단 디지털 기술에 대한 협력사항이 포함되어 있을 뿐더러, 협력의 활성화를 위해 단일통관시스템, AI 등에 대한 기관 간 약정 체결도 뒤따를 것으

---

[1] 2021. 12. 15. 산업통상부 보도자료, "우리나라 최초의 디지털 통상협정인 한-싱 디지털동반자협정 타결선언", http://www.motie.go.kr/motie/ne/presse/press2/ bbs/bbsView.do?bbs_seq_n=165010&bbs_cd_n=81&currentPage=1&search_key_ n=title_v&cate_n=&dept_v=&search_val_v=%EB%94%94%EC%A7%80%ED%84%B8 (2021. 12. 30. 최종).

로 예상된다.[2] 이 협정은 우리나라가 관세철폐 중심의 자유무역협정에서 '디지털 무역협정'으로의 대전환을 노정하고 있음을 여실히 보여주는데, 이는 비단 우리나라에 국한되는 현상이 아니다.

미국 상무부가 2022년 최우선 과제로 꼽고 있는 '인도-태평양 경제프레임워크(Indo-Pacific Economic Framework: IPEF)'에서도 디지털 무역 분야가 핵심 주제로 떠오르고 있다. 미국이 대서양 건너 EU와의 정상회담을 통해 설립한 위원회의 명칭이 '무역'과 '기술'을 접목시켜 한 협의체에서 논의하고자 하는 '무역기술위원회(Trade and Technology Council: TTC)'라는 점, 이 위원회에서 논의하기로 합의한 주제 중 하나가 '혁신적이고 신뢰를 바탕으로 한 인공지능(AI)'이라는 점 또한 간과해서는 아니된다.

코로나19로 인해 비대면 상황이 늘어나면서 화상을 통한 회의 서비스나 스트리밍을 통한 콘텐츠 소비 등이 그야말로 기하급수적으로 증가하고 있다. 그러나 이러한 현상은 이미 코로나19 이전부터 발견되어왔다는 점이다. 특히 다국적 정보기술(IT) 기업들의 글로벌 확장세와 더불어 우리나라에서 자사 인앱 결제[3]를 강제하는 정책을 규제하기 위한 「전기통신사업법」 일부개정법률안이 국회를 통과[4]하는 등 이

---

2 2021. 12. 15. 뉴시스, "'첫 디지털 통상 협정' 한·싱 DPA 타결… "K-콘텐츠 수출길 열려", https://newsis.com/view/?id=NISX20211215_0001688538&cID=10401&pID=10400 (2021. 12. 30. 최종 방문).

3 인앱 결제(In-App Payment: IAP)는 구글 또는 애플이 자사 앱스토어에서 유료 앱을 각국의 신용카드, 각종 간편결제, 이동통신사 소액결제 등을 통해 결제하도록 하는 방식을 의미함.

4 「전기통신사업법」 제22조의9(앱 마켓사업자의 의무 및 실태조사)가 신설, 2022. 3. 15.부터 시행될 예정임.

들을 규제하기 위한 입법이나 정책이 호응을 얻고 있다. 더욱이 다국적 IT 기업들에 대한 세금 징수뿐 아니라 이용자 보호, 국내외 사업자 간 규제의 형평성 확보 및 관련 시장의 공정경쟁 조성 등도 화두가 되고 있다.[5]

한편, 다국적 IT 기업에 대하여 매출액을 기준으로 일정 세율을 부과하고자 하는 '디지털세' 제도가 최근 G20 등에서 합의되었다. 미국이 프랑스, 영국, 오스트리아, 스페인, 이탈리아 등 유럽 5개국과 진행해오던 디지털세 협상이 타결되고 이들 국가들을 대상 부과되었던 디지털세 관련 301조 조사도 다행스럽게 종료되었지만,[6] 디지털 무역과 급속한 팽창과 더불어 이로 인한 충돌은 전 세계 곳곳에서 벌어지고 있다. 그럼에도 이와 같은 상황에서 디지털 무역을 규율할 수 있는 통일된 국제규범은 부재하다.

이러한 상황 속에서 우선, 디지털 무역규범의 발전 경과를 간단히 살펴보고, 디지털 무역규범의 주요 쟁점과 나아갈 방향을 모색한다. 특히 디지털 무역규범의 핵심 이슈로 떠오른 국경 간 데이터 이동규정의 변화과정을 집중적으로 조명해보며, 이러한 변화 속에서 우리나라가 디지털 무역규범을 통해 해외 디지털 시장을 선도해 나갈 수 있는 전략은 무엇인지 살펴본다.

---

5 이한영, "역외적용 및 로컬서버요건의 통상규범 양립성에 관한 고찰", 「정보통신정책연구」 제25권 제4호, 2018, p. 106.

6 2021.10.22., 한국무역협회 통상뉴스, "미국, 유럽5개국과 디지털세 분쟁 합의", https://www.kita.net/cmmrcInfo/cmmrcNews/cmercNews/cmercNewsDetail.do?pageIndex=1&nIndex=1815876&no=1&classification=&searchReqType=detail&searchCate=DGTX&searchStartDate=&searchEndDate=&searchType=title&searchCondition=TITLE&searchKeyword= (2021. 12. 30. 최종 방문).

2. 디지털 무역규범의 발전

2020년 초 코로나19가 전 세계적으로 유행하기 시작하였으나 경제는 조금씩 위기 상황에 적응하기 시작했고, 국경 간 전자상거래도 바로 그 다음 분기인 2/4분기부터 점차 회복되고 있다.[7] 코로나19로 인해 국제무역의 디지털화가 가속화하고 있지만 코로나19 이전부터 이미 무역의 디지털화는 심화되어 왔다. 이러한 디지털화는 필연적으로 개인정보의 노출을 야기하였고 이로 인한 프라이버시권 및 온라인 소비자 보호, 디지털세 등 이를 규제하기 위한 정책이 앞다투어 도입되고 있다. 그러나 이와 같은 과정에서 자국 산업을 보호하기 위해 위장된 정책 목적을 빙자하여 불필요하거나 과다한 정책도 도입되는 형편이다. 따라서 이를 방지하기 위한 디지털 무역규범의 필요성이 더욱 높아지고 있다.[8]

이와 같은 디지털 무역에 대한 국제적인 논의가 최근 들어 등장한 것은 결코 아니다. 1998년 2월 WTO 일반이사회에 전자적 전송에 대한 무관세 조치와 관련된 국제적인 규칙을 제정할 필요성이 있음이 지적[9]된 이래 WTO 차원에서는 디지털 무역의 시조라고 할 수 있는 '전자상거래' 이슈가 논의되어 왔다. 다자무역체제인 WTO가 출범된 1995년으로부터 겨우 3년이 지난 WTO 체제 초창기부터 WTO 규범

7　UNCTAD, "COVID-19 and E-commerce", 2021, p. 38, https://unctad.org/system/files/official-document/dtlstict2020d13_en_0.pdf(2021. 12. 30. 최종 방문).

8　*ibid*, p. 91,

9　대외경제정책연구원 (KIEP), "WTO 전자상거래 논의 동향 및 시사점", 2018, p. 4.

으로는 전자상거래에 대한 충분한 규율이 되지 않는다는 점이 인식된 것이다. 그 이후 'WTO 전자상거래에 관한 작업 프로그램'을 채택하고 논의를 지속하였지만 전자상거래 관련 구체적 규범 합의는 이루어지지 못하고 지체[10]되었고, 2019년 비로소 WTO 복수국 간 전자상거래 협상이 개시되었다. 이 협상 공동의장국인 일본, 호주, 싱가포르는 2022년 말까지 주요 이슈의 원칙 타결을 기대하고 있지만 아직까지 타결의 가시적 성과를 내고 있지 아니하다.[11]

한편, 양자적 측면에서의 디지털 무역에 대한 규범화 작업은 활발하게 진행되고 있다. 미국이 양자적 차원의 협의에 집중하게 된 것도 바로 WTO 등 다자 차원의 논의가 부진했기 때문이다. 미국은 첫 FTA라고 할 수 있는 미-이스라엘 자유무역협정(Free Trade Agreement: FTA)을 제외[12]한 모든 FTA에서 전자상거래 관련 규정을 두고 있다. 전자상거래 관련 무관세 부과의무 및 전자상거래 분야의 협력 등 초기 형태에서 나아가 최근에는 원시코드, 공공데이터 및 국경 간 데이터 이동 등 다양하면서도 강력한 규정들이 포함되었다.

특히 최근 우리나라에서 가입을 위한 이해관계자 의견수렴 절차를 개시[13]한 포괄적·점진적 환태평양경제동반자협정(CPTPP)을 주목할 필

---

10 *ibid.*, p. 7.

11 2021. 12. 4., WTO 보도자료, "E-commerce co-convenors welcome substantial progress in negotiations", https://www.wto.org/english/news_e/news21_e/ecom_14dec21_e.htm (2021. 12. 30. 최종 방문).

12 미-이스라엘 FTA 외에도 FTA의 효시라고 할 수 있는 NAFTA에서도 전자상거래 관련 규정은 없다. 그러나 NAFTA를 전면 개정한 USMCA에는 디지털 무역 관련 별도 챕터가 포함되어 있다.

13 2021. 12. 27. 산업통상자원부 보도자료, "CPTPP 가입, 각계 전문가 의견 듣는다", http://

요가 있다. CPTPP는 미국이 중도 탈퇴하면서 우여곡절을 겪었지만 선진국이 주도하던 TiSA(Trade in Service Agreement) 등을 통해 논의되었던 국경 간 데이터 이동이나 온라인 개인정보 보호 등 가장 수준 높은 규범들이 대거 삽입된 21세기 디지털 규범이라는 새로운 이정표를 세웠다. 그 이후 이 협정은 향후 미국이 체결하는 디지털 통상규범의 기준으로 원용되기 시작했다.

2020년 7월 1일 발효된 미국, 멕시코, 캐나다 간 무역협정(USMCA)에서도 제19장(디지털무역)을 신설, 이를 통해 CPTPP에 포함된 대부분의 규정뿐 아니라 '인터넷 사업자의 온라인 책임' 규정을 추가하는 등 디지털 무역규범을 한 차원 더 개선시켰다. 또한 미-일 디지털무역협정은 FTA의 일부로 포함되던 전통적인 형식에서 탈피하여 디지털 무역규범만으로 구성된 별도의 독자적 조약의 형태로 자리매김하는 중요한 계기가 되었다. 디지털 통상규범의 독자적 조약화는 2020년 6월 12일 디지털경제 파트너십협정(DEPA) 및 호주-싱가포르 디지털경제동반자협정[14]으로 계승되고 있고, 2021년 12월 타결된 '한-싱가포르

www.motie.go.kr/motie/ne/presse/press2/bbs/bbsView.do?bbs_seq_n= 165092&bbs_cd_n=81&currentPage=1&search_key_n=title_v&cate_n=&dept_v= &search_val_v=cptpp (2021. 12. 30., 최종 방문).

14 싱가포르·호주 자유무역협정은 2003. 7. 28. 발효 후, 2006. 2. 24., 2007. 2. 13., 2007. 10. 11., 2011. 9. 2., 2017. 12. 1., 2020. 12. 8.에 걸쳐 총 8회 발효된 각 개정의정서를 통해 업그레이드되어 온 바 있다. 특히 싱가포르·호주 디지털경제협정은 싱가포르·호주 자유무역협정 중 제14장(전자상거래) 및 제9장(금융서비스)의 조항 일부를 개정하는 것을 주요 내용으로 하고 있다. 그러므로 엄밀하게 말한다면 ASDEA은 기존 모조약인 싱가포르·호주 자유무역협정을 개정하는 부속적인 의정서 역할을 한다고 볼 수 있다. 그러나 형식적으로는 별도의 서문을 포함하고, 조약의 제목으로 '의정서(Protocol)'와 같은 용어 대신 '디지털경제협정(Agreement)'이라는 용어를 사용함으로써 독자적 별개 협정임을 강조하고 있다.

디지털동반자협정'까지 이어지고 있으며, 향후 이러한 추세는 더욱 강화될 것으로 예상된다. 또한 선진국뿐 아니라 중국, 아세안 등 개도국까지도 디지털 무역규범 도입에 앞장선 결과, 2020년 11월 15일 서명된 역내포괄적 경제동반자협정(RCEP)에서도 전자상거래 관련 장을 두고 논란이 많던 '국경 간 데이터 이동'[15]규정도 삽입하기에 이르렀다.

3. 디지털 무역규범의 핵심 쟁점
- 국경 간 데이터 이동

양자 간 지역 무역협정에 활발하게 삽입되기 시작한 전자상거래 관련 규정은 '종이 없는 무역'과 같이 비교적 단순한 정보공유나 협력 차원에서 출발하였다. 그런데 최근 등장하는 디지털 무역협정은 전자상거래 관련 무관세의무 및 비차별대우의무라는 전통적 규정에서부터 전자송장, 인공지능, 데이터 혁신, 전자지불, 디지털 신원 등에 이르기까지 그야말로 전방위적 내용을 포함하고 있다. 그중에서도 가장 논란이 되는 것이 바로 '국경 간 데이터 이동' 규정이다.

거슬러 올라가 보면 미-칠레 FTA가 미국의 지역 무역협정 최초로 데이터의 국경 간 이동을 언급한 바 있다. 이 협정 제15.5조는 '활발한 전자상거래의 환경을 위하여 국경 간 정보 이동이 필요요소라는 점'[16]

---

15 RCEP 제12장(전자상거래).

16 Article 15.5: Cooperation
Having in mind the global nature of electronic commerce, the Parties recognize the importance of:(c) working to maintain cross-border flows of information as an

을 인지하고 이에 대한 협력을 도모하였다.[17] 나아가 한미 FTA 제15.8조는 비록 국제법적 의무규정이 아닌 형태로 도입하기는 하였지만, 국경 간 데이터 이동에 불필요한 장벽을 부과하지 않도록 노력하여야 한다는 조항을 삽입하였다.[18]

반면 중국, 아세안 등 대부분의 개도국은 물론, 프라이버시 등 인권 등에 예민한 EU조차 국경 넘어 타국에 데이터를 이전하도록 허용하는 의무 규정 도입에는 매우 인색하였다. 따라서 과거 지역 무역협정에서는 이 규정이 존재한다 하더라도 데이터나 정보의 국경 간 이동이 전자상거래에서 핵심적 요소임을 확인하고 그 중요성을 인지하거나 협력의 필요성을 강조하는 상당히 낮은 수준에 머물러 있었다.[19]

그러나 그 이후 데이터가 '미래의 석유'로 일컬어질 만큼 중요성이 재조명되면서 국경 간 데이터 이동 및 정보의 자유로운 흐름은 디지털 무역을 활성화할 수 있는 필수요소라는 점이 강조되기 시작하였다. 클라우드 서비스가 보편화된 이후부터 국경이나 관할권은 그 의미를 잃었다. 뿐만 아니라 사물 인터넷이나 인공지능의 발전을 위한 머신러닝의 필수요소가 데이터인 이상, 자유로운 데이터의 이동은 인공지능산

---

essential element for a vibrant electronic commerce environment;

17 이와 같은 협력 규정 형태로 데이터의 국경 간 이동 관련 내용이 규정되어 있는 지역 무역협정으로는 파나마-싱가포르 FTA 제13.4조, 한-페루 FTA 제14.9조 등이 있다. 또한 한-캐나다 FTA 제13.7조, 캐나다-콜롬비아 FTA 제15.7조, 캐나다-온두라스 FTA 제16.5조에서도 유사한 규정을 두고 있다.

18 정찬모, "FTA 전자상거래 장의 변천과 과제, 한미 FTA, 한중 FTA, TPP를 중심으로", 「IT와 법 연구」, 2017, p. 320.

19 WTO, "Provisions on Electronic Commerce in Regional Trade Agreement", World Trade Organization Economic Research and Statistics Division, 2017, p. 49.

업을 발전시키기 위한 필수 인프라로 작용할 수밖에 없었다.

자율주행 자동차나 VR을 위해서도 정보나 데이터의 이동은 긴요하다. 디지털 기술을 통해 수집되고 분석된 데이터가 개별 고객들에 대한 맞춤형 프로모션 전략으로 활용되고, 개개인이 요구하는 개별 수준에 맞는 재화나 서비스로 제공되는 요인으로 작용된다는 점이 디지털 무역의 핵심인 이상, 데이터는 기업들의 미래 영업 전략의 핵심 요소로 자리 잡게 되었다. 그러므로 데이터의 국경 간 자유로운 이동을 의무화하여 규정하지 않는다면, 타방 당사국의 데이터 규제에 대하여 기존 규범인 시장접근 또는 비차별 대우원칙 위반 주장을 통해 우회적, 간접적으로 대응하게 되어 결코 용이하지 아니할 것이다.[20]

이와 같은 점이 바로 국경 간 자유로운 데이터 이동 규정을 앞당겼고, 이와 같은 배경에서 미국은 CPTPP 제14.11조를 통해 지역 무역협정 상 처음으로 국경 간 데이터 이동 규정을 국제법 상 의무규정으로 승격시켰다. 이를 계기로 디지털 무역의 시류에 편승하기 위해 국경 간 데이터 이동 허용은 어쩔 수 없는 흐름인지, 그리고 의료정보나 개인정보 등 핵심 데이터 보호는 어떠한 방식으로 안착시켜야 하는지가 주목받기 시작하였다.

미국은 2015년 TPA를 통해 비차별 대우원칙, 데이터의 자유로운 국경 간 이동, 전자적 전송물에 대한 무관세 관행 보장, 국내 규제의 적절성 관련 규정 등의 협상 목표를 제시한 바 있는데 이러한 목표들

---

20   김승민, "인터넷 제한조치 규제문제 관련 신무역규범의 논의 동향과 시사점 - TPP협정의 국경간정보이동 및 데이터현지화 규정을 중심으로", 「국제법학회논총」, 2017, p. 23.

은 CPTPP에 이어 NAFTA를 전면 개정한 USMCA에서도 모두 관철되었다. 특히 USMCA는 CPTPP와 마찬가지로 국경 간 데이터 이동 규정을 포함하고 있으나 몇 가지 점에서 CPTPP보다 더 강력하다.[21] 첫째, CPTPP는 국경 간 데이터 이동에 대한 각국의 규제권한을 확인하는 규정을 두고 있으나, USMCA는 이러한 선언적 확인 규정조차 삭제하고 있다. 둘째, CPTPP는 국경 간 데이터 이동을 허용할 의무만을 규정하고 있지만, USMCA는 이를 금지하거나 제한하지 아니할 의무로 좀 더 확대하려는 경향을 보이고 있다. 이와 같은 2가지 미묘한 차이점은 CPTPP보다 강력한 국경 간 데이터 이동의무를 부과하고자 하는 미국의 의도를 명시적으로 보여주고 있다.

이어 등장한 미-일 디지털무역협정뿐 아니라 미국 외 아태지역 국가들의 협정인 DEPA, RCEP, 싱가포르·호주 디지털경제협정 등 최근 신설되는 디지털 무역협정 모두 국경 간 데이터 이동 규정을 포함하고 있다. 과거 국경 간 데이터 이동에 수세적이었던 중국이나 아세안이 가입국인 RCEP에 이 규정이 포함되었다는 점에서 향후에는 개도국 또한 디지털 무역체제에 등장할 것으로 예상된다. 물론 가장 수준 높은 데이터 이동의 자유화를 추구하는 미국과는 달리 RCEP은 국경 간 데이터 이동을 허용하도록 국제법 상 구속력 있는 의무조항을 채택했음에도 협정문 곳곳에 제한을 부과할 수 있는 여지를 남겨두고 있다. RCEP의 경우 공공정책 목표 달성을 위한 규제조치의 '필요성 테스트(necessary)' 판단 주체가 당해 국가임을 협정문 본문뿐 아니라 각주에도 기재하고 있다.[22] 이는 중국으로 하여금 규제조치 도입의 필요성을

---

21 USMCA 제19.11조.

직접 판단할 수 있도록 전적으로 맡김으로써 경우에 따라 중국이 이를 악용할 경우 디지털 무역을 저해하고 자국 산업을 보호하는 수단으로 사용할 수 있는 여지를 주고 있다.

또한 RCEP은 기존 협정들과 달리 '국가의 필수안보를 위한 규제조치'를 별도로 규정하면서 국가의 필수안보 이익에 관한 판단을 전적으로 규제를 시행하는 국가에게 맡기는 한편, 이의가 있더라도 다툴 수 있는 분쟁 수단까지 제거함으로써 국가안보를 이유로 국경 간 데이터 이전을 제한할 수 있는 권한을 완벽하게 확보한 바 있다.[23] 이와 같이 디지털 무역, 특히 국경 간 데이터 이동을 국가안보와 연계시키고자 하는 중국의 의도에 대하여 미국은 반발하고 있다. 미국 의회연구보고서[24]에서도 미국 정부가 디지털 무역에 있어서 비관세장벽으로 꼽고 있는 핵심 이슈 중 하나가 바로 '국경 간 데이터 이동'이니만큼, 인도-태평양 경제프레임워크 등을 통해 중국을 견제하는 행동을 개시할 것으로 예상된다.

---

22 이주형, 서정민, 노재연, "디지털 통상의 국제규범화 현황과 쟁점: 국경 간 데이터 이동 및 데이터 보호를 중심으로", 무역학회지 제46권 제3호, 2021. 6, p. 116.

23 *ibid.*

24 U.S. Congress Research Service, "Digital Trade and U.S. Trade Policy", 2021. 12. 9., https://sgp.fas.org/crs/misc/R44565.pdf (2021. 12. 30., 최종 방문).

4. 나가며 - 디지털 무역규범을 이용한 우리의 대응 방향

2021년 11월 미국 무역대표부 캐서린 타이 대표가 연설을 통해 '디지털경제' 또는 '디지털 무역'에 대한 일관된 정의가 아직까지도 부재함을 지적[25]했다는 사실은 매우 흥미롭다. DEPA, 호주-싱가포르 디지털경제협정 등 최첨단 디지털 규범이 신설되는 현재까지도 가장 핵심 용어인 '디지털 무역'에 대한 공통된 정의조차 합의하지 못하고 있는 것이 현실이다. 코로나19가 가속화하기는 하였지만 전통적인 상품무역에 치중하였던 과거의 프레임에서 디지털 무역으로의 대전환이 불가피한 것 또한 피할 수 없는 현실이다.

이러한 측면에서 캐서린 타이 대표가 우리 정부와의 FTA 협의에서 '넷플릭스망 이용 대가'를 첫 의제로 언급[26]한 것은 의미심장하다. 막강한 디지털 기업들을 선두에 내세우고 있는 미국 등 선진국뿐 아니라 미래의 먹거리를 찾고자 하는 개도국 역시 디지털 무역으로의 전환, 특히 국경 간 데이터 이동의 자유화는 피할 수 없는 대세일 것이다. 이는 '디지털 무역규범'이라는 국제조약의 형태를 빌어 각국의 국내 정책 입안 시 이를 압박하는 수단으로 작용할 것이다.

---

25 STR, "Remarks of Ambassador Katherine Tai on Digital Trade at the Georgetown University Law Center Virtual Conference", 2021. 12월, https://ustr.gov/about-us/policy-offices/press-office/speeches-and-remarks/2021/november/remarks-ambassador-katherine-tai-digital-trade-georgetown-university-law-center-virtual-conference (2021. 12. 30., 최종 방문).

26 아이뉴스24, "넷플릭스 망이용료 '통상문제'라고?⋯ "오히려 국내 역차별"", 2021. 12. 7. https://www.inews24.com/view/1430102 (2021. 12. 30., 최종 방문).

그러나 '디지털 무역규범'은 단순히 타국 압박용 '통상문제'로 그치지 아니할 것으로 예상된다. 국경 간 데이터 이동 규정이 도입될 경우 이를 통한 데이터의 수집은 각국이 인공지능, 사물인터넷과 같은 최첨단 산업을 육성하는 원 재료로 활용할 수 있다. 우리나라와 같이 디지털 강국에게는 더욱더 유용한 환경임이 틀림없다.

디지털 무역의 규범화는 아직 시작 단계에 불과하다. 이제까지 양자 차원에서 다양한 규범들이 수립되어 왔지만, 기술의 발전과 더불어 향후에는 더욱 더 많은 이슈들이 등장하고 이를 규율하고자 하는 공통의 국제적 규범 탄생도 미룰 수 없을 것이다. 이러한 측면에서 우리도 이제는 국제 규범을 따라가는 위치에서 벗어나 규범을 선도한다는 측면에서 과감히 받아들일 것은 받아들이고, 국내 규범 체제 역시 국제화의 흐름에서 벗어나지 않도록 세밀한 수정을 가하여 발전시킬 필요가 있을 것이다.

| 참고문헌 |

1. 논문

김승민. 2017. "인터넷 제한조치 규제문제 관련 신무역규범의 논의동향과 시사점- TPP협정의 국경간 정보이동 및 데이터현지화 규정을 중심으로". 『국제법학회논총』.

이주형·서정민·노재연. 2021. "디지털 통상의 국제규범화 현황과 쟁점: 국경간 데이터 이동 및 데이터 보호를 중심으로". 『무역학회지』 제46권 제3호.

이한영. 2018. "역외적용 및 로컬서버요건의 통상규범 양립성에 관한 고찰". 『정보통신정책연구』 제25권 제4호.

정찬모. 2017. "FTA 전자상거래 장의 변천과 과제, 한미 FTA, 한중 FTA, TPP를 중심으로". 『IT와 법 연구』.

2. 인터넷 자료

UNCTAD. 2021. "COVID-19 and E-commerce".

U.S. Congress Research Service. 2021. "Digital Trade and U.S. Trade Policy".

WTO. 2017. "Provisions on Electronic Commerce in Regional Trade Agreement", World Trade Organization Economic Research and Statistics Division.

대외경제정책연구원(KIEP). 2018. "WTO 전자상거래 논의 동향 및 시사점".

3. 신문기사

아이뉴스24. 2021. 12. 7. "넷플릭스 망이용료 '통상문제'라고?⋯ "오히려 국내 역차별"", https://www.inews24.com/view/1430102

산업통상부. 2021. 12. 15. "우리나라 최초의 디지털 통상협정인 한-싱 디지털 동반자협정 타결선언". 보도자료 http://www.motie. go. kr/ motie/ ne/presse/press2/bbs/bbsView.do?bbs_seq_n=165010&bbs_cd_n=81&currentPage=1&search_key_n=title_v&cate_n=&dept_v=&search_val_v=%EB%94%94%EC%A7%80 %ED%84%B8 (2021. 12. 30. 최종 방문).

뉴시스. 2021. 12. 15. "'첫 디지털 통상 협정' 한·싱 DPA 타결⋯K-콘텐츠 수출길 열려", https://newsis.com/view/?id=NISX20211215_0001688538&cID=10401&pID=10400

한국무역협회 통상뉴스. 2021. 10. 22. "미국, 유럽 5개국과 디지털세 분쟁 합의", https://www.kita.net/cmmrcInfo/cmmrcNews/cmerc News/cmercNewsDetail.do?pageIndex=1&nIndex=1815876&no=1&classification=&searchReqType=detail&searchCate=DGTX&s

WTO. 2021. 12. 4. "E-commerce co-convenors welcome substantial progress in negotiations". 보도자료,https://www.wto.org/english/news_e/news21_e/ecom_14dec21_e.htm

산업통상자원부. 2021. 12. 27. "CPTPP 가입, 각계 전문가 의견 듣는다". 보도자료. http://www.motie.go.kr/motie/ne/presse/press2/ bbs/bbsView.do?bbs_seq_n=165092&bbs_cd_n=81& currentPage=1&search_key_n=title_v&cate_n=&dept_v=&search_val_v=cptpp

USTR, "Remarks of Ambassador Katherine Tai on Digital Trade at the Georgetown University Law Center Virtual Conference", 2021.12.

제9장 메타버스를 통한 통상 선점 전략

조민호 대통령직속 정책기획위원회 국민성장분과 위원.
고려대 컴퓨터융합소프트웨어학과 교수, 공학박사

1. 디지털전환 시대의 메타버스 급부상

(1) 메타버스는 무엇인가

메타버스는 그리스어 어원 Meta(가상, 초월)와 Universe(세계)가 합해져 Metaverse(가상세계)란 뜻을 가졌다. 이 조합어를 최초로 소개한 것은 1992년 출간된 미국 작가 닐 스티븐슨(Neal Stephenson)의 공상과학 장편소설 〈스노 크래시(Snow Crash)〉 속 가상세계 명칭을 '메타버스'로 명명하면서이다.

더 쉽게 설명하면 메타버스는 현실세상을 디지털(컴퓨터 및 인터넷) 세상으로 옮기고 더 확장시키는 것이라고 말할 수 있다. 컴퓨터 및 인터넷은 가상세계를 만들어준다. 정리하면 정치, 경제, 사회, 문화 활동을 현실세계에서 해왔던 것을 가상세계(컴퓨터 및 인터넷) 속으로 옮겨서 활동할 수 있는 장(플랫폼)을 만들어주는 것이 메타버스이다.

이를 실현하기 위해서는 인간세계처럼 똑똑해져야 하기 때문에 인공지능이 필요하고 현실세계와 메타버스 간 연결을 위해서는 IoT(사물

인터넷) 기술이 필요하며 가상세계를 구축해줄 멀티미디어 기술이 필요 하며 끝으로 이를 가동시켜주고 운영할 컴퓨터와 통신, 즉 인터넷이 필요하다.

(2) 메타버스와 가상현실은 무엇이 다르고 왜 통상에 적합한가

메타버스는 이전의 가상현실(VR. Virtual Reality)의 확장판이라고 말할 수 있다. 메타버스와 가상현실은 비슷하게 느껴질 수 있지만 엄격하게 보면 둘 사이는 크게 다른 점이 여섯 가지가 있다고 미국의 엘리엇 네스보(Elliot Nesbo)는 주장하였고 간략하게 정리하면 다음과 같다.[1] 2021년 10월 29일에 페이스북의 사명을 '메타'로 변경한 페이스북 창업자 마크 저커버그의 주장대로 메타버스는 가상현실처럼 디지털 컨텐츠를 보기 위한 것이 아니라 사용자 스스로가 메타버스 안에 들어가 하나의 구성원으로 역할을 하는 것이다([그림 9-1]). 이러한 메타버스에서 구성원은 자신을 대신할 아바타를 통해서 가능하다.

가상현실은 헤드셋을 통해서만 접속이 가능하지만 메타버스는 가상현실처럼 헤드셋을 끼지 않고도 메타버스에 출입할 수 있다. 헤드셋을 끼지 않고 가상현실을 현실처럼 느끼려면 보다 정교하고 사실적인 그래픽 기술 및 인공지능 기술이 더 발전해야 할 것으로 본다.

---

1 Elliot Nesbo, "The Metaverse vs. Virtual Reality: 6 Key Differences," MUO, Technology Explained, Nov. 11, 2021: https://www.makeuseof.com/metaverse-vs-virtual-reality/.

[그림 9-1] 페이스북에서 2021년 10월에 공개한 메타버스의 한 사례

[그림 9-1] 페이스북에서 2021년 10월에 공개한 메타버스의 한 사례

1. 페이스북 창업자 마크 저크버그의 아바타가 무중력 우주 메타버스안의 동료들로부터 입장요청 받음

2. 마크의 아바타가 옷을 갈아입고 우주 메타버스의 포커게임에 참여 하러 등장

3. 역시 아바타로 분장한 동료들 뿐만 아니라 인공지능 로봇 친구로 부터 인사 받으며 포커 게임 시작

무중력 우주공간을 참여자가 서로 공유하고 그 안에서 페이스북 창업자인 마크 저크버그의 아바타가 입장하여 포커게임을 하는 장면에서 참여자들의 분신인 아바타가 상호 협업하는 모습을 보여준다 (자료사진: 2021년 Facebook Connect 2021-Meta 유튜브 캡처).

메타버스는 서로 공유하고 양방향 소통을 한다([그림 9-1]). 반면 가 상세계는 사용자가 일방적으로 콘텐츠를 사용하는 것으로 끝나고 사용자들 간 공유하는 것이 없다. 쉽게 말해 메타버스에서는 가상의 세계를 사용자들이 함께 공유하거나 협업이 가능하며 메타버스 안에 서 물건을 주고 받는 것이 가능하다. 이 특징이 가상세계와 메타버스 간 가장 차이나는 특징이라고 본다. 그리고 메타버스가 국가 간 물건 을 사고파는 통상 응용에 매우 적합한 이유이기도 하다.

메타버스는 가상세계뿐 아니라 증강현실(Augmented Reality: AR)[2]과 IoT를 활용하여 현실세계와 메타버스를 연결하여 가상세계보다는 한 차원 높은 서비스를 제공해주는 라이프로깅(Lifelogging)이라는 새로운 영역을 만들어내고 있다. 라이프로깅에서는 사용자의 일상적인 경험 과 정보를 멀티미디어 형태로 캡처하여 메타버스에 저장하고 다시 증

---

2 증강현실(AR): 가상현실(VR)의 한 분야로 실제로 존재하는 세상에 가상의 추가된 사 물이나 정보를 합성하여 마치 원래의 세상과 하나인 것처럼 보여주는 것.

강현실 기술을 활용하여 메타버스에서 시연하여 사용자의 삶의 질을 높여주거나 다른 사용자들과 공유를 통해 더 나은 서비스 개발에 사용되기도 한다.

결론적으로 가상현실은 그 정의나 범위가 이미 완성된 것이라면 메타버스는 아직도 정의나 범위가 정해지지 않아서 계속 진화 중이며 그 가능성은 무궁무진하고 기술 역시도 무한대의 가능성을 지녔기 때문에 꾸준한 새로운 일자리 창출에도 큰 장점을 지녔다.

(3) 각국의 상황

우리나라에서는 메타버스가 혁신성장동력 13대 분야 중 하나로 채택되어 주요한 디지털 정책으로 추진 중에 있고, 미국은 메타버스의 핵심 기술인 AR/VR과 실감 콘텐츠에 대해 국가 차원에서 연구개발을 지원하여 그 결과를 교육·국방·의료 등의 공공분야에 적용 중이다. 영국은 국가전략사업인 창조 산업에서 AR/VR을 핵심 기술로 추진 중에 있고 여타 EU 국가들에서도 영국처럼 메타버스를 중요 기술개발 및 산업으로서 추진 중에 있다. 중국은 '일대일로' 프로젝트에서 메타버스를 주요한 인프라로 추진하고 있으며, 일본은 AR/VR을 민·관 협력을 통해 실증사업 및 지역 활성화를 위해 적극적으로 추진 중에 있다.[3]

민간 영역에서는 페이스북이 2021년에 10월에 사명을 '메타'로 변경하면서 매년 12조 원 가까이 대규모로 투자하기 시작하였고 구글,

---

3 권오상, "메타버스(Metaverse)산업 관련 해외 규제동향 조사 분석," 연구보고서, 한국법제연구원, 2021년 10월 29일.

마이크로소프트, 엔비디아, 아마존, 애플, 알리바바, 텐센트, 소프트뱅크 등 메이저 글로벌 플랫폼 기업들이 메타버스에 집중 투자하기 시작하고 있는 상황이다.

국내 SKT의 메타버스 이프랜드 출시 3개월 만에 2021년 7월 현재 누적 사용자 350만 명을 기록할 정도로 확산 속도가 매우 빠르며, 네이버의 메타버스 제페토의 누적 사용자는 2021년 12월 현재 2억 5천만 명(월 이용자 30만 명 이상)으로 이미 글로벌 톱 메타버스 기업들 중 하나로 인정받기 시작하고 있다. 엔씨소프트의 유니버스 역시 누적 다운로드 10개월만인 2021년 12월 현재 2천만을 기록하는 등 국내 메타버스 기업들 역시 짧은 시간 안에 눈에 띄게 활성화 중이다.

(4) 메타버스 활용 모델들

메타버스 활용 비즈니스 모델들은 아직은 일부 분야에서 활발하게 개발되고 있다. 몇 가지 대표적인 것들은 다음과 같다.

메타버스 게임

메타버스의 출발점이 바로 게임이다. 게임은 다양한 캐릭터를 사용하는 것에 착안하여 메타버스의 아바타를 구현하였다. 따라서 자신의 캐릭터를 가지고 다자 간 게임을 할 수 있는 메타버스 게임이 현재로서는 가장 활성화되어 있다. 메타버스에서 각종 게임 아이템을 사고 파는 행위를 통해 수익창출 모델이 되고 있다.

(예) 닌텐도의 '모여봐요 동물의 숲', 위메이드의 '미르4'.

메타버스 공연

메타버스 공연도 대표적인 메타버스 활용 비즈니스 모델 중 하나이다. 메타버스 3D 가상현실 기술을 이용하여 공연무대와 관람객을 만들어 유명 가수 및 유명 배우들을 아바타로 등장시키는 것이다. 공연자들이 자신과 똑같은 아바타로 등장하여 공연을 하는 경우도 있지만 더 흥미로운 것은 애니메이션화된 아바타로 무대에 등장하여 공연을 한다. 현재로선 수익모델은 공연장이나 유명 아바타가 착용한 아이템 판매를 통해 올리고 있다.

(예) 트래비스 스캇의 '포트나이트([그림 9-2])', 로블록스의 릴 나스 엑스.

[그림 9-2] 유명 힙합가수 트래비스 스캇

2021년 4월에 신곡 '포트나이트'를 메타버스에서 자신의 아바타를 통해 발표하였다. 이 메타버스 공연에서 동시 접속자 수는 1천만 명이었으며 자신의 아바타가 찬 액세서리 및 입고 입는 옷 판매를 통해 220억원을 벌어들였다 (자료사진: 트래비스 스캇의 메타버스 공연 '포트나이트' 유튜브 캡처)

메타버스 교육

메타버스 교육도 교육 컨텐츠를 메타버스의 3D 가상/증강현실을 가장 잘 활용하여 쉽게 이해할 수 있도록 해주는 장점을 주기 때문에 미래에도 무한한 성장 가능한 모델이다. 뿐만 아니라 메타버스 교육은 메타버스 상에서 다양한 교육 소스 제공을 통해 대면 교육 못지않은 효과를 볼 수 있는 큰 장점을 제공한다.

(예) 이투스, 엘리펀.

메타버스 쇼핑몰

메타버스 쇼핑몰은 가상몰과 가상스토어([그림 9-3])를 제공하여 기존의 인테넷 쇼핑몰이 상품 사진만을 제공하는 것을 뛰어넘어 제품 실물

[그림 9-3] 국내 메타버스 쇼핑몰 사례

국내 메타버스 중소기업 에프앤에스홀딩스에서 개발한 메타버스 쇼핑몰 플랫폼 '패스커'를 통해 한 직원이 3D 쇼룸을 살펴보고 있다(참고자료: etnews.com).

을 만져보는 것과 같은 효과를 주어 구매력을 끌어올려 줄 수 있다. 메타버스 쇼핑몰은 메타버스 통상에서도 활용할 수 있는 응용 분야 이다. 나의 아바타가 대상 의류를 입어보고 3D의 옷맵시를 구매자가 볼 수 있도록 하는 것이 미래 메타버스 통상의 목표이다.

2. 메타버스에서 통상

(1) 메타버스 통상이란

이 정책 제안에서 제안하는 메타버스 통상이란 메타버스 상에서 모든 국제 및 국내 상거래 활동 및 서비스뿐 아니라 메타버스 통상에서 일어나는 모든 통상 규범 및 분쟁 그리고 이들을 위한 조정 및 조약 등을 말한다.

(2) O2O 메타버스 통상 예제

온라인과 오프라인 영역의 융합으로 두 산업의 뚜렷한 경계가 무너졌다. 예를 들어 온라인에서 옷을 사면 오프라인에서 직접 치수를 잰 후 제품을 제공하는 서비스가 생기고 반대로 오프라인 매장에서 치수만 잰 후 구매는 인터넷에서 하는 고객들도 증가하고 있다([그림 9-4]).

[그림 9-4] O2O 메타버스 예제

1. 한국에서 제조한 거실소파에 해외 구매자가 제품에 휴대폰이나 노트패드의 카메라를 들이밀자 **블록체인** 네트워크로부터 가격, 현재재고상황/배송비용, 할인유무, 제조국/제조사/상품문의담당자, 재질에 대한 설명 등 정보가 증강현실 (AR)로 제공.
2. 구매자가 구매 전 **블록체인** 네트워크에서 제공하는 **진품인증서인 NFT(대체불가능토큰)**의 내용들을 확인한 후 제품구매와 함께 NFT가 블록체인 내의 구매자의 전자지갑으로 저장이 된다. NFT 안에는 제조사,제조일,구매이력,구매자명,구매가격,진품인증기관 등의 정보가 있다. (참조사진: shutterstock.com)

(3) 가능한 미래의 메타버스 통상 활동

메타버스가 통상으로 활용될 수 있는 가능성은 무궁무진하다. 대부분의 기존의 국제상거래 및 내국에서 상거래 대부분이 메타버스로 옮겨질 것으로 예측한다. 메타버스가 기존의 인터넷의 후속 버전이라고 불리기 때문에 기존의 인터넷 상에서의 통상활동이 메타버스로 옮겨지는 것은 자연스러운 것이다.

기존의 인터넷 상의 통상 활동들이 메타버스의 세계로 옮겨지는 것에 더해 그동안 오프라인에서만 가능했던 통상 활동들도 메타버스로 옮겨질 것으로 예상된다. 그 이유는 메타버스 자체가 현실세계를 가상

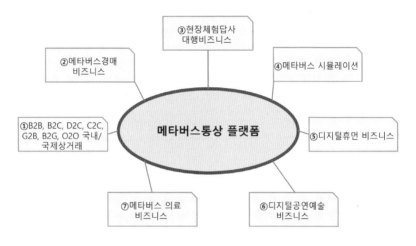

[그림 9-5] 제안된 메타버스 통상의 사례들

③현장체험답사
대행비즈니스

②메타버스경매
비즈니스

④메타버스 시뮬레이션

①B2B, B2C, D2C, C2C,
G2B, B2G, O2O 국내/
국제상거래

메타버스통상 플랫폼

⑤디지털휴먼 비즈니스

⑦메타버스 의료
비즈니스

⑥디지털공연예술
비즈니스

의 세계로 옮겨놓은 것이기 때문이다. 즉 인터넷 세계에서는 불가능했던 것들이 메타버스 세계에서는 가능하면서 통상 활동들 대부분이 매우 편리하게 메타버스로 전환될 것이며 예상되는 대표적인 메타버스 통상 활동들을 열거하면 다음과 같다([그림 9-5]).

① B2B 등 메타버스 상거래

기존의 상거래 형태였던 B2B(Business to Business), B2C(Business to Consumer), C2C(Customer to Consumer), G2C(Government to Consumer), C2G(Consumer to Government)와 같은 상거래 형태는 메타버스에서 매우 적합하게 변환될 것으로 예상한다.

3차원의 움직이는 실물이 그대로 메타버스에서 표현이 가능하기 때문에 직접 상품을 보지 않고도 실물 같은 비주얼 확인을 통해서 그리고 직접 체험을 통해 상품의 기능 확인이 가능하다. 무엇보다

NFC(대체불가능토큰, Non-Fungible Token)[4]를 통한 진품 확인을 가능하게 해주기 때문에 메타버스 이전의 인터넷 상거래보다 훨씬 더 신뢰성 있고 빠른 거래가 가능하기 때문에 메타버스는 이전 거래 형태보다 더 많은 장점을 제공해줄 것으로 예상된다.

상품 구매자 및 판매자의 아바타가 메타버스에서 나를 대신하여 구매와 판매 활동을 할 것이다. 메타버스에서는 전 세계 대부분의 언어 통번역이 나를 대신하는 아바타를 통해서 해주고 내 목소리를 그대로 아바타가 재현하여 상대방 언어로만 바꿔서 말해주기 때문에 외국어를 전혀 못하는 바이어 및 셀러들에겐 큰 걸림돌이 제거될 것이다.

기업이 소비자와 직거래를 하는 형태의 상거래인 D2C(Direct to Consumer)는 메타버스가 더욱더 편리하고 활성화될 것으로 예상된다. 특히 이러한 직거래는 메타버스라는 플랫폼 인프라가 이미 중간상인들의 필요성을 제거해주었기 때문에 소상공인, 신규 창업자, 중소기업들에게는 경비를 줄여줄 뿐 아니라 전 세계 메타버스 플랫폼이 연결되는 곳은 모두가 잠재적 마케팅 대상이기 때문에 훨씬 손쉬운 영업력과 마케팅력을 제공해줄 것으로 예상된다.

온라인과 오프라인을 통합한 형태의 상거래 형태인 O2O(Online to Offline Commerce)도 메타버스에서는 더 활성화될 것으로 예상된다. 예를 들어 [그림 9-6]의 에어비엔비(Airbnb)나 카카오모빌리티 같은 승

---

4 NFC (대체불가능토큰, Non-Fungible Token): 디지털자산(게임 아이템, 디지털아트, 웹툰, 앱 등등의 진품 유무를 확인해주는 정보(제조일자, 제조사, 사용되어진 부품 원산지, 최초 소유자, 이전 소유들 등등) 및 저장된 위치 같은 중요 정보를 위변조 불가능하도록 블록체인 기술을 이용해서 제공하는 것(토큰). 향후엔 디지털자산뿐 아니라 냉장고, 자동차, 의류, 시계 같은 비디지털자산을 메타버스와 연결된 블록체인에 등록한 후 NFC로 비디지털자산을 진품인증해주는 용도로서 활용도가 높을 것으로 예상됨.

차공유 상거래 시 메타버스에서 신뢰할 만한 정보 확인 및 제공이 가능하고 사전에 실물과 매우 동일한 3D 하우스나 탑승 차량 확인이 가능하기 때문이다.

[그림 9-6]은 에어비앤비의 O2O 메타버스 상거래의 일부분을 보여주고 있다. 호스트와 게스트가 서로 다른 언어를 사용할지라도 각각의 아바타를 통해 상대 언어에 맞춘 자동통역이 메타버스를 통해 가능하다. 호스트 아바타가 자신의 하우스를 소개하고 호스트의 등급 이력 등이 블록체인 또는 블록체인 기반 NFC를 통해 제공되고 게스트는 실물 아바타를 통해서 하우스 사용법 문의가 하우스의 3D 증강현실을 통해 이뤄지고 호스트 아바타에 의해 답변이 되어진다.

국제상거래 시 발생하는 관세 통관 문제 역시도 관세사 또는 통관 공무원 아바타를 통해 이루어질 것이다. 만약 통관 분쟁 시엔 메타버스 통관협의체를 통해 실시간으로 의뢰되고 해결이 될 것으로 예상 된다.

[그림 9-6] 제안된 메타버스 통상의 사례들

② 메타버스 경매 비즈니스

경매 비즈니스는 가장 손쉽게 메타버스에 적용할 수 있는 상거래 중 하나일 것으로 예상된다. 경매에 매물로 나온 물품에 대한 진품인증 및 이력정보 제공은 NFC로 이루어졌다. 경매 물품에 대한 자세한 모습, 기능 체험을 가능하게 해주는 가상/증강 기능을 통해 경매 대상 물품 평가가 실물처럼 가능하다. 경매 참여자들의 경매 진행은 블록체인 네트워크를 통해 이뤄지기 때문에 신뢰성이 있으며, 소유권 이전 등도 블록체인으로 신속하게 처리 가능하다.

③ 현장 체험답사 대행 비즈니스

메타버스에서 현장 체험답사 대행 비즈니스는 예를 들어 다른 국가에 가서 직접 확인해야 할 부동산의 위치, 뷰, 주변 인프라 등을 가상/증강 기능을 이용하여 직접 방문 확인하지 않아도 에이전트 아바타가 대행해준다. 미래 메타버스에서 각광을 받을 비즈니스의 한 예가 될 것으로 예상된다. 이러한 대행 비즈니스는 한 에이전트 아바타로는 체험 방법이나 평가에서 편견이 있을 수 있으니 멀티플 대행 에이전트 아바타들을 사용할 경우 구매자의 판단에 메타버스가 유용하게 사용될 것으로 기대된다.

④ 메타버스 시뮬레이션

하드웨어 또는 소프트웨어 상품의 성능 평가는 시뮬레이션에 의해 많이 이루어지고 있다. 대표적인 예가 생명공학 및 물리 화학 같은 기초과학 특성 테스트 시뮬레이션 그리고 산업용 기계의 성능 평가이다. 이러한 물질적 특성 또는 성능 평가 시뮬레이션은 메타버스가 실물에 가까운 3D 그래픽 다이나믹 시뮬레이션 뷰를 제공해주고 인공지능 기능을 통해 빠르고 정확한 결과를 제공해주기 때문에 메타버스 시뮬레이션 비즈니스가 각광받을 것으로 예상된다. 이러한 비즈니스의 가장 이해하기 좋은 사례로 자동차의 안전테스트 시뮬레이션일 것이다.

⑤ 디지털 휴먼 비즈니스

메타버스의 활성화는 나를 대신하는 정교한 아바타를 소유하는 것이 마치 자신 소유의 자동차를 갖는 것과 같은 필수품이 되리라 예상한다. 따라서 나와 정확히 닮은 외모의 아바타를 만들어주는 것뿐 아니라 나의 신체 특성이나 건강기록 등을 잘 보유한 아바타 글로벌 제작 비즈니스가 새로운 분야로 자리 잡아갈 것으로 보인다.

⑥ 디지털 공연예술 비즈니스

메타버스의 디지털 공연예술은 이미 실용화되어 쓰여지고 있을 정도로 가장 쉽게 현실세계를 메타버스로 옮길 수 있는 것 중 하나이다. 다만 이러한 디지털 공연예술을 메타버스에서 출연진, 가상 공연장, 프로그램, 중계권 등을 모두 준비하고 제작한 것을 하나의 턴키 (일괄 패키지)로 거래하는 비즈니스는 새로운 장르로 자리 잡을 것으로 예상된다.

⑦ 메타버스 의료 비즈니스

디지털 휴먼 비즈니스와 연계되어 있는 새로운 메타버스 비즈니스로 성장할 것으로 예상된다. 나에 관한 모든 신체 특성, 의료기록, 운동

기록 등을 가진 디지털 휴먼인 아바타를 사용하여 나의 건강을 관리하는 것뿐 아니라 원격으로 국가 간 멀리 떨어져 있어도 나의 신체 내부 변화를 전문의가 들여다보면서 건강 이상 유무를 체크할 수 있는 의료 서비스이다. 원격 로봇 수술이 가능한 나라에서는 증강현실을 이용하여 내 신체를 대상으로 수술도 가능한 메타버스 의료 서비스도 좋은 모델일 것으로 기대된다.

3. 메타버스 통상 선점을 위한 전략

메타버스 통상은 새롭게 열리는 영역인 만큼 추진하는 국내 거버넌스 및 국제 거버넌스 조직이 필요하다. 뿐만 아니라 메타버스 활성화를 위해 NFT (대체불가능토큰), CBDC (중앙은행 발행 디지털화폐) 같은 필요 인프라 구축도 따라줘야 한다. [그림 9-7]는 메타버스 통상 사업 추진을 위한 거버넌스 조직과 단계별 핵심 추진사업 내용들을 담고 있다.

(1) 범부처 메타버스 통상 추진본부 설치

메타버스 통상은 어느 한 부처의 소관 업무가 아니라 대부분 정부 부처가 관련되어 있으므로 통합 추진할 추진 거버넌스 조직이 필요하다.

만약 [데이터-인공지능처][5] 같은 대통령 직속 또는 국무총리 직속

---

5 조민호 외 12인, "디지털뉴딜의 성공조건: '데이터청'보다는 '데이터-인공지능처',"

[그림 9-7] 메타버스 통상 글로벌 선점을 위한 2단계 전략.

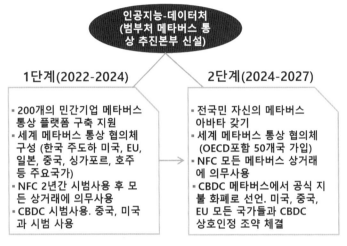

모든 부처가 유기적으로 연결되고 관련된 메타버스 통상 사업은 빠르고 정확한 컨트롤타워 조직이 필요하다. 이를 위해서는 [인공지능-데이터처] 같은 독립된 컨트롤타워 거버넌스 조직의 신설이 바람직하다.

거버넌스 조직이 있다면 이 직속조직에 [범부처 메타버스 통상 추진본부]를 신설하여 추진하는 것이 빠르고 정확한 추진이 가능할 것이다.

이러한 조직에는 메타버스 플랫폼 기획 및 구축, 메타버스 전용 글로벌 상품기획, 통상업무, 규제 및 국제협약 관리 전문가를 포함하여 국내외 상거래 기업들과 같은 이해당사자들의 참여가 필요하다.

(2) 세계 매타버스 통상협의체 구성

국가 간 메타버스 통상 활성화 및 표준화를 위한 준비 및 협의체인

열린정책 제8호, 대통령직속 정책기획위원회 발행, pp. 154-139, 2020년 12월 31일.

[세계메타버스무역협의체] 구성이 필요하다. 그동안의 국제 상거래가 메타버스로 옮겨올 경우 국가 간 협의할 규정 및 분쟁 시 해결할 조직이 반드시 필요하다. 한국이 선제적으로 이러한 조직 구성을 하여 메타버스 통상을 리딩해 갈 필요성이 있다.

2024년까지 한국, 미국, EU, 일본, 호주, 싱가포르, 중국 등 주요 국가를 중심으로 구성 후 2027년까지 참여국을 50개국까지 확대한다.

(3) 메타버스 플랫폼 구축 및 메타버스 내 토큰 사용 등 준비

국내 기업들이 자체적으로 메타버스 통상 플랫폼을 구축할 수 있도록 정부에서 활성화 지원사업 등을 통해 1단계로 국내에 2024년까지 200개 이상의 통상을 위한 메타버스 플랫폼이 구축될 수 있도록 목표를 세웠다. 그 이후 2단계에서는 '전국민 나만의 아바타 갖기'를 추진한다.

[인공지능-데이터처] 같은 거버넌스 조직에서는 이종의 메타버스 통상 플랫폼 간 호환성을 위해 중심축이 되어 추진해야 하고 아울러 글로벌 메타버스 통상 플랫폼 간에도 거래흐름이 끊기지 않도록 하기 위해 호환성 추진은 반드시 필요하다.

메타버스 통상에서 가장 중요한 것은 거래의 신뢰성을 인증해주는 NFC의 사용과 거래 결재를 위한 디지털화폐의 사용일 것이다. 2024년까지 NFC는 시범 사용 후 의무 사용을 목표로 한다. 그리고 현재 한국, 미국, 중국, EU, 싱가포르, 일본 등 각국이 중앙은행에서 발행한 화폐를 디지털화하여 인터넷 상에서 사용 가능하도록 해주는 중앙은행 발행디지털화폐(CBDC)[6, 7] 사용을 적극적으로 추진하고 있다. 이러한 중앙은행에서 발행하고 국가가 인정해주는 CDBC를 메타버스 통상에서 채택한다면 국제상거래 및 국제금융 활성화를 위한 촉진제가 되리라 예상된다. [그림 9-7]에는 CBDC의 단계별 추진 목표가 제시되어 있다.

4. 결론

(1) 글로벌 메타버스를 통한 통상 선점

메타버스 통상은 아직은 소수의 고가 명품 가방, 고가 귀금속, 일부 디지털 아트 작품에서 시범 형식으로 시행되고 있다. 여기에서 제시된 메타버스 통상 예제들은 일부에 불과하고 메타버스 자체가 계속 진화하고 창의적인 특성이 있기 때문에 향후 수많은 예측 못한 비즈니스 모델들이 탄생할 것으로 본다. 메타버스의 급속한 확산과 관련 기술의 발전으로 향후 5년 안에 급속도로 대중화될 것으로 예상된다. 이 정책 제안에서는 이러한 메타버스 통상을 미리 예측하고 우리나라에서 주도하기 위한 전략을 제시하였다.

6 이승호, "중앙은행 디지털화폐(CBDC)의 의의, 영향 및 시사점", 자본시장포커스, 자본시장연구원 발행, 2021년 제3호, 2021년 2월 1일.
7 김보영, "CBDC에 대한 미연준의 입장과 주요국 중앙은행의 준비 현황", 자본시장포커스, 자본시장연구원 발행, 2021년 제14호, 2021년 7월 12일.

(2) 대규모의 신산업 일자리 창출

메타버스 통상은 새로운 비즈니스의 형태로서 많은 새로운 일자리들 역시 창출될 것으로 기대한다. 메타버스 플랫폼을 기획하고 구축하는 것부터 시작해 이러한 새로운 비즈니스 형태에서 상품기획 역시도 새로운 형태의 직업이다. 메타버스 통상은 누구나가 이용하여도 쉬운 사용법 그리고 외국어를 몰라도 해외 진출이 가능할 수 있도록 나 자신의 아바타가 동시통역을 해주기 때문에 자영업자, 중소기업들의 활발한 진출이 도미노식의 새로운 일자리 창출에 불을 당길 것으로 예상한다.

| 참고문헌 |

권오상. 2021. 10. 29. "메타버스(Metaverse)산업 관련 해외 규제동향 조사·분석".『연구보고서』. 한국법제연구원.

김보영. 2021. 7. 12. "CBDC에 대한 미연준의 입장과 주요국 중앙은행의 준비 현황".『자본시장포커스』2021년 제14호. 자본시장연구원.

이승호. 2021. 2. 1. "중앙은행 디지털화폐(CBDC)의 의의, 영향 및 시사점".『자본시장포커스』2021년 제3호. 자본시장연구원.

조민호 외 12인. 2020. 12. 31. "디지털뉴딜의 성공조건: '데이터청'보다는 '데이터-인공지능처'".『열린정책』제8호 pp. 154~139. 대통령직속정책기획위원회.

Elliot Nesbo. 2021. "The Metaverse vs. Virtual Reality: 6 Key Differences," MUO, Technology Explained, Nov. 11, 2021: https://www.makeuseof.com/metaverse-vs-virtual-reality/

Facebook Connect 2021-Meta, Oct. 28, 2021: https://www.facebook.com/Meta/videos/577658430179350/

디지털시대의 통상전략과 정책 제안

디지털시대의 통상전략과 정책 제안

최지은[*]

 디지털 통상은 우리 경제와 무역에 중요한 부분으로 자리 잡았다. 대한민국은 세계 8위의 무역 대국으로, 2021년에는 수출 6천 445억 달러를 달성, 70여 년 근대사에서 최대 기록을 세웠다. 이런 수출 실적을 세심히 보면, 한류 콘텐츠나 게임 서비스 같은 디지털 수출이 기하급수적으로 늘었다는 것을 알 수 있다. 첨단의 디지털 인프라와 세계적으로 인기를 얻고 있는 한류 콘텐츠를 보유한 것 역시 디지털 시대에서 한국의 높은 위상을 다시 한번 보여준다.

 디지털 통상 거래가 가속화되면서 새로운 문제들이 발생하고 있다. 개인정보 보호, 소비자 보호, 디지털 기업 매출 과세 등 기존에 생각할 필요가 없었던 문제들에 대한 규범이 필요하게 되었다. 특히 나라별로 다른 규범 환경은 디지털 통상 거래 장벽이 되고 있어, 국제 사회의 공통 규범을 마련하는 것이 시급하다. 기술 발전과 함께 새로운 문제와 논의할 점들은 계속해서 등장할 것으로 전망된다.

---

[*] 대통령직속 정책기획위원회 국민성장분과 디지털통상TF 단장, 서울대학교 국제대학원 겸임교수, 前 세계은행(worldbank) 시니어 이코노미스트.

새로운 통상규범의 필요성이 대두되고 있다. 기존의 통상규범은 1940년대에 만들어진 관세 및 무역에 관한 일반협정(GATT)을 토대로 농산품이나 제조 상품 관세나 무역 장벽 완화에 초점을 맞추었다. 하지만 이러한 규범으로는 새로 등장한 디지털 통상 거래의 특징과 기술의 발전에 따른 시장의 요구를 반영할 수 없다.

이러한 새로운 통상규범에 대한 논의는 오늘날 세계 곳곳에서 진행되고 있는 양자 및 지역 협정에서 반영되기 시작하고 있다. 이 책은 국제 사회에서 디지털 통상규범이 논의되고 있는 이 시점에, 우리에게 필요한 디지털 정책과 통상 전략을 고민하는 가운데 준비되었다.

미·중 기술 패권 전쟁까지 급변하는 국제 질서 속에서, 수출 주도로 성장한 대한민국은 이제 "신통상 전략"을 만들고 디지털 통상 거래를 확대해나가야 한다. 국내 디지털 기업의 성장을 촉진하고 국익에 유리한 방향으로 국제 통상 규범이 제정될 수 있도록 선제적으로 규범 제정 논의에 나설 필요가 있다. 이러한 노력은 대한민국이 추격 국가에서 선도국가로 나아가는 필수 조건이다.

마무리 글에서는 이 책의 주요 분야에서 다루었던 해외 사례를 돌아보고 한국의 상황과 비교해본다. 이를 바탕으로 한국이 디지털 통상에 대한 준비가 상대적으로 미흡한 원인을 돌아보고, 디지털 시대의 신통상 전략 수립을 위해 필요한 몇 가지 고려사항을 제시한다.

해외 사례

다른 선진국들의 디지털 통상 분야의 정책을 살펴보면 디지털 산업 발전을 위한 중장기 계획을 수립하고 이를 바탕으로 자국 이익에 도움이 되는 데이터 통상 정책을 펼치고 있다는 것을 알 수 있다.

미국은 디지털 시대의 통상 협정을 선도하고 있다. 미국이 최초의 독자 디지털 통상규범인 미-일 디지털 무역협정이 2020년 1월에 발효된 이후, 여러 나라들이 디지털 경제 파트너십 협정(DEPA) 및 호주-싱가포르 디지털 경제 동반자 협정과 같은 독자 디지털 통상 조약에 동참하고 있다.

미국은 통상협정을 이용하여 국가 간에 자유로운 데이터 이동을 추구하며 국제 데이터 시장에서도 우위를 유지하려 한다. 미-칠레 FTA를 통해 세계 최초로 데이터 이동을 통상 규범화했다. 이후 2020년 7월에 발표된 미국, 멕시코, 캐나다 간 무역협정(USMCA)은 디지털 무역에 관한 내용을 포함하고 인터넷 사업자의 온라인 책임, 데이터의 자유로운 국경 간 이동 규정을 명시하며, 국가 간 데이터 이동의 자유화를 추구한다(World Bank, 2021).

EU는 역내를 하나의 디지털 시장으로 만드는 동시에 역외 국가와의 교역은 소극적이다. EU는 회원국별로 다른 데이터 규제 및 개인정보 규제가 EU 기업의 경쟁력 약화를 가져왔다고 판단해서 단일 디지털 시장을 조성하고 그 수단으로 GDPR(General Data Protection Regulation)을 제정했다. 이는 EU 역내에서는 국가 간 개인정보의 이동을 허락해서 EU 기업이라면 다른 EU 국가의 개인정보 활용하는 디지털 서비스 개발해서 역내에 수출할 수 있는 환경을 만들었다(곽주영, 2021).

동시에 EU는 개인정보 보호 기준이 GDPR의 요구 수준보다 낮은 역외 국가에 EU 시민의 개인정보 이전을 엄격히 제한하고 있다. 이는 사실상 미국이나 중국의 거대 IT 기업이 EU 시장에 진입하는데 장벽으로 작용한다. 다만 개인정보 보호 수준 EU와 상응한다고 판단되면 (적정성 결정) 역외국도 EU 시민의 개인정보를 활용할 수 있는데, 한국은 2021년 12월 이러한 적정성을 획득하였다(이주형, 2021).

기업 간 '글로벌 데이터 동맹(Global data alliance)'도 만들어지고 있다. 다국적 IT 기업 중심으로 국경 간 자유로운 데이터 이전을 추구하는 국제 데이터 동맹을 결성해서 보다 많은 국가들이 국제 데이터 규범 제정에 동참할 것을 요청하는 활동 중촉구한다(곽동철, 2021).

국내 현황

한국은 다른 나라의 디지털 통상과 데이터 교역에 대한 준비와 비교하면, 디지털 시대 통상 전반에 대한 준비 정도가 미흡한 편이다.

2021년 6월에서야 한국은 최초의 디지털 협정으로 한-싱가포르 디지털 동반자 협정이 체결했다. 아세안 지역의 디지털 기업들이 싱가포르에 본사를 두거나 싱가포르와 밀접히 연결되어 있는바 한-싱가포르 협정을 바탕으로 우리 기업의 대 아세안 디지털 수출 확대를 기대한다. 하지만 싱가포르는 비교적 작은 나라이고 한국의 주요 교역국과는 디지털 협정에 대한 논의를 시작도 하지 않았다.

한국이 가입한 지역 협정에 디지털 통상 관련 조역이 포함되어 있는 경우도 있다. 2020년 11월 서명된 역내 포괄적 경제동반자협정 (RCEP)이 그 예이다. 하지만 RCEP의 경우 국경 간 데이터 이전 의무를 명시하면서도 필요에 따라 각 국이 데이터 국외 유출 막을 수 있고, 국가 안보를 이유로 국경 간 데이터 이전 제한할 수 있도록 여지를 남겨 둔다(이주형, 2021). 이외에도 한국이 가입한 지역 협정 중 디지털 통상에 대한 강력한 의무조항이 있는 경우는 거의 없다.

한국도 디지털 협정을 체결하기 시작했으나 앞서 살펴본 미국, EU 뿐만 아니라 이웃 일본에 비해서도 디지털 협정에 대한 전략이 부재하고 디지털 협정에 대한 이해와 준비가 다소 늦다는 것을 알 수 있다. 이러한 상황은 한국이 역내 단일 디지털 시장을 추진하고 있는 유럽이나, 인구와 데이터가 많은 미국, 중국에 비해 상대적으로 데이터가 부족해서 AI와 같은 산업 발전을 제한할 수 있다.

향후에는 한-싱가포르 디지털 동반자 협정 체결 경험을 바탕으로 디지털 협정을 호주, 칠레 등으로 신중히 확대하는 것을 고려할 필요가 있다. 보다 중기적으로는 개인정보 보호 수준이 비슷하고 데이터가 많은 미국, EU와 디지털 통상과 데이터 교역에 대한 협정을 추가하는 것을 신중하게 타진해볼 수 있다. 동시에 디지털 무역 육성을 위한 통계 시스템과 정보 공유 및 수출 금융 지원과 같은 지원 체계도 조속히 정비해야 한다.

한국 디지털 통상 정책 준비의 문제점

한국은 디지털 기술이 매우 앞서있음에도 불구하고, 정부의 규범과 제도는 디지털 시대를 선제적으로 대응하지 못하고 있다. 디지털 통상 협정에 대한 이해와 관심도 다른 주요국보다 낮으며 국내 제도적 대응도 미흡한 편이다. 디지털 통상에 대한 국가 전략도 명확하지 않다.

필자는 그 이유로 다음 세 가지를 들며, 이에 대한 개선을 촉구한다.

첫째, 한국의 교섭형 통상의 한계이다. 현재의 통상 교섭 본부의 주요 역할은 무역 소송이 발생했을 때 해결이다. 즉 문제가 생기지 않도록 예방하고 문제가 생겼을 때 방어해주는 역할을 한다. 이런 방어적 대응은 한국이 추격 국가의 위치에서 기존에 정해진 국제 통상 규범을 따르기만 할 때는 문제가 없었다.

하지만 디지털 통상규범은 아직 미완성이다. 한국의 위상도 과거 국제 규범을 따르는 것에서 벗어나 규범 제정 논의에 참여하거나 논의를 선도할 수도 있는 입장이 되었다. 이제 통상 정책은 새로운 디지털 협정이나 데이터 동맹에 참여할 것인가와 같은 문제를 결정하는 것에 멈추지 않고, 국내 디지털 산업을 보호, 육성하고 우리 기업이 해외로 진출하기 위해 유리한 방향으로 국제 규범의 제정을 선도할 필요가 있다. 즉 방어적 대응이 아닌 선제적 준비와 전략이 필요한 것이다. 국가 표준 기구의 역할도 이와 유사하게 전략 기술에 대한 국제 표준을 선제적으로 이끄는 것으로 역할을 전환해 나가야 한다. 이런 면에서 "전략형 신통상 정책"이 필요한 시기가 되었다.

한국은 이미 전 세계 GDP의 80% 정도에 달하는 국가들과 다자, 양자 무역협정 체결이 되어 있는 상황이다. FTA 체결과 같은 기존 통상 교섭 본부의 역할은 이미 충분히 진행되어 이제 포화상태가 되었다. 이제는 국제사회에서 한국의 위상 변화와 디지털 전환에 따른 새로운 통상 정책에 초점을 맞추어야 한다.

둘째, 새로운 전략과 정책을 만드는 정부 조직의 파편화를 원인으로 들 수 있어, 디지털 통상과 관련된 단일한 의사소통 창구가 필요하다.

이제 통상과 외교, 안보, 산업, 과학 기술 정책의 경계도 모호하게 되고 있다. 미국 바이든 행정부는 '경제 안보가 국가 안보'라고 정의하고 디지털 협정을 국가 안보 차원에서 추진하고 있는 것도 이를 반영한다.

하지만 현재 한국의 파편화된 정부 조직하에서는 디지털 분야에서 중장기 종합 전략을 세우거나 부처 간 조절을 하기에는 한계가 있다. 디지털 통상 전략은 기존의 통상 교섭 본부만이 아니라 기획재정부, 법무부, 과학기술부, 중소기업벤처부, 외교부뿐만 아니라 공정거래위원회, 방송통신위원회 등 다양한 정부 조직의 역할이 융합적으로 필요하다. 현재 기획재정부에서 디지털 통상 정책을 담당하고 산업통상부에서 통상 교섭을 하고 있지만 부처 간 빈번한 공조는 다소 제한되어 있다. 디지털 통상과 관련된 단일한 의사소통 창구가 부재하다.

이러한 문제는 통상 협정뿐만 아니라 데이터 규범에 대한 전략, 표준 역량에 대한 문제 모두에 유사하게 나타난다. 예를 들어, 데이터 관리가 여러 부처에 분산되다 보니 데이터 비활성화, 느린 데이터 공급, 비표준화로 인한 문제가 지속적으로 제기되고 있다.

이러한 파편화된 정부 조직은 다른 선진국에서 데이터 관리 사령탑을 하나로 통합하고 있는 상황과 대조된다. 미국에서는 이미 2012년에 '대통령 직속 빅데이터 협의체'를 발족하여 대통령이 직접 데이터 관리통제를 주관하고 있다. EU가 최근 발표한 데이터 전략이나, 중국의 '빅데이터 산업발전계획'에서 제시된 것도 데이터 관리 부처를 하나로 지정하고 있다.

디지털 산업의 육성과 수출 증진을 위한 전략을 바탕으로 국내에 유리한 통상 정책을 만들기 위해서는 범부처 간 정책을 조율하고 시너지를 낼 수 있는 시스템이 필요하다. 통상과 산업 정책 뿐만 아니라,

외교와 경제 안보, 과학 기술 정책 간의 융합과 시너지를 추구하면서
도 다양한 부서를 조율할 수 있도록 통상 기능을 재배치할 필요가 보
인다. 특히 디지털 통상과 디지털 정책 조율을 위한 단일 창구를 마련
해서 기민하게 대응해야 한다. 아래 차트와 같이 세 가지 분야의 융합
과 조율을 통해 전략형 통상 정책을 실행할 필요가 있다.

[그림 10-1] 디지털 통상 전략에 필요한 융합

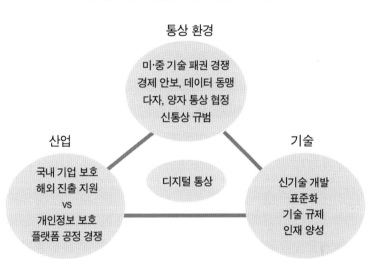

마지막으로 정당과 의회의 부족한 정책 역량이 디지털 분야 국가
비전과 같은 중장기 전략 수립을 미흡하게 한다고 보인다.

한국의 경우 통상과 같은 주요 정책은 정치에서 다루어지지 않는
다. 이는 다른 나라의 경우 주요 정당에서 통상 정책에 대한 상당한 정
책 역량을 가지고, 의회에서 통상 협정과 같은 국제 협정 가입에 대해
치열한 논의를 하는 것과 매우 대조적이다. 미국의 예를 들어보면, 의
회 내부에 통상 정책만 다루는 독자 씽크탱크를 두고 각 통상 정책이

개별 국회의원 지역구에 미치는 영향을 살펴 가며 치열히 논쟁한다.

대통령 선거와 같은 주요 정치 일정에도 통상과 국제 경제가 캠페인의 주요 쟁점이 된다. 예를 들어, 트럼프 전 대통령이 미국 우선주의를 앞세우며 보호무역주의를 표방하고 대중 무역을 규제한다는 것을 공약으로 내세운다거나, 바이든 대통령이 노동자와 중산층을 위한 무역을 핵심 캠페인 전략으로 내세운 것이 그 예이다. 선거 기간 동안 구체적인 통상 정책을 제시하고 유권자의 평가를 받으며 어느 당이 정권을 잡느냐에 따라 통상 전략이 바뀌는 것이다. 역관제와 같은 정치 제도는 정당의 정책 역량을 강화하는데 긍정적 영향을 미친다.

반면 한국의 경우 통상 정책은 관료의 영역으로 여겨진다. 정당이나 국회에서 관련 전문성을 가지는 인력은 매우 드물다. 정치인들은 통상 문제를 다루기 어려워하며 관료들이 알아서 하는 것으로 여긴다. 디지털 통상과 같은 선제적 통상 정책이 정치 이슈화되지 않고, 대통령 선거 같은 정치 일정에 통상에 대한 논의는 매우 부족하다.

뿐만이 아니다. 국정과제에서도 통상 정책에 대한 우선순위가 낮다. 문재인 대통령 100대 국정과제 중에 통상은 99번이었다. 세계 8위 수출 대국이자 수출 주도 경제 구조인 대한민국에서 의아한 일이다.

정당과 의회가 통상과 같은 주요 정책들을 다룰 수 있는 역량을 키우기보다는 관료의 손에 맡기는 것이 그 원인으로 보인다. 과거 군사 정권 시절 정치와 관료가 하나였던 국정 운영 방식이 지금까지 큰 조정 없이 계속 유지되는 것이다.

그런데, 앞서 언급한 바와 같이, 지금의 정부 조직은 방어적 대응 위주로 운영되고 있어 중장기 디지털 통상 전략을 수립하기에는 역부족으로 보인다. 통상을 담당하는 정부 기관은 통상 협상을 중점으로 하는 곳으로 다른 부서와 조율을 이끌 권한이나 외교, 기술을 아우르는 정책을 만들 역량도 없다. 디지털 강국이자 세계 8위의 무역 대국이라는 국제 위상에서 불구하고, 우리 국익에 도움이 되도록 국제 규범을 선도하거나 최소한 국제 규범 논의의 장에 참여할 수 있는 역량도 부족하다.

한국이 추격 국가일 때는 이러한 정책 부재 정치는 큰 문제가 되지 않았다. 기존에 만들어진 국제 규범을 채택하기만 하면 되었기 때문이다. 디지털화와 같은 변화는 국제 디지털 통상규범을 다시 쓰이도록 하고 있다. 하지만 이 대전환 시기는 우리에게 기회가 될 수도 있다. 한국은 더 이상 추격 국가가 아니라 국제 규범 제정에 참여하거나 영향을 미칠 수도 있는 선도국가가 되어 가고 있다.

디지털 시대의 신통상 전략

이 책의 본문은 디지털 시대의 통상 정책과 국내외 사례에 대한 내용을 포함하고 있다. 제1부에서는 디지털 시대의 국내 정책 정비 전략, 제2부는 해외 정책 사례, 그리고 제3부에서는 디지털 시대의 표준 정책과 통상 전략을 보다 구체적으로 소개한다.

이 책의 논의를 바탕으로 디지털 시대의 통상 전략을 수립할 때 고려해야 할 몇 가지 제안한다.

첫째, 국가 간 데이터 교역에 관한 조약이 담긴 통상 협정을 신중하게 확대해 나갈 필요가 있다.

데이터는 21세기의 석유라고 불릴 정도로 자본의 핵심 요소가 되었다. 이제 서비스업뿐만 아니라 농업과 제조업에서도 데이터를 활용하여 부가가치를 창출하고 있다. 클라우드와 같은 새로운 기술의 출현은 전 세계가 하나로 연결되는 데이터 사업에 물리적 국경이 아무런 의미가 없도록 만들었다.

기업은 국가 간 데이터 이동을 할 수 있는지를 해외 투자 결정에 주요 요소로 고려하고 있다. 예를 들면, 한국 기업이 해외에 투자하는 경우 투자국에서 수집한 각종 데이터를 본국으로 이전할 수 있는지, 또 한국 기업은 국내 본사에서 그 데이터를 활용해서 새로운 디지털 서비스를 만들어 다시 투자국으로 수출할 수 있는지는 투자 결정에 중요한 요소가 되었다.

디지털 통상 협정을 국가 간 데이터 이전을 위한 수단으로 활용할 수 있다. 최근에는 데이터의 현지화 요구나 국경 간 데이터의 자유로운 이동을 허가하는 규범들이 다수의 양자 및 지역 무역협정에 포함되어 있고 이러한 규정을 포함한 협정은 지속해서 증가하고 있다(World Bank, 2021). 이러한 디지털 협정은 다른 한편으로는 우리 국민의 개인정보 보호 및 국내 기업 보호에 위험이 될 수 있어 신중한 접근이 필요하다.

둘째, 디지털 전환과 국제 규범의 변화에 대응해서, 국내 규범의 재정비도 필요하다.

개인정보를 보호하는 동시에 데이터를 활용한 사업의 성장을 위한 법 제도 재정비에 대한 논의도 다루어져야 한다. 국가 간 데이터 이동에 대한 입장을 정하면서도 우리 국민의 개인정보 보호와 데이터 보호를 위한 국내 규범도 정비되어야 한다.

한국은 「지능 정보화 기본법」 개정에 따라 지능정보사회 구현을 정책 목표 정했다. 또한 「데이터 산업진흥 및 이용 촉진에 관한 기본법(데이터 관련 3개 법안의 통합법안)」을 통과시켜 EU GDPR과 동등한 수준의 개인정보 보호 체계를 확보한 것으로 인정되는 GDPR 적정성 결정을 받았다. 한국 수출기업이 데이터의 국경 간 이동 제한, 개인정보보호에 대한 엄격한 규제와 같은 무역 장벽에서 다소 자유롭게 할 수 있을 것으로 기대한다. 동시에 추가 논의도 지속되어야 한다.

공정 거래와 디지털 기업 과세 분야에서도 국제적 변화에 대응한 국내 규범의 재정비도 함께 수반되어야 한다. 디지털 통상과 공정 경쟁은 긴밀한 관련성을 가지고 있다. 최근 EU, 미국 등지에서 디지털 분야의 온라인 플랫폼 기업의 독과점 문제에 대한 강력한 규제 법률을 제정하였거나 제정을 준비하고 있다. 원활한 디지털 통상을 위해서는 국내외 법률의 규제 수준을 일치시킬 필요가 있다.

한국도 해외 정책의 방향에 발맞추어 시장지배적 지위 또는 우월적 지위를 가진 온라인 플랫폼에 입점한 소상공인에 대한 플랫폼 기업의 남용행위와 경쟁 제한 행위를 방지하는 법률을 제정함으로써 소상공인과 공존하는 플랫폼 생태계를 조성할 필요가 있다.

이 외에도 거대 플랫폼 기업에 대한 과세에 대한 논의도 활발히 진행되고 있다. 이미 G20 다국적 IT 기업에 대하여 매출액을 기준으로 일정 세율을 부과하는 디지털세를 합의했고, 최근 미국, 프랑스, 영국, 오스트리아, 스페인, 이탈리아 5개국 진행하던 디지털세 협상은 타결되었다. 중장기적으로 는 데이터로 창출하는 이윤에 과세를 하는 데이터 세도 고려될 수 있다.

셋째, 데이터 표준 및 디지털 기술의 국제 표준화를 전략적으로 지원할 필요가 있다.

표준은 게임의 법칙이자 권력이다. 표준을 선점하는 것을 통해 경제적 이득을 취할 수도 있다. 주요국과 다국적 기업들은 신흥 기술 분야에서 표준을 선점하려 노력한다(이희진, 2021).

미국은 표준을 중국 견제 수단으로 사용하고 있다. 바이든 정부는 출범 이후 미국이 기술 표준에 대해 선도적 역할을 하기를 강조하며, 디지털 시대의 규칙이 중국에 의해 쓰이지 않도록 중국을 제외한 동맹국 및 파트너 국가와 협력을 추진하고 있다. 동시에 첨단 기술 분야에서 주요 교역국과 표준 협력에 대한 노력을 강화해야 한다. 이는 표준화와 관련된 기구에 영향력을 행세할 수 있는지와 같은 국제 표준화 역량이 수반되어야 한다.

중국은 표준을 지정학 질서의 재정립을 위한 전략 수단으로 사용한다. 일대일로를 통해 중국 디지털 표준을 세계적으로 확대하려 한다. 국가 차원에서 디지털 분야 글로벌 규칙과 표준을 제정하려고 움직인다. 또한 자국의 거대한 시장을 토대로 중국 표준의 사용을 강요하기도 한다. 중국 표준 2035은 상품의 생산 및 거래되는 규칙과 시스템에 대한 통제권을 목표로 한다고 알려져있다(이희진, 2020). 정부 주도로 표준화하며 국제 표준 선점을 위한 노력에 정부가 적극적으로 지원한다.

한국은 2만 여 종의 국가 표준을 상시 관리하지만 정부의 표준화 역량은 상대적으로 약하다. 현재 표준정책 담당 기관이 산업통상 자원부 소속으로 되어 있는데, 현 상황에서는 범부처 인증과 같은 실질적 총괄 관리나 부처 간 조정 및 표준을 체계적으로 추진할 권한이 주어지지 않는다. 또한, 기술 규제 개선이 잘 이루어지지 않아 기업이 체감하는 성과는 낮다. 특히 첨단 산업에 대한 대응책이 미흡하다(강병구, 2021). 국가표준정책의 사령탑 지정이 필요하다.

보다 장기적으로는 국가 표준 역량과 정책도 선도 국가답게 변해야 한다. 표준 경쟁의 초점은 기존의 제품 표준에 대한 것에서 플랫폼을 기반으로 한 서비스 표준으로 바뀌고 있다. 미·중 기술 패권 전쟁이 새로운 기회가 될 수도 있다. AI 등 신흥 기술들에 대한 새로운 표준이 만들어지는 시점에서, 이를 기회로 활용하면 우리에게 유리한 방향으로 표준을 만들어 갈 수 있다. 예를 들어, 아세안 국가들이 한국과 데이터 표준 및 규범을 유사하게 유지할 수 있도록, 한-아세안 디지털 협의체를 구성하여 한-아세안 국가 간 개인정보 보호 수준 및 디지털 분야의 국내 제도에 대한 차이를 줄이기 위한 논의를 선도해 볼 수도 있다.

동시에 기술 표준과 관련된 국제기구에서 리더쉽 확대가 필요하다. 최근 중국에서 국제기구에 자국 출신 임원 배출 노력을 하는 것에서도 알 수 있듯이, 표준과 관련된 국제기구에서 자국 출신의 임원을 배출하는 것과 자국 표준의 숫자는 상관관계가 있는 것으로 보인다. 한국도 기술 표준과 관련된 국제기구에서 한국인 임원급 인사들을 배출하기 위한 외교적 지원이 필요하다. 이러한 선제적 노력은 대한민국이 경쟁력 있는 분야의 기술 표준을 국제 규범화하는 데 도움이 될 수 있다.

넷째, 디지털 통상 강국으로 도약을 위해서는 글로벌 규모 플랫폼 육성이 필요하다.

이 책을 준비하며 한국의 대표적인 플랫폼으로 세계 시장에 도전하고 있는 네이버를 만나 해외 진출 현황과 전략을 들어볼 기회를 얻었다.

네이버는 한국 플랫폼들의 해외 진출을 위한 정부의 적극적 지원을 호소했다. 네이버가 해외 시장 진출에서 겪는 어려운 점으로 나라별 다양한 규제를 꼽았다. 유럽 시장에 진출하려면 GDPR과 같은 개인정보 보호법만 준수하면 되는 것이 아니라 각 회원국의 실행 법과 같은 다양한 법제가 복합적으로 작용한다. 미국도 마찬가지로 주 단위로 아동 개인정보 보호법이나 가족 권리 프라이버시 법 등 영역별 법제 산발적으로 존재해서, 연방 단위의 개인정보 처리에 대해 기준이 되는 종합적 법제 부재를 해외 시장 진출이 어려운 요인으로 삼았다. 또한, 중국의 경우에는 특히 데이터 현지화 요구 사항 및 국가 감시체계가 무역 장벽으로 작동한다.

네이버는 해외 시장 법제 대응 시스템 구축의 필요성을 강조했다. 국가 차원에서 해외 데이터 이동 및 현지화 요구에 대해 예측하고 및 현지 법 대응을 위한 정보 지원을 촉구했다. 각국의 플랫폼 규제 움직임에 대한 정보도 필요로 했다. 네이버와 같이 큰 플랫폼 기업이 이런 상황이니 중소기업의 경우 해외 진출은 더욱 어렵고 이러한 정부 지원의 필요성은 더 클 것으로 예상된다.

실제 디지털 무역 장벽과 애로사항 설문 조사에 따르면 한국의 디지털 기업들은 디지털 무역협정 가입으로 디지털 무역 장벽을 완화할 필요성에 공감하고 있었다. 규모가 작은 기업일수록 전자 인증의 복잡성, 전자결제 시스템 부족, 해당 국가 동종업체와의 차별대우, 국경 간 데이터 이동 관련 규제에 대한 해결 시급성이 높다고 응답했다(이규엽·황운중, 2021).

동시에 데이터 표준화는 국익에 도움이 되는 방향으로 신중하고 전략적인 접근을 요청했다. 데이터 표준화로 데이터 집중이 오히려 강화된다는 우려도 있었다. 오히려 국내 데이터 법제, 특히 개인정보 처리에 관한 상호 운용성(interoperability)을 강조했다.

이러한 국내 기업의 입장을 고려해서, 우리 디지털 산업을 육성하면서도 해외 진출과 수출을 지원하는 산업통상 전략의 수립이 요구된다.

마지막으로, 신기술을 활용한 새로운 디지털 무역 형태에 대한 선제적 준비도 필요하다.

디지털 통상의 방법은 앞으로도 계속 바뀔 수 있다. 여러 전문가들은 국가 간 통상 거래도 메타버스상 거래로 이동할 것으로 예측한다. 페이스북이 사명을 '메타'로 변경하는 등 다국적 기업들도 확장 가상 세계의 성장을 예측하고 있는데, 국내에서도 그 열풍이 뜨겁다. 국내 SKT가 메타버스 이프랜드 출시 3개월 만에 누적 사용자 350만 명으로 도달한 것은 유명한 사실이다. 기존의 플랫폼과 달리 메타버스상 교역에서는 판매제품들을 가상 세계에서 실제 제품을 만져보는 것처럼 테스트해 볼 수 있다. 앞으로는 대체 불가능 토큰(NFT)과 각국의 중앙은행 디지털 화폐(CDBC) 활성화로 메타버스를 통한 국제 통상이 더욱 성장할 것으로 예상한다.

메타버스 분야에 기술을 선도하고 있는 한국은 이러한 새로운 통상 플랫폼 구현에 선제적으로 대비할 수 있다. 이러한 새로운 디지털 통상 플랫폼의 출현은 디지털 통상 거래를 더욱 촉진하고 국내 중소기업에 새로운 시장 진출 기회가 될 수 있다.

이 책에서는 위에 언급된 논의 외에도, 디지털 규범과 관련된 해외 사례를 바탕으로 국내 제도 개정이 필요한 분야, 디지털 분야 국제협력 증진의 필요성, 최근 부상하고 있는 디지털 기업에 대한 국가 간 과세 방식 등 디지털 시대에 필요한 통상 정책과 국내 규범에 대한 다양한 논의들이 다루어졌다.

디지털 통상규범의 태동기인 지금은 대한민국이 디지털 시대에서 선도국가가 될 수있는 기회이기도 하다. 디지털 전환과 미·중 기술 패권 전쟁까지 급변하는 국제 질서 속에서, 수출 주도로 성장한 대한민국은 이제 "신통상 전략"을 만들고 디지털 통상 거래를 확대해나가야 한다. 특히, 디지털 사회에서 국내 디지털 업체들의 성장을 해치지 않으면서도 국제 규범과 부합하고, 또 우리 경제에 더 유리한 방향으로 국제 통상 규범에 영향력을 미칠 수 있는 전략이 필요하다. 이러한 노력은 대한민국을 추격 국가에서 선도국가로 전환하기 위한 필수 조건이다.

대한민국은 과거 기존의 국제 규범을 그대로 채택하는 위치에서 이제 규범을 제정에 대한 논의를 선도하는 위치가 되어가고 있다. 이 책에서 다루어진 내용과 몇 가지 정책 제안들이 신통상 정책에 반영될 수 있기를 바란다.

| 참고문헌 |

강병구. 2021. "한국의 국가 표준 거버넌스 혁신방안".『정책기획위 디지털 분과 TF 발표자료』.

곽동철. 2021. "디지털 싱글마켓과 글로벌데이터 동맹의 추진 – 국경 간 데이터 이전 정책을 중심으로".『정책기획위 디지털 분과 TF 발표자료』.

곽주영. 2021. "미-중 데이터 표준정책".『정책기획위 디지털 분과 TF 발표자료』.

이규엽·황운중. 2021.『디지털 무역장벽의 실태와 시사점: 설문조사 결과를 중심으로』. 대외경제정책연구원.

이주형. 2021. "디지털 통상규범을 통한 해외 디지털 선도전략 – 디지털 무역협정을 중심으로".『정책기획위 디지털 분과 TF 발표자료』.

이희진. 2021. "기술 표준의 지정학과 한국의 대응".『정책기획위 디지털 분과 TF 발표자료』.

Congressional Research Services. 2020.『Digital Trade In FOCUS』. Washington DC.

Gary Clyde Hufbauer and Zhiyao Lu. 2018.『Can Digital Flows Compensate for Lethargic Trade and Investment?』. Peterson Institute of International Economics.

World Bank. 2021.『World Development Report 2021: Data for Better Lives』. The World Bank, Washington DC.

World Economic Forum. 2019.『Our Shared Digital Future: Responsible Digital Transformation – Board Briefing』. Geneva.

Data BEA's Support of Open Data | U.S. Bureau of Economic Analysis (BEA).

국정과제협의회 정책기획시리즈 16

디지털시대의 정책과 통상전략

발행일   2022년 02월 28일

발행인   조대엽

발행처   **대통령직속 정책기획위원회**
           서울특별시 종로구 세종대로 209 정부서울청사 13층
           대통령직속 정책기획위원회 (02-2100-1499)

판매가   22,000원

편집·인쇄   경인문화사 031-955-9300

ISBN   979-11-975858-9-0 93300

본 도서에 게재된 각 논문의 쟁점과 주장은 각 필자의 관점과 견해이며
대통령직속 정책기획위원회의 공식적 견해가 아닙니다.